LIANE DE POUGY

Jean Chalon est né en 1935 à Carpentras. Il a fait ses études aux universités d'Aix-en-Provence et de Barcelone. Diplômé d'une licence en espagnol, il est entré au Figaro *en 1961. Depuis, il y rend compte des livres des autres ; il en écrit aussi : des romans,* Une jeune femme de soixante ans, *des essais,* L'École des arbres *(Mercure de France) et surtout des biographies :* Le Lumineux Destin d'Alexandra David-Neel *(Perrin),* Chère Marie-Antoinette *(Perrin),* Chère George Sand *(Flammarion),* Chère Natalie Barney *(Flammarion) et récemment* Liane de Pougy, *qui a obtenu le Prix Marcel Proust et le Prix Grand Véfour de l'histoire en 1994.*

Courtisane, princesse puis sainte, Liane de Pougy a vécu trois destins en un seul. C'est pour expliquer ce triple itinéraire que j'ai écrit sa biographie, la première...
Considérée par Edmond de Goncourt comme « la plus jolie femme de son siècle », Liane de Pougy qui naît en 1869 et meurt en 1950, traverse l'Europe en suscitant de folles passions. Cette courtisane a pour adorateurs Charles de Mac Mahon, Roman Potocki, Maurice de Rothschild, tant d'autres encore qui portaient des noms illustres. Mais Liane ne saurait se contenter d'exploits galants avec les hommes, ou avec les femmes : elle est également l'auteur de romans comme *Idylle saphique* ou de remarquables mémoires comme *Mes Cahiers bleus*, ouvrages qui sont autant de reflets de sa parfaite bisexualité.
Reine du demi-monde, Liane devient par son mariage, en 1910, avec le prince roumain Georges Ghika, une authentique princesse. Elle se consacre alors aux petits jeux de la tendresse avec, par exemple, Natalie Barney, et au grand jeu de l'amitié avec Jean Cocteau, Max Jacob, Reynaldo Hahn, Marcel Proust (qui prête à son Odette certaines manies de Liane) et Colette (Léa, dans *Chéri*, doit beaucoup à Liane).
À la mort de son époux, en 1945, Liane de Pougy trouve enfin une conquête à sa mesure : Dieu. Son confesseur, le Père Rzewuski m'avait assuré que sa pénitente, entrée dans le Tiers Ordre de saint Dominique, était « très proche de la sainteté ».

Chalon

LIANE DE POUGY

DU MÊME AUTEUR

Le mauvais genre, Le Seuil 1960, *épuisé*.
Les plaisirs infinis, Le Seuil 1961, *épuisé*.
L'honneur de plaire, Le Seuil 1962, *épuisé*.
Les amours imaginaires, Gallimard 1964.
Les couples involontaires, Flammarion 1966.
Les bonheurs défendus, Flammarion 1969.
Un éternel amour de trois semaines, Fayard 1971, *épuisé*.
Une jeune femme de soixante ans, Fayard 1973, *épuisé*. Livre de poche 1993.
Ouvrir une maison de rendez-vous, Julliard 1974, *épuisé*.
Zizou artichaut coquelicot oiseau, avec des illustrations d'Alain Gauthier, Grasset Jeunesse 1974, *épuisé*.
Les paradis provisoires, Fayard 1975, *épuisé*. Presses Pocket 1992.
Portrait d'une séductrice, Stock 1976. Prix Cazes et prix Sévigné 1976, *épuisé*.
La maison de miroirs, Pierre-André Benoît éditeur 1976, *épuisé*.
L'avenir est à ceux qui s'aiment ou *L'alphabet des sentiments*, Stock 1979, *épuisé*.
Les petites solitudes, Marc Pessin éditeur 1979, *épuisé*.
L'école des arbres, Mercure de France 1980.
Un amour d'arbre, Plon 1983.
Le lumineux destin d'Alexandra David-Néel, Perrin 1987, et Presses Pocket 1988, (prix Femina-Vacaresco ; prix Kléber-Haedens-Mumm, et l'un des grands prix de l'Académie française en 1985).
Narcisse, avec des illustrations par Martine Delerm, Ipomée 1985, *épuisé*.
Florence et Louise les Magnifiques (Florence Jay-Gould et Louise de Vilmorin), Le Rocher 1987.
Chère Marie-Antoinette, Perrin 1988, et Presses Pocket 1989 (prix Gabrielle d'Estrées 1988).
Chère George Sand, Flammarion 1991, et Livre de Poche 1992 (prix Chateaubriand et prix d'Histoire de la Vallée aux loups, 1991).
Chère Natalie Barney, Flammarion 1992, édition définitive de *Portrait d'une séductrice*, avec une lettre-préface de Marguerite Yourcenar.

Préfaces aux mémoires de Mme de Tourzel, Mme Campan, Mme Vigée-Lebrun, et à certains ouvrages de George Sand, Alexandra David-Néel, Natalie Barney, Renée Vivien, Liane de Pougy, Jean Lorrain, François Augiéras, James de Coquet et Rémi de Gourmont.

JEAN CHALON

LIANE DE POUGY

COURTISANE, PRINCESSE ET SAINTE

FLAMMARION

ISBN : 2-08-066847-1
Printed in France

A la mémoire de mon père et de ma mère, cette biographie, la première qu'ils ne liront pas... Et à la mémoire aussi de ma chère Belly Sirakian qui m'avait prédit : « Un jour, vous écrirez la vie d'une sainte. »

AVERTISSEMENT

Quand je débutai dans la biographie, je demandai conseil à Jean Orieux, qui me donna généreusement de précieuses recommandations, dont la dernière était : « Surtout ne t'embarque jamais dans une biographie sans inédits. » Message que j'entends encore, avis que je pratique toujours.

Pour la biographie de Liane de Pougy, la chasse aux inédits s'est révélée tellement fructueuse que j'ai accordé à ces textes le plus de place possible. *Tout ce qui est en italique dans les pages qui vont suivre est donc publié pour la première fois.*

« Liane, ah ! ma Liane, c'est mon souvenir le plus voluptueux. Et dire que, à la fin de sa vie, elle prétendait que j'avais été son plus grand péché ! »

Natalie Barney à l'auteur, automne 1963.

1

UNE PETITE VÉNUS VIERGE

(1869-1878)

Le destin de Liane de Pougy est celui d'une étoile qui, tombée à terre, voudrait reprendre la route du ciel et se perdrait en des sentiers divers, avant de retourner à sa patrie première. Astre de Lesbos, constellation de la Belle Époque, comète qui traverse l'Europe en suscitant de folles adorations, célébrée par les artistes de son temps à l'égal d'une déesse de l'Antiquité dont elle épouse les formes et la beauté, Liane n'a de cesse de trouver une conquête à sa mesure : Dieu. Après avoir goûté à tout, elle découvre ce Tout suprême.

Comptant parmi les courtisanes les plus illustres de son temps, l'égale de Caroline Otero ou d'Émilienne d'Alençon, Liane de Pougy a vendu son corps, et très cher, mais elle n'a jamais vendu son cœur, ni son âme. Quant à son esprit, également épris de liberté, il a trouvé sa façon d'être, de s'exprimer, dans quelques romans comme *Idylle saphique*[1], dans de remarquables mémoires comme *Mes cahiers bleus*[2], et de multiples lettres qui placent leur auteur parmi nos grandes épistolières.

Reine du demi-monde, Liane de Pougy devient, par son mariage avec le prince roumain Georges Ghika, une authentique princesse qui cousine avec une bonne partie de la noblesse européenne. Liane pourrait alors céder à la tentation de la mondanité et trouver son paradis dans les salons. Elle préfère se livrer à ce qu'elle nomme elle-même « les petits jeux de la tendresse », avec quelques élues comme Natalie Clifford Barney ou Mimy Franchetti, et jouer le grand jeu de l'amitié avec des écrivains comme Jean Cocteau ou Max Jacob. C'est le 23 septembre 1921 que Max Jacob lance à sa « belle et bonne

1. Récemment réimprimé par les Éditions Des femmes.
2. Plon, 1977.

Princesse » cet appel : « Pourquoi ne seriez-vous pas une sainte ? Vous en avez l'étoffe. »

Soumis aux prémonitions comme la plupart des poètes, Max Jacob avait-il pressenti la fin édifiante de Liane de Pougy qui mourut, en 1950, tertiaire de saint Dominique ? Le confesseur de Liane, le Père Rzewuski, m'avait confié, au printemps 1978 : « Sans trahir les secrets de la confession, je peux vous dire que, à la fin de sa vie, Liane était très proche de la sainteté. »

Avant d'en arriver là, Liane de Pougy aura connu, en une seule existence, plusieurs vies. Elle naît à La Flèche, dans la Sarthe, le 2 juillet 1869, un vendredi — jour de Vénus, faut-il le préciser ? Mais c'est à la Sainte Vierge que l'a vouée sa pieuse mère qui espérait que son quatrième enfant naîtrait un 15 août, sur la foi d'un songe. En effet, la mère de Liane avait rêvé que la Sainte Vierge lui apparaissait, assise au sommet d'un cerisier blanc, et lui disait : « Tu auras une petite fille le jour de ma fête. Elle sera appelée Marie. Je la protégerai. Après une vie mouvementée, elle finira grande sainte au paradis. »

La mère de Liane, d'ascendance espagnole, ne saurait mettre en doute les paroles de la Madone. Si Liane est venue plus tôt que prévu, c'est tant mieux ! « Le 2 juillet, c'est la Visitation. La plus grande fête de la Vierge. La prédiction s'est réalisée », répète la dévote. Liane reçoit les prénoms de Marie, Anne, Olympe. A l'usage, c'est le double prénom, Anne-Marie, avec un trait d'union, qui prévaudra. Vouée à sainte Anne et à sainte Marie, Liane l'est aussi à sa grand-mère, Olympe de Montessuy qui entretint une correspondance galante avec Victor Hugo.

La mère de Liane, Aimée-Marie-Gabrielle Lopez, est née le 5 octobre 1827 à Toulouse, où son père était capitaine au Corps royal d'état-major. Côté maternel, les militaires dominent. Le père d'Aimée, né le 5 mai 1787 dans un village proche de Saint-Jacques-de-Compostelle, assiste, aux côtés du maréchal Ney, au passage de la Berezina. Il y montre un tel courage qu'il est nommé capitaine et reçoit la Légion d'honneur. Le 18 mai 1825, il épouse l'une des filles du comte Denis de Montessuy,

Olympe, qui offre un mélange de noblesse bretonne, par les d'Arcy, et de noblesse espagnole, par les Rhuys de La Tour.

Le père de Liane, Pierre Chassaigne, est né le 13 juillet 1812 en Gironde, à Sainte-Foye-la-Grande. Suivant une tradition familiale qui remonte à 1771, Pierre entre dans l'armée, à l'école de cavalerie de Saumur. Capitaine au 4e lanciers et chevalier de la Légion d'honneur, il épouse, le 8 mai 1856, Aimée-Marie-Gabrielle Lopez dont il aura quatre enfants : Emmanuel, Pierre, Hippolyte [1] et Anne-Marie, notre future Liane.

Anne-Marie appartient à une excellente famille qui honore les grands principes et respecte les grands rituels. Par exemple, le 21 janvier, jour de la mort de Louis XVI, est considéré comme un jour de deuil que l'on passe dans le recueillement, à la maison, volets fermés. Les Chassaigne habitent à Lorient, 12, rue de l'Église. C'est à Lorient qu'Anne-Marie aurait dû naître.

Confiante en la prédiction de la Vierge, Mme Chassaigne, en état de grossesse avancée et en compagnie de son époux, s'en va voir son fils Emmanuel, pensionnaire au prytanée militaire de La Flèche, et en profite pour rendre visite à de bons amis, les Chapelain. Anne-Marie arrive alors sans crier gare. Rien n'est prêt. Son premier berceau est formé par deux fauteuils crapauds mis l'un en face de l'autre.

Une voisine, une créole de la Martinique, Mme Navarre, née Atala de Monpeyssin, se prend de passion pour la nouvelle-née qui, pendant les neuf premières années de sa vie, la considérera comme une seconde mère. La petite fille ne parvenant pas à prononcer le prénom d'Atala baptise sa protectrice « Maman Lala ». On peut considérer Maman Lala comme la première conquête d'Anne-Marie qui apprend très vite à échanger caresses et baisers contre du chocolat, des confitures de goyave et du sucre candi trempé dans du rhum. Denrées de luxe qui sont pratiquement absentes du foyer

---

1. Emmanuel, né en 1857, et Pierre, né en 1862, deviendront officiers comme leur père. Hippolyte naît en 1859 et meurt en 1860.

des Chassaigne. « *J'avais des parents pauvres. Avec 300 francs de retraite, papa devait nous élever et nous faire vivre.* » Cette pauvreté, ou pis encore, cette misère dorée, Anne-Marie ne l'oubliera jamais, et passera sa vie à en craindre le retour.

Pour nourrir ses trois hommes et sa fille, Mme Chassaigne accomplit des prodiges d'économie ménagère. Les sardines fraîches valent deux sous la douzaine et on en a deux douzaines pour trois sous. On achète aussi vingt-huit crêpes de blé noir pour trois sous. Ce régime de sardines et de crêpes est parfois interrompu par l'apparition d'une gâterie : le gâteau de Lorient, « le gâteau de mon enfance ». Parfois aussi, de vieilles tantes venues de Rennes, ou de Vitré, invitent les Chassaigne à « *un beau déjeuner à l'Hôtel de Bretagne. Que j'étais heureuse ! Je trouvais le salon magnifique et la table d'hôte faisait mon émerveillement* ».

L'émerveillement ne dure guère. Il faut retourner à l'appartement « exigu » de la rue de l'Église. Au sein de cette famille sévère et conservatrice, les enfants sont souvent mis au coin, avec un torchon sur la tête. Anne-Marie ressent vite un sentiment d'isolement : « *J'étais la plus jeune, la plus faible aussi de la famille.* » Anne-Marie souffre également de la différence d'âge avec ses parents qui pourraient être ses grands-parents. Quand elle naît, sa mère a quarante-deux ans, et son père cinquante-sept. Son frère Emmanuel a alors douze ans, et son frère Pierre sept ans. Pierre est le préféré de la famille. « *Mon Pierre, ah ! qu'il est beau mon Pierre !* », répète Mme Chassaigne. Pourtant, Anne-Marie ne pâtit pas trop de cette préférence déclarée. Elle a sa suffisante part de tendresse. Elle considère sa mère comme une créature du paradis et ne supporte pas d'en être séparée : « *Petite, lorsqu'on me menait à l'école, je poussais des cris à ameuter tout le quartier et l'on devait me tirer bien fort par le bras pour me faire avancer tandis que ma petite tête en larmes se tournait obstinément vers la maison chaude de tendresse.* »

A cette tendresse de la mère s'oppose la froideur d'un père qui « *était intransigeant, violent et dur. Je suis née lorsqu'il était déjà âgé, en retraite, et je me souviens de lui comme d'un vieillard farouche, misanthrope, silencieux. (...) J'avais pour lui de la crainte et du respect, peu d'élans affectueux, car sa barbe me piquait et l'odeur de sa pipe me suffoquait* ».

Pour Anne-Marie enfant, un homme, ça pique et ça sent le tabac. Au monde des hommes, elle préfère instinctivement celui des femmes. A la messe, le dimanche, Anne-Marie s'ennuie et se distrait en contemplant Mme de Vogelsang, « *née Le Prédour de Kérambrier dont la mère était la sœur du général Boulanger. Son mari faisait partie du barreau de Lorient. Elle était ravissante, un visage fin de jeune déesse* ».

Grâce à Dieu, Mme de Vogelsang a sa place devant le rang qu'occupent les Chassaigne. Chaque fois que Mme de Vogelsang s'agenouille, Anne-Marie peut apercevoir ses jambes et se croire au septième ciel. A la sortie de la messe, au hasard des rues et des promenades, elle fait tout pour attirer l'attention de son idole. En vain, hélas, « *la nièce du général Boulanger ne parlait pas à tout le monde et mes parents ne la comptaient pas au nombre de leurs relations ! Alors je me contentais de penser à elle, de l'idéaliser* ».

Plus tard, en évoquant dans *Mes cahiers bleus* cet épisode troublant de son enfance, Liane de Pougy y apportera la conclusion suivante : « J'étais ardente et toujours attirée par les femmes, craintive et dégoûtée près des hommes. »

Sept ans — l'âge de raison, dit-on — constitue pour Anne-Marie l'âge de sa première déraison. Elle veut quitter sa famille pour suivre une écuyère, Annette Secchi, qu'elle a aperçue à une séance du cirque Bazola. Caprice d'enfant, jugent M. et Mme Chassaigne. Mais Anne-Marie ne tarde pas à multiplier, et toujours pour des dames, les caprices, les coups de tête, les coups de cœur. A Mme de Vogelsang et à Annette Secchi, succèdent d'autres passions qui, pour être enfantines, n'en sont pas moins violentes. Il est temps pour Anne-Marie d'apprendre la modération, la sagesse, les bonnes manières, bref, tout ce que l'on enseigne au couvent, où ses parents la font entrer dans sa neuvième année. Dès son arrivée, son nom fait rire ses compagnes, qui surnomment Mlle Chassaigne : « Chat-qui-saigne »...

Née sous le signe de Vénus et vouée à la Sainte Vierge, Anne-Marie Chassaigne ne peut pas être une petite fille comme les autres. Elle ne sera jamais comme tout le monde. Elle a déjà le sentiment d'être à part, différente. Cette petite Vénus vierge a donc la confirmation de cette différence en s'entendant appeler au couvent de Sainte-Anne-d'Auray : « Chat-qui-saigne, Chat-qui-saigne »... Il est vrai que le nom de Chassaigne prête à cette déformation et que, en plus, celle qui le porte est déjà une écorchée vive.

2

UN « CHAT-QUI-SAIGNE » AU COUVENT

(1878-1885)

Anne-Marie Chassaigne entre au couvent de Sainte-Anne-d'Auray, chez les Fidèles Compagnes de Jésus, « *à l'âge de neuf ans avec les ongles noirs et des poux dans la tête* ». Elle est aussitôt mise à l'écart de ses compagnes et, au bout de trois jours, elle apparaît « *propre, nettoyée, reluisante et fréquentable, sans danger. (...) Naturellement, on se moqua de moi pendant tout un trimestre* ».

Anne-Marie a honte et comprend les bienfaits de la propreté : « *La leçon fut dure mais bonne et elle m'a servi tout le reste de ma vie.* » A une époque où l'on se lavait peu, Liane de Pougy passera pour un modèle d'hydrothérapie, et sa salle de bains sera souvent citée comme l'une des merveilles du demi-monde. Les Fidèles Compagnes de Jésus, en apprenant à Anne-Marie les bienfaits de la propreté, ne savaient pas jusqu'à quels excès leur élève les porterait... On se moque allègrement de ce « Chat-qui-saigne » et qui a des poux, et comme si cela ne suffisait pas, Anne-Marie, la première fois qu'elle pénètre en classe, est-ce l'émotion ?, s'oublie et inonde le parquet. Nouveau scandale, nouvelles moqueries. Anne-Marie ne recommencera plus et saura dorénavant se contenir ! Le « Chat-qui-saigne », les poux, le pipi, c'en est trop pour Anne-Marie qui, ne supportant plus d'être privée de la tendresse de sa mère et des gâteries de Maman Lala, invente la grève de la faim. Elle reste quatre jours sans manger. Ni les prières ni les menaces ne peuvent venir à bout de cette obstination.

Le cinquième jour, la Mère supérieure appelle, par télégramme, Mme Chassaigne qui accourt et apprend la conduite de sa fille, à qui elle dit : « *Ma petite chérie, si tu es rebelle, on va te renvoyer ! Songe donc ! Quelle honte pour moi, quelle peine !* » Mme Chassaigne pleure. Sa fille l'imite. La Mère supérieure lève les yeux au ciel, en attendant que les pleurs se tarissent. Ils se tarissent.

Apaisée, Anne-Marie fait mille promesses et s'imprègne de « bonnes résolutions ». L'apparence, miteuse, de sa mère n'est pas étrangère à ce revirement. Les vêtements noirs et usagés de Mme Chassaigne, ses bottines à élastique râpées et ses gants, « *ses pauvres gants noirs si usés que les bouts des doigts s'étaient déchirés, ne supportant plus le raccommodage* », tous ces signes extérieurs d'un dénuement certain n'ont pas échappé à Anne-Marie qui ne veut pas ajouter à la peine de sa mère bien-aimée et s'engage à être raisonnable, studieuse. Pour plaire à cette mère si pieuse, et peut-être aussi déplaire à son père qui est un parfait incroyant, Anne-Marie obtient un premier prix d'instruction religieuse.

Au couvent des Fidèles Compagnes de Jésus, Anne-Marie se met à grandir « *comme une asperge* » et devient pâle, tellement pâle que ses compagnes ne la surnomment plus le « Chat-qui-saigne » mais la « Grande Pâle ». « Grande Pâle », c'est quand même mieux que « Chat-qui-saigne » !

Peu à peu, cependant, Anne-Marie se fait des amies. Parvenue à l'âge mûr, Liane de Pougy se souviendra des noms de ses amies de couvent, qu'elle égrènera comme une litanie de bonheurs perdus : Louise Tourbier, Marie Le Bozec du Quillio, Jeanne de Réals et, sa préférée, Maria Marie, Marie étant le nom de famille.

La « Grande Pâle » est frappée par l'harmonie de ces Maria Marie, et par la beauté de celle qui les porte. De plus, Maria Marie montre un courage exemplaire pour affronter le dentiste, M. Williams, un Anglais, qui, chaque vendredi, vient au couvent avec son attirail de bourreau pour arracher, panser, nettoyer. La première rencontre entre la « Grande Pâle » et M. Williams se transforme en affrontement. Anne-Marie pleure, crie, donne des coups de poing et des coups de pied tant et tant que M. Williams la met à la porte, prédisant à la révoltée « *le plus lamentable sort dentaire* ». Il ne fut pas bon prophète. Liane de Pougy se plaisait à montrer des dents aussi superbes que les perles qui ornaient son cou...

Mise au courant de ce nouveau scandale, la Mère supérieure gronde Anne-Marie que Maria Marie console gentiment en chantant :

> Le printemps chasse l'hiver
> Et sourit dans les lauriers verts.

Anne-Marie confond Maria Marie avec l'image du printemps. Elle n'est qu'admiration pour son amie que les sœurs citent en exemple et dont la voix est des plus remarquables : « *Maria Marie chantait à la chapelle et aussi pour la fête de Madame la Supérieure générale, pour Monseigneur l'Évêque, et le jour de la distribution des prix. Maria Marie était réservée aux grandes circonstances. Moi pas ! Je n'ai jamais chanté. Ah, s'il avait été permis de danser ! mais la danse n'était pas admise chez les Fidèles Compagnes de Jésus et la marche même devait être lente et pondérée.* »

C'est chez les Fidèles Compagnes de Jésus que Liane de Pougy acquiert cette démarche de reine qui la distinguera de ses rivales qui n'ont pas eu le privilège d'une telle éducation, comme, par exemple, la Belle Otero, « cette dinde qui danse », comme l'avait définie, assez injustement, Jean Lorrain.

Pendant les six ans qu'elle passe au couvent de Sainte-Anne-d'Auray, la « Grande Pâle » se métamorphose en une jeune fille accomplie. L'influence des Fidèles Compagnes de Jésus est capitale. Liane parlera toujours, avec émotion et reconnaissance, de ses « chères sœurs », et se plaira, plus tard, à évoquer cet ordre si efficace dans l'éducation des demoiselles.

Fondé à Amiens, sous la Restauration, cet ordre a pour mission principale l'éducation des jeunes filles pauvres. Ses méthodes d'enseignement connaissent un tel succès que, peu à peu, les jeunes filles riches y sont admises. Quand Anne-Marie Chassaigne entre au couvent, elle est certainement reçue comme « jeune fille pauvre », mais elle y a pour compagnes des jeunes filles qui ne le sont pas, et qui appartiennent à la meilleure société du pays. En 1878, et dans les années quatre-vingt, on vivait dans ce pensionnat comme en famille. Les religieuses, les « mères » et les « sœurs », étaient pour leurs élèves de vraies mères et de vraies sœurs. Ces religieuses avaient à cœur de montrer la présence de Dieu en toutes choses. Liane saura s'en souvenir...

Chez les Fidèles Compagnes de Jésus, les études étaient particulièrement poussées. Le français, les langues étrangères, l'histoire, la géographie, la botanique, la musique y étaient à l'honneur. Aux leçons de couture, de broderie et de dessin s'ajoutait une « leçon de bonne tenue » pendant laquelle les élèves apprenaient le maintien, le savoir-vivre, la politesse, l'art de la conversation. Un art que Liane de Pougy pratiquera à la perfection et qui en fera la favorite des princes et des rois. Enfin, la fréquentation assidue des grands classiques du XVIIe siècle lui permettra d'écrire un français très pur.

Les fêtes religieuses, les promenades dans la lande couverte de bruyères et d'ajoncs, la messe quotidienne, ponctuent la vie des pensionnaires. La journée se termine par la prière du soir, dite devant le saint sacrement. Grande était la dévotion à la Vierge Marie, et à sa mère, sainte Anne. Dans ses pires débordements, Liane gardera sa foi en sainte Anne d'Auray. Et comment ne pas aimer la religion quand elle vous est enseignée par une Mère Bernadette qui chante : « Mon bien-aimé ne paraît pas encore », et : « O venez Jésus, ne tardez plus », avec des accents qui plongent Anne-Marie dans une véritable extase ?

Comment ne pas aimer la littérature quand elle vous est apprise par une Mère Gasparine ? Cette dernière aura été idolâtrée par toutes ses élèves, et particulièrement par Anne-Marie qui, sensible à la joliesse de ses traits, collectionne des bouts de son écriture, des lambeaux de frange de son châle de nonne. Amours de pensionnaire, amours que nul n'oublie ! Au soir de sa vie, Liane confiera : « *Mère Gasparine (...) Mère Bernadette (...) elles furent les amours de mon jeune cœur fervent.* »

Ce cœur apprend à battre entre les murs d'un couvent, à l'ombre de sainte Anne d'Auray. Cette découverte des sentiments s'accompagne d'enfantillages divers. Anne-Marie chaparde des pommes, des fraises, des bâtons de chocolat et distribue généreusement ses larcins à Louise Tourbier, à Jeanne de Réals ou à Maria Marie. On ne se moque plus du « Chat-qui-saigne », on admire ses audaces et ses désirs. Anne-Marie est fascinée par tout ce qui brille et déclare à ses compagnes, quelque peu scandalisées, qu'elle vendrait son âme pour une belle boîte de papier à lettres de couleur, avec ses initiales en argent ou en or. Et si elle souhaite tant ce beau papier à lettres, c'est pour écrire « *des lettres passionnées à mes compagnes préférées* ». On ne sait rien de plus sur ces obscures passions de couvent...

Puis, c'est la première communion que Liane estimera avoir ratée : « *Il est certain qu'à ma première communion, je ne cherchais rien du tout, je n'étais alors qu'une petite brute insouciante, avide, un jeune animal fougueux et cabré qui riait de l'Enfer.* »

Aux vacances, Anne-Marie quitte, à regret, le couvent et retourne, sans plaisir, dans sa famille. Ses deux frères la taquinent « cruellement ». Son père est un patriarche de plus en plus lointain. Seule sa mère trouve grâce à ses yeux. Anne-Marie ne supporte plus de passer de l'aisance du couvent aux privations imposées par la pauvreté des Chassaigne. « Alors, je me disais : On n'aime pas ses parents. On ne les aime jamais assez. Ainsi, moi, je les détestais, je les jugeais avec férocité. Leur ai-je assez reproché d'être vieux, pauvres, simples et d'avoir des principes ? Tout m'était dû ! J'acceptais superbement tous leurs sacrifices. »

Son père n'a qu'un seul manteau. Pour apaiser les dettes criardes chez les fournisseurs, sa mère va vendre quelques objets aux brocanteurs. Tout cela rebute Anne-Marie, qui boude et passe ensuite de la bouderie à la frénésie, accablant sa mère de déclarations d'amour. Parfois, elle refuse toute nourriture pour inquiéter ses parents, « pour qu'on s'occupât de moi plus que des autres ». Être préférée, être la première partout, comptera parmi les obsessions majeures de Liane de Pougy.

Ange au couvent, démon à la maison, les Chassaigne

ne savent plus à quel saint vouer leur enfant terrible ! Ils s'estiment trop âgés pour venir à bout des seize tempétueux printemps de leur fille. Puisque le couvent n'a pas réussi à mater leur Indomptable, le mariage et la maternité, considérés alors comme une panacée, réussiront à faire rentrer dans le rang cette Insaisissable. Il faut se hâter de marier Anne-Marie dont l'évidente, l'éclatante beauté ne passe pas inaperçue, faisant déjà tourner les têtes et jaser le Tout-Lorient. En 1885, les seize ans de Mlle Chassaigne, qui vient de terminer ses études au couvent de Sainte-Anne-d'Auray, sont prétexte à chuchotements, supputations, paris entre les jeunes gens de la ville, les commères du marché et les dévotes amies de Mme Chassaigne.

3

UN MARI QUI A TROP L'AIR D'UN MARI

(15 juillet 1886)

Fille et sœur de militaires, Anne-Marie ne pouvait qu'épouser un militaire. C'est ce qu'elle fait le 15 juillet 1886, à Lorient. Elle se marie avec Armand Pourpe, enseigne de vaisseau, domicilié à Lorient. Armand est né à Marseille, le 15 juillet 1862. Il est fils d'un agent des Messageries maritimes. Ses parents qui vivent à Suez n'assistent pas au mariage, célébré à Lorient. Le jeune ménage s'installe au 12, rue du Morbihan, à quelques pas de la demeure des Chassaigne.

Face à ce mari de vingt-quatre ans, Maman Lala laisse tomber son verdict, tout bas, à l'oreille d'Anne-Marie : « Ton mari a trop l'air d'un mari. » Maman Lala ne croit pas si bien dire. Pendant la nuit de noces, Armand Pourpe a usé de son droit conjugal avec une brutalité telle que Liane de Pougy s'en souviendra encore, presque un demi-siècle plus tard, le 15 juillet 1935, dans *Mes cahiers bleus* : « Anniversaire du jour où je me suis mariée et où, d'un coup direct qui m'a bien suffoquée, j'ai perdu ma virginité. »

Toujours sur le même sujet, ce commentaire qui n'a pas été reproduit dans *Mes cahiers bleus : « Je pleure toujours au mariage. Mariée à dix-sept ans, innocente, ignorante, j'ai dû recevoir un choc nerveux trop tôt et mon subconscient qui se souvient se lamente. »*

Liane insistera beaucoup sur son innocence et sa pureté irrémédiablement détruite par le mariage : « *O ma belle jeunesse si ignorante et si pure (...) vêtue avec une gravité qui m'enveloppait du menton jusqu'au-dessous de ma courte bottine.* » Et d'évoquer aussi ce gardien de la vertu qu'était le corset « baleiné, busqué, serré, lacé dur ». Et cette gardienne de la vertu qu'était la chemise que l'on gardait même pour prendre un bain. Après son mariage, Anne-Marie annonce son intention de renoncer à la chemise : « Ce fut une cause de scandale à la maison, de reproches, de prédictions sinistres. La pudeur, fût-ce devant soi-même, était la plus belle qualité d'une femme ; en la perdant, on perdait tout, même l'estime de son mari. » Devant une telle levée de boucliers, Anne-Marie garde finalement sa chemise.

Sa chemise, sa pudeur, sa beauté sont ses seuls trésors car sa dot n'est guère importante : 22 000 francs. Le voyage de noces se limite à un bref séjour à Paris, pendant lequel le jeune couple va applaudir Sarah Bernhardt dans *La Tosca*. « Oh Sarah ! Quel être féerique, quelle révélation... » Anne-Marie se jure de remplir un jour une salle de théâtre, avec des spectateurs venus uniquement pour contempler sa beauté.

Les féeries de Sarah ne sont pas les seules révélations qui éblouissent cette petite provinciale. Les restaurants, les boulevards, il y a là toute une vie différente, et sûrement exaltante, que pressent Anne-Marie qui attire tous les regards. Ce qui n'échappe pas à son époux. Mme Pourpe s'aperçoit alors qu'elle a épousé un brutal doublé d'un jaloux. Exciter la jalousie d'Armand l'amuse. De retour à Lorient, elle s'applique à regarder un homme nu, en plâtre, qui trône à la devanture d'un magasin spécialisé dans la vente des bandages et autres bricoles médicales. Armand surprend le regard insistant de sa femme et s'en indigne. S'ensuit le dialogue suivant :

« *Tu sais, Armand, au fond, je regarde sans voir, j'oublie.*

— *Je préférerais que tu visses sans regarder à cause des gens qui passent.*

— *Amour-propre stupide !*

— *Non, tenue. Et puis, tu regardes, je le vois bien, tu regardes de tous tes yeux.*

— *Avec ça que c'est attrayant ! C'est si laid un homme nu, surtout avec toutes ces horreurs de bandages sur le corps.*

— *Un homme nu est plus beau qu'une femme nue !*

— *Oh, par exemple !* »

Anne-Marie ne cache pas qu'elle est vexée, et même blessée dans ses plus intimes convictions. Elle est absolument certaine qu'une femme est plus belle qu'un homme. Sauf quand sa taille s'alourdit. Et elle ne peut que constater le désastre : elle se retrouve enceinte, quelques mois après son mariage. La finesse de sa taille n'est plus qu'un souvenir.

Grossesse pénible et accouchement douloureux : « *Je me demandais avec une terreur raisonnée comment cela allait se passer, ignorant jusqu'au bout tout le travail qui allait se faire en moi. Les grandes douleurs me prirent vers 10 heures du matin le 17 et me tinrent haletante jusqu'à 2 heures de la nuit. L'enfant se présentait par le coude, il remontait toujours. Il fallut l'aider, le retourner ; son petit crâne en fut tout allongé pendant plusieurs semaines et moi, douloureuse, alitée pendant quarante-cinq jours. (...) Je résistais au mal, j'essayais de jouer du piano entre les crises, puis je dus me résoudre à m'étendre sur mon lit et, vers 11 heures du soir, me livrer éperdue aux outils et aux perquisitions du vieux médecin de famille.* »

Au cauchemar de la nuit de noces qui, en cette fin de XIXe siècle, est considérée comme un viol légal, ont succédé les horreurs de l'accouchement. Et tout cela pour donner le jour à un garçon, Marc, le 18 mai 1887, alors que Mme Pourpe souhaitait une fille ! Elle considère ce fils comme « une petite poupée vivante », rien de plus. Anne-Marie n'a pas l'instinct maternel.

Peu après la naissance de Marc, Armand Pourpe est muté à Toulon. Mais c'est à Marseille que loge le couple, Marseille, la « Porte de l'Orient », et surtout la porte ouverte à tous les exotismes et à toutes les voluptés. Passer de l'austère Lorient à la libertine Marseille n'est pas pour déplaire à Anne-Marie : « Toute la vie m'attirait, tous les pays m'appelaient. »

Cet appel de la vie et de l'inconnu est bientôt plus fort que le sentiment de l'honneur conjugal, que Mme Pourpe bafoue une première fois en prenant un amant, un officier de marine, le lieutenant Cronon. Armand Pourpe surprend le couple au lit et tire un coup de feu qu'Anne-Marie reçoit dans le bas du dos. Comme elle se sent atteinte dans ce que sa beauté a de plus charnu, Mme Pourpe prend la fuite et se refuse à une réconciliation, malgré les appels pressants de son mari repentant :

« *Oh Mary, reviens vite à la maison me pardonner... reviens vite car je suis un misérable plus digne de pitié que de châtiment. Reviens, Mary, reviens vite, je t'en supplie.*

J'ai été fou une fois de plus et ma honteuse brutalité m'a vaincu dans un excès de fureur... Pitié, ma Mary...

(...) Tu ne peux pas m'abandonner ainsi pour un fait que je regrette de toute mon âme maintenant que j'en regrette la faute et en comprends la portée.

(...) Adieu, Mary, qui sait si tu m'aimes encore après ce qui vient de se passer ? Serre-moi, je ne le veux tellement que quand il est trop tard et je pleure comme un enfant. »

En effet, il est trop tard. Mme Pourpe abandonne son mari et son enfant, qui est recueilli à Suez par ses grands-parents paternels. S'ensuit un divorce prononcé par défaut, au profit d'Armand Pourpe, par jugement du tribunal civil de Marseille, le 8 août 1889, et confirmé sur opposition le 12 juin 1890.

Dès août 1889, Anne-Marie est légalement libre. Elle en profite pour prendre son envol et atterrir à Paris, avec 400 francs en poche. Elle a juste vingt ans, et non dix-huit, comme elle le prétendra dans *Mes cahiers bleus*, dans lesquels elle se présente comme « une jeune Manon »... « *C'est par amour du luxe que j'ai abandonné mon mari et mon enfant* », confessera-t-elle plus tard à l'une de ses amies, la couturière Madeleine Vionnet.

Amour du luxe, amour de la liberté, et aussi, comme l'aurait dit saint Augustin, « amour de l'amour » qui ne peut se limiter — pour celle qui s'apprête à se changer en Liane de Pougy — à un seul homme, ou à une seule femme.

4

UN CHEF-D'ŒUVRE LIBERTIN

(1889-1890)

En cette fin de XIXe siècle, Paris est véritablement la capitale du monde et l'on y accourt pour admirer son plus pur produit : la Parisienne. Elle donne le ton, elle impose la mode, elle est un mythe, elle est obligatoirement blonde comme Vénus la blonde, dont Hortense Schneider chante les mérites dans *La Belle Hélène*, et aussi légère, aussi accueillante que la Vénus des carrefours.

Être une Parisienne, en 1889, semble l'accomplissement du suprême espoir de toute femme consciente d'avoir un destin. Avoir alors vingt ans, être libre, belle, et mieux que belle, suffisamment séduisante pour plaire à la fois aux hommes et aux femmes, tels sont les atouts qu'Anne-Marie possède : elle en joue dans le seul domaine où, telle une nouvelle Manon, elle peut s'imposer : la galanterie.

La concurrence est rude pour une débutante. On dénombre 80 000 filles publiques à Paris. S'en détache une quarantaine à qui la renommée accorde ce titre à la fois infamant et envié : courtisane. On les appelle aussi : demoiselles de plaisir, horizontales, cocottes, demi-castors, créatures. Elles composent le demi-monde. Ces quarante hétaïres tiennent le haut du pavé et croquent allègrement les fortunes qui se présentent. « Elles vivaient ouvertement, entretenues par un protecteur puissant et riche, et quasi maritalement dans l'illégitimité. Elles menaient une existence somptueuse dans de beaux hôtels particuliers ou des appartements luxueux avec un train de maison cossu et distingué, une cuisine parfaite, un chef réputé, entourées d'un cercle d'hommes généralement agréables. Elles donnaient des dîners d'une parfaite tenue et des vins de premier choix. Les conversations étaient souvent des plus brillantes, ces dames formaient un cercle très à part et des plus distants dans le demi-monde. Quelquefois, elles terminaient leur vie en marge en épousant leur entreteneur », rapporte Gabriel-Louis Pringué dans *Trente ans de dîners en ville*[1].

L'origine de ces courtisanes se perd dans la nuit des temps. Certaines se vantent même de descendre d'Ève qui, on le sait, se vendit au serpent pour une pomme. Depuis, les tarifs ont bien changé et l'on ne se vend plus que pour une pomme d'or sertie de perles ou de diamants, et si possible, signée par Fabergé...

La plupart de ces courtisanes arborent un nom de guerre, de préférence avec particule, comme Émilienne d'Alençon ou Valtesse de La Bigne. Anne-Marie se choisit d'abord un nouveau prénom, Liane. Elle est la première à le porter, à le lancer en une mode qui dure encore en 1900, comme le constate Paul Morand : « Tout le monde s'appelait Lilian, Liliane, Liane, Éliane. » Quant au nom de Pougy, Liane prétend avoir vécu, à son arrivée à Paris, avec un vicomte de Bougy. Malheureusement, ce vicomte de Bougy ne figure dans aucun annuaire de la noblesse et ne semble avoir existé que dans l'imagination de Mlle de Pougy.

Autre piste. Il y avait autrefois dans l'Aube, à Pougy, un château qui fut détruit en 1700. Liane aurait-elle choisi le nom de ce château pour être son nom de guerre en dentelles ? On en est réduit à des conjectures.

On n'en sait pas davantage sur les deux années, 1889-1890, qui changent l'ancienne élève des Fidèles Compagnes de Jésus, l'ex-épouse de l'enseigne de vaisseau Pourpe, en cette éclatante Liane de Pougy.

Dans *Mes cahiers bleus*, Liane reste pratiquement muette sur ses premiers mois de formation à Paris. Elle se contente de préciser qu'elle habitait chez une amie, au 34, rue de Chazelles, un rez-de-chaussée, face à l'hôtel particulier de Louise Balthy[2] dont elle admire l'élégance et la veste d'astrakan. Dès qu'elle aura les moyens de

1. Revue *Adam*, 1948.
2. Jean Lorrain célèbre également le « charme cynique et voyou » de Louise.

s'offrir quelque chose de chic, Liane s'achètera une veste en astrakan. Cette débutante de vingt ans sait qu'elle a tout à apprendre. Elle stigmatisera, plus tard, ses fautes de goût : « *J'ai eu des fantaisies baroques. J'ai adoré une chambre drapée de peluche verte, des meubles à hurler, des robes idem. Je ris quand je pense à mes fantaisies stupides. En ai-je acheté des faux saxes, des soies criardes et des bibelots fabriqués en série ! Élevée simplement, j'avais envie de tout. J'aurais vidé des bazars entiers, sans perspicacité. Que d'erreurs ! Que de gaspillage ! J'étais si neuve, si impétueuse, avide et émerveillée.* »

Le goût s'acquiert. Liane apprend vite à renoncer à ses fantaisies baroques et à ses robes criardes. Elle se signale bientôt comme un modèle d'élégance, veillant à mettre en valeur sa beauté d'androgyne qui éveille cette homosexualité enfouie au fond de chaque être. A cette androgynie, que célébreront les poètes, s'ajoutera la chance de rester mince à une époque de femmes grasses. La minceur de Liane éclipse les croupes kilométriques et les seins trop avantageux...

Ce que Liane ne dit pas dans ses *Cahiers bleus*, c'est que son amie du 34, rue de Chazelles, « qui avait des mœurs légères », vivait de ses charmes. Il est probable que c'est en sa compagnie que Liane a appris les rudiments du métier. La rue de Chazelles se trouve alors dans cette partie de la plaine Monceau qui compte le plus de cocottes huppées, parmi lesquelles Valtesse de La Bigne. Valtesse, dont Zola s'est inspiré pour composer son personnage de Nana, a été l'une des dernières maîtresses de Napoléon III et tient son temple d'amour 98, boulevard Malesherbes (aujourd'hui 100). Un parcours d'à peine cinq minutes sépare le 34, rue de Chazelles du 98, boulevard Malesherbes. Liane et Valtesse ont dû se rencontrer comme on se rencontre fatalement quand on habite le même quartier. Valtesse, après un parfait parcours de grande courtisane, garde encore quelques clients « pour ne pas perdre la main », prétend-elle, mais elle se plaît surtout à jouer les entremetteuses. Elle a dû initier Liane aux arcanes de la haute galanterie, à la pratique de ces spécialités que les étrangers qualifient volontiers de « parisiennes ». Elle a dû guider aussi les premiers pas de Liane dans des maisons de rendez-vous. Sinon, comment expliquer la reconnaissance de Liane envers Valtesse, à qui elle donne souvent le titre de « protectrice » ?

Dans les romans autobiographiques comme *L'Insaisissable, Idylle saphique* ou *Les Sensations de Mademoiselle de La Bringue*, que Liane de Pougy publiera plus tard, on peut entrevoir ce que furent ses débuts à Paris.

Dans *L'Insaisissable*, l'héroïne, Josiane de Valneige, ressemble comme une sœur jumelle à Liane de Pougy. Sa carrière est exactement celle de Liane. On se fait remarquer, puis on occupe le terrain : « On m'a vue partout, à toute heure. (...) Petits théâtres, concerts excentriques, restaurants de nuit, cabaret aux Halles, table d'hôte à Montmartre, j'ai tout vu en compagnie d'habits noirs fleuris de gardénias. »

Avant d'en arriver aux habits noirs, Annhine, la courtisane de *Idylle saphique*, a pris ce qui se présentait, se souvenant de « ses débuts, des mauvais jours de sa jeunesse », quand elle allait « dans des maisons louches, à des petits rendez-vous dont le prix variait entre un et cinq louis, afin d'avoir de quoi se nourrir ». C'est encore plus flagrant de vérité quand, dans *Les Sensations de Mademoiselle de La Bringue*, l'auteur évoque « la noce, l'alcôve, le lit, le billet de mille francs qu'on met sur le coin de la cheminée, la perle qu'on reçoit. (...) De gros banquiers ventrus, pansus. Des petits jeunes gens, des maris, des vieux ».

Après avoir fait ses classes dans des maisons de rendez-vous, Liane se livre à des amis sérieux, et se prête à toutes leurs fantaisies, sans se donner complètement. En bonne courtisane, Pougy a appris à faire semblant et réserve ses soupirs les plus sincères aux dames, même si ces dames peuvent aussi faire office d'amies sérieuses comme Yulka, « *ma Yulka, ex-baronne de Rothviller, polonaise, née comtesse de Radziejowska, riche, de haute naissance, amazone réputée, amie dévouée, fervente même, grande dame jusqu'au bout des ongles. Elle mérite une mention spéciale* ». Et c'est vrai que Yulka mérite une mention spéciale puisque c'est sous son égide que Liane sera introduite dans la noblesse d'Europe centrale. « *Vous êtes un objet d'art* », disait Yulka à Liane. Cet objet d'art va être désormais coté à son plus haut prix sur le marché de la galanterie fin de siècle. Être un objet d'art, c'est bien. Être un chef-d'œuvre libertin, c'est mieux et cela plaît à cette cérébrale de Liane pour qui tous les goûts, et tous les dégoûts, sont dans la nature. Elle s'y complaît, cédant à la pressante curiosité de la jeunesse pour connaître les secrets de la chair. Tout devient jeu pour Liane, flexible comme une liane qui sait naturellement enlacer.

L'élève de Valtesse de La Bigne surpasse son professeur. Liane ne fait pas mystère de ses exploits d'alcôve. « L'ambassadeur de Grèce m'a tenue une heure et ensuite, il m'a enfilée comme une perle », raconte-t-elle à une amie qui s'émerveille et répète l'exploit à qui veut l'entendre. C'est avec de telles confidences que l'on assure une réputation qui franchit vite les bornes de la plaine Monceau...

Occupée à devenir un chef-d'œuvre libertin, Liane ne se préoccupe guère de la désolation qui règne dans sa famille. Plus tard, dans les années trente, elle admettra : « J'ai apporté la honte et le déshonneur à ma famille. »

En cette fin de siècle, l'adultère et le divorce constituent deux taches ineffaçables. Un divorce est considéré comme une condamnation à la mort sociale et religieuse. Toute la famille Chassaigne stigmatise la conduite de Liane, à l'exception de Mme Chassaigne qui, plus indulgente que ses militaires d'époux et de fils, persiste à voir dans les égarements de sa fille les fantaisies d'une artiste. Même indulgence chez Maman Lala à qui Liane aura l'audace de présenter quelques-uns de ceux qu'elle nomme pudiquement ses « fiancés ».

La vraie famille de Liane, ce sont maintenant les Valtesse de La Bigne, les courtisanes, les viveurs, les noceurs. Dans cette nouvelle famille, règnent des rites aussi implacables que les convenances qui régissent la haute société. Du matin au soir ces dames sont en scène, une scène dont le décor ne varie jamais : l'allée des Acacias, le Palais des glaces aux Champs-Élysées, le Café anglais, le Café de Paris, et Maxim's que les épouses vertueuses considéraient comme « l'antichambre de l'Enfer ».

La licence exclut toute liberté. Chaque jour, les courtisanes *doivent* se montrer au Bois, déjeuner chez Weber, patiner au Palais des glaces, dîner chez Paillard, faire une apparition dans une loge de théâtre, souper chez Larue. Et quand les demi-mondaines se retirent enfin dans leur chambre, le lit n'est pas un objet de repos, mais l'autel de tous les sacrifices...

Cette débauche ressemble fort à une exigeante vie de bureau dont les activités sont étroitement surveillées par la police. Le 28 février 1890, une première fiche est établie au nom de Liane par la Préfecture de police : « La dame Chassaigne (Marie) , dite Liane de Pougy, est la femme divorcée du sieur Pourpe (Joseph-Armand-Henri) , enseigne de vaisseau à bord du *Bayard.* » Celle de Valtesse est nettement plus ancienne et date du 28 octobre 1873 : « figurante aux Bouffes où elle devint la maîtresse de M. Offenbach qui quitta pour elle l'actrice Zulma Bouffard avec laquelle il avait deux enfants ».

On le voit, Valtesse savait se faire apprécier et elle apprend à Liane à coter ses moindres faveurs, s'indignant parfois avec violence quand son élève gâche le métier en ne percevant pas le salaire qui lui est dû : « Comment ? il a vu tes jambes et il n'a pas payé ? Il doit payer. » Faire payer l'homme est l'une des obsessions majeures de la femme, honnête ou dissolue, de cette époque. La femme plaît, l'homme paye, à chacun son rôle.

La fiche de police de Mlle de La Bigne ne mentionne pas que Valtesse a été surnommée l'« union des artistes » à cause de son vif penchant pour les peintres, les musiciens, les écrivains. A son tour, Liane reçoit le surnom qui avait été celui d'Hortense Schneider, le « Passage des princes ». Et voilà en quoi l'élève surpasse son professeur : si Valtesse plume les richissimes artistes, Liane se spécialise dans les grands noms et les grandes fortunes. C'est à vingt ans qu'elle connaît Lord Carnavon, l'éminent égyptologue. Elle reçoit sa première perle pour prix de ses services qui ressemblent fort à des sévices : « Carnavon était vicieux, on le disait inverti. Il m'aima cependant... et fut un amant délicieux, torturant, rempli de charme et de grâce cruelle. » Autrement dit, Carnavon qui avait un faible pour les garçons et les méthodes de l'éducation anglaise menait Liane à la cravache. « Carnavon ne me rendit pas très heureuse. (...) J'ai conservé une perle en souvenir de lui, la plus belle de mes perles, celle qui est estimée aujourd'hui à une centaine de mille francs. » Carnavon distribuait les coups, et les bijoux, avec un faste de grand seigneur.

Si les grands seigneurs qui succèdent à Lord Carnavon, les ambassadeurs qui succèdent à l'ambassadeur de Grèce, et les policiers commencent à fixer leurs yeux sur Liane de Pougy, les journalistes ne peuvent que suivre leur exemple. Toute une presse, comme le *Gil Blas* ou *Fantasio*, se repaît des exploits des dames galantes que l'on jette en pâture au public, avec une liberté de ton qui surprend !

La première fois qu'apparaît le nom de Liane de Pougy, c'est dans le *Gil Blas* du 31 décembre 1890. Son prénom est changé en Diane, Diane de Pougy qui, pour étrennes, reçoit « la pourpre cardinalice ». Aurait-elle eu un prélat parmi ses clients ? L'allusion à cette « pourpre cardinalice » est des plus obscures.

Seconde apparition dans le *Gil Blas* du 13 janvier 1891. Son prénom est bien Liane, mais son nom a été changé en Pouzy, Liane de Pouzy. A partir de là, il n'y a plus d'erreur, plus de Diane de Pougy, plus de Liane de Pouzy, mais bien Liane de Pougy présentée comme « une grande horizontale ». Elle a donc réussi à entrer dans le cercle très fermé de ces quarante courtisanes qui, selon Edmond de Goncourt, forment « le gratin de la galanterie ».

5

UNE « HORIZONTALE DE GRANDE MARQUE »

(1891)

La beauté, quand elle est prodigue en plaisirs, peut être une clef qui ouvre bien des portes, y compris celles de la presse. En 1891, Liane incarne la beauté, le plaisir et une jeunesse qui se croit éternelle. Par des complaisances judicieusement accordées, elle noue de précieuses relations avec les directeurs, ou les rédacteurs en chef, des journaux du demi-monde. Dès le 17 janvier 1891, Liane de Pougy emplit les colonnes du *Gil Blas*. On peut y suivre pas à pas ses allées et venues, ses embarquements pour Cythère. C'est Notre Dame du *Gil Blas*.

« L'objet d'art » ne tient pas en place. Le chef-d'œuvre libertin se doit d'être apprécié partout. A peine le *Gil Blas* a-t-il le temps de remarquer Liane en domino mauve, au bal de l'Opéra, à Paris, qu'elle est déjà à Monaco pour le Grand Prix. Après les courses, elle va « chercher des indulgences à Rome » ! Oui, dès 1891, on n'ignore plus rien des jours, et des nuits, de cette galérienne du plaisir. Le *Gil Blas* ne manque pas de signaler ses moindres déplacements et ses moindres conquêtes :

21 février 1891. « Non contente d'avoir dompté moult représentants du sexe fort, voilà que Liane de Pougy veut essayer son pouvoir sur la race chevaline ! Il paraît, que d'ici peu, Liane nous présentera un magnifique cheval blanc dressé en haute école et monté par elle. Nous ne doutons pas du succès que Liane de Pougy remportera dans ce genre d'exercice. Personne n'ignore que, depuis qu'elle suit la méthode de M. Brunetière, le centaure de la rue d'Ulm, elle est devenue une écuyère consommée. »

C'est une façon comme une autre d'apprendre aux populations qui l'ignoraient encore que Ferdinand Brunetière, l'austère Brunetière, maître de conférence à l'École normale supérieure, l'auteur des *Études critiques sur la littérature française*, compte parmi les amants de Liane de Pougy. Ce qui, pour la courtisane, constitue un brevet d'intelligence et de culture.

23 février 1891. « On nous écrit de Naples que la comtesse Liane de Pougy, cette horizontale de grande marque, est entrée dans la cage aux lions du célèbre dompteur Ohérardi. Ce n'est que sur la pressante insistance de Liane que ce belluaire s'est décidé à autoriser la visite aux fauves. Elle est entrée dans la cage avec une crânerie extraordinaire. Elle a étonné tout le monde, même le dompteur qui n'est pas facile à émouvoir. »

Proclamée par le *Gil Blas*, « horizontale de grande marque », Liane s'est elle-même promue comtesse ! Titre de fantaisie, ce qui ne l'empêche pas d'orner son papier à lettres bleu ou crème d'une couronne comtale. Sa visite aux fauves est un superbe coup de publicité. Si elle affronte ainsi les lions, comment ne braverait-elle pas les tigres, et les tigresses, à visage humain ?

20 mars 1891. « Dîner en grand tralala chez la belle Liane de Pougy qui célébrait son retour d'Italie par une superbe fête offerte à la jeunesse aristocratique du monde où l'on s'amuse. L'atmosphère embaumait, tant les fleurs abondaient partout, et pendant le dîner un orchestre tzigane a fait entendre ses czardas les plus mélodieuses. »

Entre le monde où l'on s'ennuie et le monde où l'on s'amuse, Liane de Pougy a choisi. Elle s'amuse sans repos ni répit, et multiplie les fêtes, avec buissons d'azalées et orchestre tzigane, dans son « ravissant petit hôtel particulier de la rue Scheffer », où, dès qu'elle est installée, se pressent des princes, des comtes et des ducs dont on ne donne que les initiales. Sont citées leurs compagnes d'un soir : Suzanne d'Albray, Jeanne de Thiercy, Jeanne Cambrai.

23 avril 1891. L'article du *Gil Blas* prend des allures de poème en prose : « Souple comme son prénom. Liane qui vous enserre dans ses inextricables replis. Blanche comme une madone descendue de son vitrail, et courant de par les champs de blé ondulant à la brise, pour cueillir les bleuets couleur de ses yeux et les coquelicots truculents comme ses lèvres (...). Languide et morbide. Enfantine et serpentine. Nid de peluche lapis-lazuli où dans la coulée des soies brochées, (...) monte, doux et ineffable, le chœur des envolées de Cythère à destination de Lesbos. (...) Navigua longtemps sur les eaux dans la mer Égée, et rentra dans la vie galante en y remportant sa victoire des *Magenta.* »

On sent que l'auteur (anonyme) de ce texte a pu observer la « comtesse » de Pougy de très près... Et qu'il est aux premières loges, pour signaler, le 13 mai 1891 : « Une rupture à laquelle personne ne s'attendait est celle qui vient de survenir entre Liane de Pougy et son aimable protecteur auquel elle vient de donner le droit de s'écrier avec un geste à l'antique : "Fidélité, tu n'es qu'un nom." (...) La belle enfant s'est tout à coup détachée comme un bolide pour tomber dans les bras du marquis de X qui s'est dit comme l'intrépide Vide-Bouteille : "Ce qui tombe du ciel, je le garde." »

Ce marquis de X n'est autre que Charles, marquis de Mac-Mahon, et neveu du maréchal de Mac-Mahon, duc de Magenta. D'où l'allusion, dans l'écho du 23 avril 1891, aux Magenta. « J'ai gobé la fortune de Mac-Mahon comme on gobe un œuf », confesse Liane qui omet d'avouer qu'elle a aussi fortement entamé la fortune de l'épouse de Charles, Marthe de Vogüé. Rien n'arrête la boulimie de cette croqueuse de diamants dont le train de vie est de plus en plus important. Hôtel particulier (loué) rue Scheffer, un autre hôtel particulier (également loué) boulevard de Beauséjour, avec tout le service que cela implique (femme de chambre, cuisinière, cocher, entre autres), fêtes incessantes et incessants voyages, tout cela engendre de telles dépenses que plusieurs protecteurs sont nécessaires pour les soutenir. Et si l'un de ces protecteurs décide d'avoir l'exclusivité de ce chef-d'œuvre libertin, c'est sa fortune entière qu'il engloutit dans ce caprice.

C'est précisément ce qui arrive, au printemps 1891, à Charles de Mac-Mahon, né en 1856, et qui ne survivra guère à sa ruine puisqu'il meurt en 1894. Charles croit avoir rencontré en Liane son idéal. Un idéal qui coûte cher quand on refuse de le partager, et qu'on le partage quand même puisque Liane poursuit, en même temps, une liaison secrète avec un Evremond de Saint-Alary.

La courtisane découvre que Charles est aussi jaloux qu'Armand Pourpe. Même réaction qu'avec Armand : elle se moque de cette jalousie qui se manifeste par une incessante, et unique, question : « Mais enfin, ma chérie, à combien d'hommes as-tu appartenu avant moi ? » Un jour, de guerre lasse, Liane annonce qu'elle va enfin répondre. Elle fait semblant de compter, et s'arrête au quarante-deuxième, en disant : « C'est tout. C'est toi le quarante-troisième. »

Dans *Mes cahiers bleus*, l'auteur prétend que Mac-Mahon n'est, en fait, que le quatrième. Charles viendrait après Armand Pourpe, le lieutenant de vaisseau Cronon et le marquis de Portes. Les courtisanes ont la mémoire courte. Au printemps 1891, quand elle devient la maîtresse en titre de Charles de Mac-Mahon, Liane compte plus de quarante-trois amants dont il serait vain de vouloir établir la liste. Il y a ceux qui, comme Carnavon ou Mac-Mahon, portent des noms assez illustres pour qu'elle s'en souvienne. Et puis, il y a tous les autres : les obscurs, les rapides, les fantaisies d'un moment destinées à solder une facture, ou régler une dette. Tout n'est pas que fêtes et bals dont le *Gil Blas* rend compte en s'émerveillant. Il y a aussi l'envers d'un décor, le coût de la féerie. Dans ce demi-monde où chaque volupté est taxée à son plus juste prix, Liane de Pougy est comme une sirène dans l'eau, jouissant pleinement de tout ce qui s'offre, même si plus tard elle n'affecte que dégoût pour ces années-là. Car, à partir de 1891, ce sont les années Liane qui commencent.

6

MEILHAC, LORRAIN, POTOCKI ET LES AUTRES...

(1892-1895)

L'année 1892 ressemble à l'année 1891. C'est une suite de liaisons, d'intrigues, de fêtes, de voyages que n'interrompent même pas les morts du mari et du père de Liane de Pougy. Armand Pourpe disparaît à trente ans, poitrinaire. Liane est en galante compagnie[1] quand elle apprend ce décès sur lequel, de son propre aveu, elle ne verse pas une larme.

La mort de son père, en sa quatre-vingtième année, la touche davantage. Elle rend hommage à cet homme qui avait des principes qu'elle bafoue quotidiennement. Elle voudrait assister à son enterrement, mais l'une de ses belles-sœurs déclare que, si la « créature » vient, elle n'y viendra pas. Pour éviter tout incident désagréable, la « créature » renonce, la rage au cœur. Le vice doit s'incliner devant la vertu triomphante.

Le cercle de famille est brisé : Liane ne garde plus de relations qu'avec sa mère. Elle se souvient aussi qu'elle a un fils, Marc, qui a cinq ans maintenant et à qui elle rend visite à Suez. Voyage éclair qu'annonce le *Gil Blas*, sans en donner les motifs. Visite sans lendemain. Les grands-parents Pourpe continuent à élever leur petit-fils qu'ils feront entrer, quand il en aura l'âge, au collège de Harrow, en Angleterre.

Le temps d'écumer quelques pachas au Caire, et Liane revient à Paris, donne des fêtes et rejoint Yulka en Galicie, à Dythowice, « *charmante petite seigneurie provinciale, toute blanche dans la verdure* ». Elle y rencontre des vieilles dames fort nobles et fort distinguées qui ont connu Talleyrand au Congrès de Vienne. En leur compagnie, et en celle de Yulka, elle acquiert un supplément

1. « *Avec le beau prince Elim Demidoff dont j'étais folle et qui se laissait adorer avec une nonchalance un peu tendre, (...) j'étais en vue, une jolie fleur à sa boutonnière, rien de plus... rien de moins.* »

de bonnes manières bien utile puisqu'elle se rend ensuite en Russie, à Saint-Pétersbourg où elle remporte un vif succès chez des grands-ducs prodigues en fourrures et en diamants. Leur générosité fait oublier leur saleté. D'après Liane, très sourcilleuse sur ce point, les nobles russes se lavaient peu...

En 1893, le maharadjah de Kapurtala veut l'emmener en Inde. Elle hésite. Pour la convaincre, le maharadjah lui propose le mariage. Elle refuse avec horreur. Veuve et libre, elle ne veut pas retomber dans ce qu'elle considère comme la pire des servitudes, le mariage, même pour être la maharané de Kapurtala ! La courtisane repousse la tentation des Indes : n'est-ce pas à Paris que tout se passe ? Et c'est à Paris, en 1894, qu'elle rencontre deux hommes qui vont beaucoup compter dans sa vie : Henri Meilhac et Jean Lorrain.

Au printemps 1894, Edmond de Goncourt, à la fois scandalisé et émoustillé, note dans son journal que Meilhac a donné 80 000 francs uniquement pour contempler Liane en sa complète nudité. La somme est considérable [1]. Ce n'est qu'un début.

Quand Meilhac est autorisé à examiner Liane d'un peu plus près, il l'appelle aussitôt « mon bébé rose ». S'ajoutent, au prix d'une telle faveur, des cadeaux parmi lesquels une canne à bout d'or chamarré de diamants. La courtisane brandit cette canne comme le sceptre du pouvoir qu'elle exerce sur ce monarque de la vie parisienne. Henri Meilhac est alors âgé de soixante-trois ans. Il incarne l'esprit du Second Empire et fut, avec Ludovic Halévy, le librettiste d'Offenbach. On peut imaginer aisément les conversations entre Valtesse de La Bigne, qui a été la maîtresse d'Offenbach, et Liane de Pougy qui est la maîtresse de Meilhac. Entre l'« union des artistes » et le « Passage des princes », les commentaires sur ces messieurs doivent aller bon train !

Cette liaison avec Meilhac, c'est une consécration pour Liane de Pougy. En s'unissant à l'un des rois de

1. Considérable en effet si l'on sait que la cuisinière de Liane gagnait cent francs par mois.

Paris, la fille de la Sarthe s'affirme comme une Parisienne aussi authentique que si elle avait vu le jour sur les bords de la Seine. Ce baptême d'alcôve constitue, dans le demi-monde, l'un des événements du printemps 1894. Plus tard, Liane niera toute relation charnelle avec Meilhac : « *Je dois dire aussi que j'adorais ce cher vieux-là, question charnelle mise à part qui n'a jamais existé entre nous.* » Cela semble peu vraisemblable. Il est difficile de croire qu'un infatigable coureur de jupons comme Meilhac se soit contenté de contempler Liane en sa nudité...

La courtisane, quand elle est de bonne humeur, appelle son auteur à succès Henri et quand elle est fâchée, Monsieur Meilhac. Elle a souvent des raisons d'être fâchée puisqu'elle doit partager son académicien — il a été élu à l'Académie française en 1888 — avec Geneviève Straus, veuve Bizet. « La veuve Bizet a toujours l'air de jouer *Carmen* en province », répète volontiers Liane que cette liaison, vraiment platonique celle-là [1], exaspère. Le chef-d'œuvre libertin ne tient pas longtemps rigueur à son Henri qu'elle accompagne à toutes les générales, à toutes les premières, à tous les dîners. « *J'ai fait, en compagnie d'Henri Meilhac, des dîners exquis chez Arthur Meyer* [2] *avec un service impeccable. Que voulez-vous, j'aime cela... A ce moment-là, il protégeait Jane Hading et pour elle briguait un rôle dans la pièce que Meilhac écrivait alors, (...). J'eus l'honneur de dîner avec la fameuse actrice que je trouvai fort imposante et très ennuyeuse. (...) Meilhac comprit mon ennui, écourta la soirée et, au retour, nous nous détendîmes dans sa voiture par de bons rires et de gamines taquineries. La pauvre Hading m'avait fait mille avances, s'était extasiée sur ma beauté, ma fraîcheur, mon esprit, avait même loué mon succès aux Folies Bergère, succès qui retentissait (stupidement) dans le monde entier.* »

C'est le 13 avril 1894 que Liane de Pougy, qui entre

1. Cf. Chantal Bischoff, *Geneviève Straus*, Balland, 1992.
2. Le directeur du journal *Le Gaulois*.

dans sa vingt-cinquième année, débute aux Folies Bergère sous les auspices de son directeur, M. Marchand. Les Folies Bergère réunissent alors sur un même plateau les trois belles les plus en vue de l'époque, Liane de Pougy, Émilienne d'Alençon et Caroline Otero ; ce qui fait écrire à un échotier du *Journal*, dissimulé sous le pseudonyme d'« Arlequin » :

« Si le berger Pâris revenait sur terre et qu'il allât aux Folies Bergère — il irait sûrement, tout ce qui est ultra-chic y va —, il se trouverait dans la situation où il était alors sur le mont Ida, il eut à choisir entre les trois déesses fameuses : Vénus, Minerve et Junon. A laquelle des trois beautés modernes, Émilienne d'Alençon, Otero et Liane de Pougy, toutes trois pensionnaires des Folies Bergère, le fils du roi Priam donnerait-il la pomme ? (...) »

« Arlequin » suggère que le fils de Priam devrait couper sa pomme en trois. Il célèbre Émilienne « dans un ballet des plus amusants », il applaudit Otero « dans ses danses et ses chants si originaux », mais c'est à Liane de Pougy qu'il réserve ses plus fervents éloges pour son numéro de prestidigitation : « Depuis hier soir, Liane de Pougy n'est plus seulement très spirituelle, très bien élevée, très haute marque ; elle est encore très prestidigitatrice ; je ne sais pas si le mot est français, mais je l'emploie tout de même. (...) Alors, sous les yeux du public — et quel public, un vrai parterre de rois —, Liane de Pougy, délicieuse dans une robe de soie rose d'un vaporeux céleste, fait sortir de l'espace un bouquet de fleurs ; dirige à son gré, et rien que par sa force psychique, un guéridon léger ; (...) et pour terminer se fait disparaître elle-même. »

L'exploit est applaudi par le prince de Galles, le comte Roman Potocki, Lord Lyons, le baron d'Aimery, le vicomte de Contades, M. Albert Menier, Gervex, Forain...

« Arlequin » rend visite à la prestidigitatrice dans sa loge qui ressemble à une boutique de joaillier. Avec une complaisance non dissimulée, Liane montre, un à un, ses trophées de courtisane, et se garde bien de les faire disparaître comme un bouquet ou un guéridon. Ses bijoux sont là, preuves de sa réussite : « Voyez d'abord ce grand serpent de diamants, dit-elle. Sa langue est de rubis. Cette petite bête vaut 900 000 francs. Le collier de vraies perles que voici vaut 113 000 francs. C'est Boucheron qui l'a vendu à M. Meilhac de qui je le tiens. Ces autres perles, non moins authentiques, montées sur un seul rang, me furent offertes par un député qui y dépensa quelque chose comme 75 000 francs. Admirez ce collier de turquoises, cette rivière, cette broche en émeraude (40 000 francs, cette broche), et ces deux autres broches que me donnèrent deux lords. La perle grise de celle-ci ne vaut pas moins de 17 000 francs. Voulez-vous voir maintenant mes trente-trois bagues ? Sont-elles belles, hein ? »

Liane conclut son inventaire éblouissant d'un : « Il y a quatre ans, je débarquais à Paris avec 400 francs. Aujourd'hui, je pourrais m'en aller avec un million. »

Liane rassure aussitôt ses admirateurs : elle n'a aucune envie de s'en aller. Elle est à Paris, elle y reste à recueillir les applaudissements, à croquer des diamants et à se parfumer tantôt au Hamman Bouquet, tantôt au White Rose, les deux parfums de Florys qu'elle préfère, et qu'elle offre à sa passion du moment, Émilienne d'Alençon.

Grâce à Liane et à Émilienne, les Folies Bergère se changent en Folies-Lesbos. Ces deux dames sont au plus mal avec Caroline Otero qui n'a que deux passions : le jeu et les jeunes gens. Pendant que Liane et Émilienne roucoulent sans se cacher le moins du monde et que les journaux à scandales annoncent qu'elles auront bientôt un enfant, fruit de leurs amours, la Belle Otero ne perd pas son temps à ce qu'elle considère comme de peu rentables enfantillages et se fait offrir les perles que portait Eugénie de Montijo.

Quand elle parvient à s'échapper des bras d'Henri Meilhac et des étreintes d'Émilienne d'Alençon, Liane de Pougy se jette aux genoux d'un comte polonais, Roman Potocki. Grand nom, grande fortune, grande allure, grande beauté, Roman Potocki, quarante-trois ans, a tout pour plaire à la courtisane qui voit en lui « un amour idéal ». Député de Galicie, membre du conseil d'État, pair héréditaire de l'Empire austro-hongrois, propriétaire du château de Lancut[1], Roman Potocki éclipse Henri Meilhac que Léon Daudet présentait comme « un bourru bienfaisant, moustachu à la féroce, dans une face bronzée d'enfant inquiet ».

Roman éclipse Henri, sans l'effacer tout à fait. Liane tient à partager équitablement ses faveurs entre le prince de Pologne et le roi de Paris. Moins possessifs que Charles de Mac-Mahon, Henri Meilhac et Roman Potocki acceptent ce partage, en hommes courtois qui connaissent les usages du demi-monde. Après chaque représentation des Folies Bergère, Roman Potocki emmène Liane souper chez Paillard dont le canard farci, remarquable, est dégusté par les grands-ducs de Russie, le khédive d'Égypte et le prince de Galles. Tous des « admirateurs » de Liane. Pour ses débuts aux Folies Bergère, Liane avait invité le futur Edouard VII qui n'avait pas manqué d'accourir.

Comblée par Roman Potocki, par Henri Meilhac et par Émilienne d'Alençon, pour ne citer que ces trois-là, Liane de Pougy se croit au paradis quand elle est soudainement piquée par ce qu'elle croit être un serpent, par Jean Lorrain qui, dans *L'Écho de Paris* du 20 avril 1894, publie contre la débutante un article terrible qui se termine par : « Que madame de Pougy se rassure : son amie la Belle Otero est encore bien plus ridicule ; elle n'a que le second prix de grotesque ; il faut qu'elle s'y résigne. » Justement, Liane trépigne de fureur et ne se résigne pas à ce deuxième prix de grotesque décerné par celui qui fait, et défait, les réputations à Paris. Dans le *Journal*, il signe Raitif de la Bretonne, sa chronique, « Pall Mall », qui est des plus lues. En 1894, Jean Lorrain est déjà l'auteur, entre autres, de *Modernités, Très russe* et *Buveurs d'âmes*.

Lorrain est le poète des sirènes, le « pape de l'étrange ». Ce Normand de trente-neuf ans, grand, fort et

1. Lancut est considéré alors comme le « Versailles de la Pologne ».

blond, possède, d'après Colette, « les plus beaux yeux bleus dont pût se vanter un homme ». Il aime les messieurs autant que Liane aime les dames.

Jean Lorrain et Liane de Pougy : Sodome et Gomorrhe face à face. Cette rencontre a lieu dans le nouveau logis de la courtisane, un « somptueux rez-de-chaussée » de l'avenue Victor-Hugo, le 16 mai 1894. Trois semaines ont passé depuis l'éreintement. Liane est trop intelligente pour ne pas savoir pratiquer, quand il le faut, le pardon des injures. Elle ne peut s'offrir le luxe d'avoir un Jean Lorrain pour ennemi. Elle envoie en délégation un ami commun qui persuade Lorrain que Liane mérite mieux qu'un deuxième prix de grotesque, « vous êtes faits pour vous comprendre, il faut absolument faire la paix ».

Le 16 mai 1894, à trois heures et demie de l'après-midi, allongée sur un immense lit Louis XVI empanaché de plumes blanches, Liane reçoit Jean. C'est le coup de foudre de l'amitié. Jean voit en Liane une sirène, une princesse de contes de fées, une licorne, une fleur héraldique, un bibelot d'art, tout ce qu'il aime, tout ce qu'il chante dans ses poèmes et dans ses contes. Il est à ses pieds. Il la contemple, « et plus je la contemple, moins je regrette mon article : c'est un crime de lèse-beauté d'avoir enseveli ce délicieux visage sous l'odieuse perruque de ses débuts, une impardonnable faute de goût que d'avoir consenti à endosser cette ridicule robe rose ; et un peu pédant, mais très convaincu, je lui renouvelle mon indignation ».

Liane et Jean parlent à cœur ouvert et découvrent qu'ils ont en commun le culte de la beauté, l'horreur de la bêtise. Ils se quittent les meilleurs amis du monde et promettent de se revoir.

Malheureusement, Liane de Pougy doit quitter Paris. Après son succès aux Folies Bergère, elle court en Russie chanter son grand air des bijoux. A Saint-Pétersbourg, elle compte parmi ses principales victimes Wladimir Miatlef qui, le soir de ses noces avec la fille du général Richter, s'est rendu compte qu'il était impuissant. Depuis, il compense son impuissance par des pratiques masochistes. Liane de Pougy rend à Wladimir Miatlef les coups administrés par Lord Carnavon.

A la fin d'une séance particulièrement réussie, Wladimir convoque un bijoutier, Jacques Goudstikker, qui étale sur une table pour un million et demi de bijoux. Devant les diadèmes de rubis, les colliers d'émeraudes, les chaînes de diamants, les parures de turquoises, Liane est éblouie et s'écrie : « Je ne sais que choisir. » « Prenez tout », propose simplement Wladimir. Et Liane prend tout, avec la même simplicité. « Vous êtes un grand seigneur », dit-elle à Wladimir. La courtisane n'aura certainement pas manqué de tirer les conclusions pratiques qui s'imposent : le masochisme est plus rentable que le sadisme. Si, pour s'être laissé fouetter par Lord Carnavon, elle n'a reçu qu'une belle perle, elle gagne, en fouettant Wladimir, un véritable trésor.

A son retour à Paris, en décembre 1894, Liane de Pougy clame aux quatre vents la générosité de Wladimir Miatlef. Jean Lorrain en reçoit les échos et en fait le sujet de l'un de ses articles. Il y écrit, entre autres, que la courtisane est revenue avec trois cent mille francs de diamants. Nouvelle fureur (feinte) de Liane qui convoque Jean et l'accueille par des nouveaux reproches : « Trois cent mille francs ! Mais c'est un écrin de pauvre que vous me donnez là ! J'en ai pour un million et demi, mon cher. » Jean rit, jure de ne plus recommencer, promet une rectification, tient sa promesse et, à partir de là, c'est l'amitié folle comme il y a l'amour fou. Ces deux êtres, sans préjugé aucun, semblent avoir mis en pratique cette suggestion que Belle de Zuylen faisait à Benjamin Constant : « L'amitié et l'amour pourraient bien se confondre dans des caresses qui plairaient à tout ce qui compose la sensibilité. » Jean et Liane sont-ils parvenus à se confondre en de telles caresses ? Ces lignes de Lorrain à Pougy le laisseraient croire :

« Ah ! que je suis donc fatigué, je me sens à la fois si las et si pur de toute idée charnelle que ta présence est la seule que je désire auprès de moi ; j'aimerais ta nudité près de la mienne, pour y promener une lente, une longue et si fine caresse que tout ton corps se ten-

drait comme un arc, et pour te baiser sur la bouche, je saurais donner à la mienne la légèreté frôlante d'une fleur effleurant une fleur... et ce serait le baiser de Jean Lorrain à Liane, de deux êtres si profondément vicieux qu'ils en seraient devenus chastes et tu en serais si horripilée que c'est toi qui me briserais dans une étreinte, toi si frêle et moi si fort. »

Cette prodigieuse intimité entre Sodome et Gomorrhe se révèle des plus fécondes. Chacun prend l'autre comme modèle pour certains personnages de ses œuvres. Dans *Idylle saphique* et autres romans de Liane de Pougy, Jean Lorrain sera Jack Dalsace ou Jack d'Alsace. Liane sera, entre autres, Ludine de Neurflize dans *La Maison Philibert*, Viviane de Nalie dans *Le Poison de la Riviera* et Illyne Yls dans *Fards et poisons*. C'est dans *Le Poison de la Riviera* que réside, peut-être, le secret de cette amitié peu commune, entre ces deux êtres qui succombent à toutes les tentations, tout en gardant « leurs âmes si enfantines ». Et dans *Fards et poisons*, Lorrain laisse entendre qu'il a appris à la courtisane à considérer sa carrière « comme une mission justicière, mieux comme une revanche de l'Amour et de la Beauté, contre l'oppression du Capital ». Il ira jusqu'à écrire : « Quand une courtisane sortie du peuple ruine un banquier millionnaire, c'est toute une lignée d'ancêtres obscurs qu'elle revanche ; tout un atavisme de rancunes qu'elle satisfait dans ses goûts de luxe inutile et destructeur. »

Avec Valtesse de La Bigne comme professeur et Jean Lorrain comme conseiller, Liane de Pougy ne pouvait qu'atteindre les sommets. Elle y parvient en 1894 puisqu'elle est surnommée « la Divine ». Ondulée par Marcel, chapeautée par Lewis, habillée par les sœurs Callot, Liane de Pougy est un modèle d'élégance que Jean Lorrain est fier d'exhiber. Ils ne se quittent plus et donnent des dîners en l'honneur l'un de l'autre. Lorrain en rend fidèlement compte dans ses « Pall Mall ». Des militaires, des banquiers, des poètes, des musiciens forment la cour de Liane à qui l'on offre, en divertissement final, quelques forts des Halles qui luttent, tout nus... Pour soutenir de tels assauts, Jean Lorrain ne cache pas que Liane sert à ses invités une salade de fruits baignant dans le champagne frappé et l'éther. Comme il prévoit que les lecteurs du *Journal* en demanderont la recette, Jean Lorrain prévient leur désir et la donne, sans plus attendre, « bananes coupées en rondelles, quartiers d'oranges sanguines, râpures de noix de coco, fraises et cerises fraîches dans un bain de champagne frappé et là-dessus cinq cuillerées à café d'éther ».

A peine éteints les flambeaux de la fête et dissipés les effets de la salade de fruits, voici que Liane doit retourner en Russie où elle passe le printemps, l'été et l'automne 1895. Elle y joue *Le Passant* de Coppée. A Saint-Pétersbourg comme à Paris, la critique est unanime : Liane joue mieux couchée que debout. Elle est meilleure au lit que sur scène. Sarah Bernhardt ne s'y était pas trompée qui, consultée par Liane sur l'opportunité d'une carrière théâtrale, lui avait nettement répondu : « N'ouvre pas la bouche, contente-toi de te montrer, tu es suffisamment belle pour cela. »

Liane est tellement belle que le photographe Reutlinger refuse de la photographier en chemise, comme Otero, ce serait trop vulgaire, voyons ! « Résignez-vous à être une princesse », dit Reutlinger qui ignore ce que cette injonction peut avoir de prémonitoire.

7

LA SIRÈNE DE L'EUROPE

(1896-1897)

En attendant de devenir une véritable princesse, Liane de Pougy se contente d'être l'une des reines de Paris, « la Divine » dont la beauté « qui fera rêver les générations à venir » est reproduite sur des affiches qui tapissent les murs de la capitale, ou les parois d'autres lieux. « Ça te plaît de voir ton portrait sur les pissotières ? » interroge l'une de ses bonnes amies.

A Paris comme à Saint-Pétersbourg, à Rome comme à Londres, Liane est partout sacrée Reine d'amour. Elle représente en sa personne les États-Unis de l'Europe galante. Elle est la sirène de l'Europe. Une sirène intellectuelle : peu après son retour de Russie, elle lit l'*Aphrodite* de Pierre Louÿs qui paraît en feuilleton dans le *Mercure de France*. Voilà une bonne lecture ! Entre la prostitution antique décrite par Louÿs dans son *Aphrodite* et la haute prostitution dans laquelle vit Liane, il n'y a pas grande différence. Liane, comme Chrysis, est prête à tout pour porter sept rangs de perles...

L'amour de Liane de Pougy pour les perles est tel qu'elle est surnommée, à Nice, la « Perle du carnaval ». En effet, à ce carnaval, elle paraît dans un char en forme de conque dont elle est la perle et que tirent des marins de l'État. La perle humaine, et les marins, font délirer Jean Lorrain qui y consacre l'un de ses « Pall Mall ».

Pour faire oublier ses premières, et passagères, perfidies, Lorrain multiplie les articles à la gloire de Liane avec, parfois, l'esquisse d'une pointe qui n'a pas d'importance et qui offre plus de crédibilité à la louange. Tous deux savent exactement à quoi s'en tenir sur les coups de griffes qu'ils se lancent parfois, afin de mieux savourer les caresses qu'ils se donnent ensuite.

A Menton, Liane de Pougy loge dans une villa qui ne peut s'appeler que « La Perle blanche » et qui voisine avec celle de Valtesse de La Bigne et des autres courtisanes qui ont choisi le style Trianon Côte d'Azur pour abriter leurs amours. Le « Louis XVI fin de siècle » fait fureur comme le signale Lorrain :

« Un de ces beaux appartements "fin Louis XVI", à grandes baies de glaces quadrillées ; l'appartement tout blanc que la mode impose, depuis un an déjà, à toute élégante qui se respecte, l'appartement de Caroline Otero, 27, rue Pierre-Charron ; d'Yvette Guilbert, 79, avenue de Villiers ; et de Liane de Pougy, avenue Victor-Hugo... Boiseries blanches ; portes à petits carreaux de glaces, coussins en velours anglais et en satin Liberty ; vase de Gallé ; œuvre de D'Annunzio ; pointes sèches de Helleu. Peintres favoris : Boldini et La Gandara. Quelques dessins de Forain et de Sem. 10 000 francs de loyer par an, et 2 000 pour les écuries, la remise. Un loyer qui représente 400 000 francs de capital. »

On perçoit dans ces lignes toute la considération de l'écrivain qui gagne sa vie à la sueur de sa plume face à la courtisane qui gagne la sienne plus facilement...

Dans tout ce blanc, Liane rayonne comme une perle blonde. Ses cheveux châtain clair ont, grâce aux artifices de Marcel, le coiffeur en vogue, atteint la blondeur souhaitable. Or de la chevelure, pluie de louis d'or, c'est l'âge d'or de Liane de Pougy. Elle peut même maintenant s'offrir le luxe suprême de refuser, par exemple, un Fregoli qui, à l'Olympia, est son voisin de loges. Les frères Isola qui dirigent l'Olympia admirent sans réserve cette résistance, félicitant leur pensionnaire en ces termes : « Vous avez résisté à Fregoli ! Vous êtes l'honneur de l'Olympia. »

De l'Olympia, Liane de Pougy retourne aux Folies Bergère où elle joue, au printemps 1896, *L'Araignée d'or* de Jean Lorrain. La pièce est présentée comme l'événement, ou plutôt, puisque l'anglomanie sévit, comme le *great event* de la saison parisienne.

La terreur qu'inspire Lorrain qui manie le pistolet aussi bien que la plume est telle que son conte féerique en deux tableaux est porté aux nues par la presse unanime. La mise en scène a été assurée par Mme Mariquita qui n'a pas ménagé sa peine. Ses exigences ont souvent fait pleurer Liane qui, sur les planches, offre la timidité, et la docilité, d'une éternelle débutante.

Les pleurs de l'Araignée d'or sont dévotement recueillis par Jean Lorrain, par Roman Potocki, par Émilienne d'Alençon, par Yulka Radziejowska. Meilhac n'est pas là : il a rompu avec Liane le 16 mars 1896. Motif de la rupture ? Une insolence de la courtisane à l'égard de son idole, Mme Straus. « Pourquoi Mme Straus m'en veut-elle ? N'avons-nous pas toutes deux Meilhac et le même coiffeur ? » a dit Liane à Jean Lorrain qui l'a répété à Edmond de Goncourt qui l'a répété... Bref, tout cela est parvenu aux irritables oreilles de Mme Straus qui a sommé Meilhac de choisir. Il a choisi la veuve Bizet.

L'absence de Meilhac ne gâte pas le plaisir de Liane d'être adulée pour son interprétation de *L'Araignée d'or*. En fée Oriane qui prend au piège de sa beauté un preux et pur paladin, Liane triomphe. Les critiques la comparent successivement aux sept grâces, aux fées, à Aphrodite elle-même. Sa loge déborde de corbeilles d'iris noirs et d'amis qui se nomment le prince Henri d'Orléans, le prince Tcherbakoff, le prince Bariantinski, le peintre Jean Beraud, Edmond de Goncourt. Les princes et le peintre comptent parmi les intimes de l'Araignée d'or. Chacun est fêté, cajolé. Mais c'est Edmond de Goncourt qui reçoit l'accueil le plus chaleureux pour avoir qualifié Liane « la plus jolie femme du siècle ».

Consécration qui est reprise par les critiques : « Mademoiselle Liane de Pougy voulait nous prouver qu'elle n'est pas seulement "la plus jolie femme du siècle" : elle a réussi à révéler qu'elle est aussi une artiste accomplie. »

Dans cette pantomime, Liane a enfin mis en pratique les conseils de Sarah Bernhardt : elle n'ouvre la bouche que pour sourire, un sourire tellement irrésistible que tous les spectateurs voudraient être à la place du preux et pur paladin.

Après les représentations, ce n'est plus avec Roman Potocki, qui n'en reste pas moins sur la liste de ses entreteneurs, qu'elle soupe chez Paillard, mais avec le docteur Albert Robin qui est sa nouvelle passion.

Âgé de quarante-neuf ans, le docteur Robin est le médecin à la mode. Il soigne les Rothschild (il héritera de la moitié de la fortune de la baronne Salomon de Rothschild) et les écrivains comme Zola, Daudet, Catulle Mendès, Lorrain. Il est le protecteur de Léon Bloy. Il forme avec sa femme un couple très moderne. Mme Robin n'ignore rien des liaisons de son volage époux et joue les bonnes conseillères. Cette entente manifeste irrite Liane qui montre moins de compréhension que la légitime épouse. Apprenant une infidélité d'Albert, elle essaye de se suicider en avalant du laudanum sous les fenêtres de la demeure des Robin. Elle ne consent à reprendre vie qu'à une condition : Albert devra appeler sa femme et ses enfants, quand il en parle à Liane, « le monstre et les petits monstres ». Le docteur Robin accepte.

Le retentissement de ce suicide manqué est énorme. On en parle jusque dans *La Revue universelle* : « Liane de Pougy a tenté de se suicider, ça, c'est indifférent. *Le Figaro* la qualifie d'héroïne, ça, c'est amusant. »

Edmond de Goncourt, très lié avec les Robin, suit les péripéties de l'idylle avec passion. Ce qui vaut à Liane de figurer dans la dernière page du journal, le 3 juillet 1896 : « Journée passée en tête à tête avec Mirbeau au Clos Saint-Blaise. Les Robin devaient venir, mais dans le moment, Robin appartient à Liane de Pougy. »

Edmond de Goncourt meurt treize jours plus tard, à Champrosay, chez Alphonse Daudet qui, lui aussi, considérait Liane comme « la plus jolie femme du siècle ».

Le suicide manqué de Liane ne parvient pas à interrompre le succès de *L'Araignée d'or*. C'est Lina Cavalieri, autre beauté notoire, qui remplace la créatrice du rôle pendant son « indisposition ».

Encouragés par ce succès, Jean Lorrain et Liane de Pougy décident de poursuivre leur heureuse collaboration. Le 6 décembre 1896, à l'Olympia, Liane joue *Rêve de Noël*, une pantomime en un acte et trois tableaux de Lorrain. Une fois de plus, les critiques sont unanimes à célébrer « cette chimère exquise ». Certains vont même jusqu'à prendre la défense des dames galantes qui, comme Liane de Pougy, Émilienne d'Alençon ou Caroline Otero, montrent leur talent sur scène :

« Quant à la colère de certaines gens contre les séduisantes personnes qui pratiquent l'art théâtral sans cesser d'exercer dans la vie réelle des métiers plus aimables et plus lucratifs, je déclare que je ne saurais la partager ; et tant qu'il sera permis aux bijoutiers de mettre à l'étalage leurs joyaux, perles, diamants et toutes les pierreries, pourquoi défendrait-on aux vendeuses de beauté d'exposer sur la scène le corail de leurs sourires et le saphir de leurs regards sous l'or léger de leurs cheveux. » Il est facile de reconnaître le corail, le saphir et l'or qui composent le sourire, le regard et la chevelure de Liane de Pougy...

Le 6 janvier 1897, Liane fête les rois dans sa loge de l'Olympia. Elle est naturellement la reine de cette fête. Puis elle tire sa révérence, et, pour obéir au rituel de son demi-monde, passe le mois de février sur la Côte d'Azur. C'est à Monte-Carlo, dans l'atrium du Casino, et non à Paris, chez Maxim's, ou à Deauville au Grand Hôtel, que se situe la fameuse scène mettant aux prises Liane de Pougy et Caroline Otero. Cette scène a été racontée tant de fois, et avec de telles variantes par des gens qui n'y ont pas assisté, que je crois bon d'en donner la version qu'en offre Albert Flament[1] qui, lui, en a été le témoin :

Samedi 6 février 1897, Monte-Carlo. « Dans l'atrium du Casino, vers dix heures, l'élite de la galanterie apparaît. Ces femmes doivent renouveler chaque soir le spectacle de se surpasser sur la veille, par une robe plus décolletée, quelque parure plus voyante, un chapeau plus extravagant.

Dans ce milieu international, les foules brillantes d'un monde pour qui le monde sans l'or serait sans raison d'exister, la Belle Otero attire d'abord l'attention. Beauté du visage, éclat des yeux andalous, front bien dessiné

1. *Le Bal du Pré-Catelan*, Fayard, 1946.

dans la masse ondulée des cheveux, démarche enfin. Puis, de la tête aux pieds, elle n'est que pierres précieuses et diamants.

Liane de Pougy, sa plus dangereuse rivale, dont les admirables yeux clairs changent à tout instant de nuance, blonde, grande aussi, affecte la nonchalance onduleuse d'une déesse (...). Otero fait regretter Séville ; mais comme une fleur, Liane de Pougy fait aimer la France. Elle possède autant de parures qu'elle peut en supporter elle aussi. Mais, ce soir, dans l'atrium du casino de Monte-Carlo, la foule savait déjà qu'Otero ajoutait à ses précédentes exhibitions des émeraudes exceptionnelles.

Jusqu'au seuil des salles réservées à la roulette s'enflait un grand brouhaha. Qu'en penserait Liane de Pougy ? Avait-elle été prévenue ? Elle ne paraissait point. La galanterie de la Côte était rassemblée, inquiète. Et, complaisamment, Otero repassait, faisant la roue entre une double haie de spectateurs. Mais soudain, comme à l'approche d'un drame de palais, une rumeur courut. Le public, absurde et impressionnable, paria que ce qu'il avait attendu éclatait. Mme de Pougy venait d'apparaître. Et, tandis que des remous se produisaient soudain, des applaudissements s'élevèrent. On vit s'obscurcir les beaux yeux espagnols et frémir la foule des demoiselles.

Vêtue de mousseline blanche dont la diaphanéité se nuançait de rose, un ruban rose à la taille, (...) apparut Liane de Pougy. Pas un diamant, pas un rubis, pas un saphir, seulement une rose qui, pour devancer toute comparaison, était placée contre le sein.

Cette scène (...) aurait pu se passer dans les galeries du Palais-Royal, vers 1787, quand y musardait Debucourt. Elle n'était point jouée tout entière, cependant. Il y manquait une dernière touche. Liane de Pougy l'avait apportée au tableau. En effet, derrière elle, à quelques pas comptés, sa femme de chambre avançait, portant une de ses robes sur laquelle s'écrasaient plus de bijoux que jamais Otero n'en exhiba. Et c'est la femme de chambre qu'on applaudissait. »

Dans ce duel de dentelles et de diamants qui opposent Liane de Pougy et Caroline Otero, Liane vient de l'emporter. Et comme un succès n'arrive jamais seul, Mme de Pougy enlève à Mlle Otero son entreteneur, un banquier allemand aussi riche que laid. Sa générosité fait oublier sa laideur. « A ce prix-là, un homme n'est plus laid », explique Otero qui demande pourtant 25 000 francs pour un simple quart d'heure, sans extras.

Il semble que, à cette époque, les banquiers de Berlin ne soient mis au monde que pour offrir des colliers de perles aux courtisanes de Paris ! Quand le banquier quitte la Belle Otero, Caroline a un collier de cinq rangs de perles. Quand Liane quitte le banquier, elle a un collier de sept rangs de perles estimé à 700 000 francs. Ces chiffres parlent d'eux-mêmes et confirment la supériorité de Pougy sur Otero.

Le *Gil Blas* note imperturbablement les allées et venues de Liane qui, en juillet 1897, s'installe en Belgique dans une ville d'eaux avec une Marie de Lannoy et, en août de la même année, à Baden Baden avec une Thérèse Rubens. Liane ne voyage plus sans ses petites amies.

Toujours dans le *Gil Blas*, le 1er janvier 1898 : « Telle une étoile filante qui jette une lumineuse traînée sur son rapide passage, Liane de Pougy n'a fait que traverser Paris à son retour de Lugano. Un dîner au Bœuf à la mode, en tête à tête avec son inséparable Thérèse Rubens, une soirée aux Folies Bergère qui fut la scène de ses débuts, et la belle Liane a quitté notre capitale ; elle est en ce moment à Carlbad. Nous reviendra-t-elle définitivement en même temps que les hirondelles ? »

Liane de Pougy fait le printemps en Allemagne, puis en Suisse. Le *Gil Blas* ne manque pas de signaler son divorce avec Thérèse Rubens et son remariage avec Émilienne d'Alençon.

On se perd un peu dans ces multiples amours féminines, dans cette suite ininterrompue de ruptures et de réconciliations qui ne portent en rien préjudice à la carrière galante de Liane de Pougy. Au contraire. Ses amants ont l'illusion, le temps d'une étreinte, d'arracher à Lesbos une délectable proie. Ils ont aussi l'illusion encore plus trompeuse de croire en l'infaillibilité de leur propre séduction. Ils sont vite détrompés. Dès qu'elle peut, Liane échappe à ces étreintes masculines et tarifées pour retourner à son irremplaçable Lesbos. Infatigable, elle parcourt l'Europe à la suite d'un impresario qui l'exhibe comme un phénomène de foire, avec pour seul slogan : « Liane de Pougy sera sur scène avec un million de bijoux. » Et l'on vient voir la sirène de l'Europe exhiber ses scintillantes dépouilles ramassées à Saint-Pétersbourg, à Berlin, à Londres, à Rome ou à Paris. La sirène de l'Europe se doit de briller de tous ses feux...

8

L'AUTRE LIANE

(1898)

Dans sa course éperdue au succès, Liane pense que la littérature, après le music-hall, pourrait être un bon tremplin pour atteindre de nouveaux sommets. A force de fréquenter des écrivains, et d'écrire des lettres qui passent pour des pages de roman, Liane de Pougy compose un premier roman, *L'Insaisissable*, qu'elle publie le 3 juin 1898.

En 1946, dans *L'Étoile Vesper*, Colette se souvient encore de cette parution : « Qui dira que la publication de *L'Insaisissable*, roman de Liane de Pougy, tournait en 1898, à l'événement ? Jusqu'aux lointaines provinces, les "Échos mondains" portaient les nouvelles du demi-monde... »

Et comment ne tournerait-il pas à l'événement, ce très autobiographique roman dédié à Jean Lorrain qui en assure le lancement, et que l'auteur, dans sa dédicace, assure de son inconditionnelle admiration : « A l'auteur que je préfère, à l'Écrivain qui, sans le savoir, fut mon maître, à Jean Lorrain, je dédie les premiers essais d'un pauvre petit cerveau de poupée à qui il a ouvert de grands horizons et de l'inconnu. Je lui offre mon livre en reconnaissance... et en souvenir... et en amitié... comme aussi en un léger défi... sachant d'avance que ceux qui le liront et y prendront plaisir diront qu'il n'est pas de moi... et que ceux qui le trouveront mauvais ne m'épargneront aucune malveillance. Et à chacun pour sa peine, je dis : Merci ! »

A partir de cette dédicace, on a feint de croire que Liane n'avait pas écrit ce premier roman, ni ceux qui ont suivi. Que Jean Lorrain ou d'autres auraient prêté leur plume. Il se peut que Lorrain ou d'autres aient revu, ou retouché, le brouillon. Mais pour avoir tenu en main le manuscrit de *Mes cahiers bleus*, j'ai dû me rendre à l'évidence : Liane, épistolière-née, est aussi un écrivain-né, possédant un don de création qui ne trompe pas.

Et les critiques de 1898 ne s'y trompèrent pas non plus qui proclamèrent hautement : « Son livre est Elle. Elle tout entière. Elle toute seule. Et de ce qu'il est charmant, on peut conclure que le style, c'est la femme ! Aussi les mauvaises langues feront-elles sagement de demeurer immobiles et de ne point se mettre en frais pour lui dénicher une collaboratrice anonyme. Mme de Sévigné écrivit, je pense, sans aide aucune, ses lettres admirables. Pourquoi refuser aux temps présents ce que nous accordons, sans souci de contrôle, au siècle de Louis XIV ? »

Être « la plus jolie femme » de ce XIXe siècle qui n'a que deux ans à vivre ne suffit plus à Liane de Pougy. Du haut de ses vingt-huit printemps, du haut de sa réussite, elle sait qu'elle peut tout se permettre maintenant, même d'écrire, et de passer ainsi pour une femme intelligente, ce qui n'est guère apprécié dans le demi-monde. « Ma bêtise rassure les hommes », expliquait une courtisane qui était loin d'être aussi bête qu'elle le prétendait.

Non contente d'être mince parmi les grasses, d'être un cygne parmi les oies, de triompher à la scène comme à la ville, Liane veut faire mentir le proverbe : « Belle tête, mais de cervelle point. » Certes, elle est une femme de tête et elle l'a suffisamment démontré dans la conduite de sa carrière, dans sa rapide ascension. A sa réputation de courtisane et d'artiste, pourquoi n'ajouterait-elle pas une renommée de romancière ? Ce serait une superbe bravade envers l'opinion publique pour qui une femme qui écrit n'est plus une femme digne de ce nom, mais un monstre infréquentable.

Il ne faut pas oublier que, à l'époque, la pudeur victorienne n'étouffe pas seulement l'Angleterre en son carcan. La France suit cet exemple et décrète qu'une femme qui a lu un roman ne peut plus être considérée comme une honnête femme, alors en écrire un, vous pensez ! Liane y pense justement. Elle sait, et pour cause, que tout est à vendre. Ne vient-elle pas de lancer, chez Maxim's, à l'un de ses entreteneurs : « Tout le monde vend quelque chose... Moi, je vends mon cul... Il n'y a que vous qui ne vendez rien parce que vous êtes une bête. » Alors pourquoi ne vendrait-elle pas sa prose ? Pourquoi ne raconterait-elle pas, en la transposant à peine, sa propre histoire ? Pourquoi ne contribuerait-elle pas à l'établissement de sa légende en plaçant dans la bouche de son héroïne, la courtisane Josiane de Valneige, des aveux révélateurs comme : « J'ai connu les frénésies, toute la puissance de la peau », ou : « Moi qui ai tout éprouvé, tout vécu, je me sens des aspirations de vierge, des désirs d'innocence, des soifs d'air pur, des rêveries de jeune fille et dans cette griserie d'idéal, se noient mes ivresses incertaines, malsaines, mon passé et ma gloire de clinquant » ?

C'est l'autre Liane, une Liane inconnue du grand public, une Liane sombre, soumise aux dépressions, à ce spleen qui a ravagé les romantiques de 1830 et qui est devenu la neurasthénie, maladie à la mode, que les médecins, en 1898, désespèrent de guérir et dont on meurt parfois... On meurt de tristesse, de désespoir, de dégoût et d'impuissance. Comme une autre Lélia, Josiane confesse : « Moi qui suis restée de marbre sous l'étreinte des plus brillants. » Mais ce marbre ne demande qu'à s'animer et espère tout de celui, ou de celle, qui saura saisir cette Insaisissable pour la conduire définitivement au septième ciel. « Qui s'y loge, y voit le ciel », telle est la devise de Josiane de Valneige qui pourrait être celle de Liane de Pougy. Servir de paradis aux autres, c'est l'enfer ! Et Josiane, comme Liane, voudrait aussi avoir sa part de fruit défendu.

Ces aveux inattendus, les clefs de ce roman où chacun peut reconnaître les anciens amants de Liane comme un Mac-Mahon, un Meilhac ou un Potocki, font de *L'Insaisissable* un succès de librairie. En cette seule année 1898, dix-neuf éditions se succèdent. Une vingtième naît avec l'année 1899, la dernière du siècle. On attend 1900 comme on attend, aujourd'hui, l'an 2000, le cœur battant à la fois d'espoir et d'appréhension. C'est alors qu'apparaît dans la vie de Liane de Pougy celle que l'on n'attend pas, une jeune fille, une Américaine, une blonde tellement blonde que ses amies l'ont surnommée « Moonbeam », « Rayon de lune ». En fait, elle s'appelle Natalie Clifford Barney.

9

NATALIE

(1899)

Dans son numéro du 1er janvier 1899, le *Gil Blas* signale le persistant succès de *L'Insaisissable* en librairie :

« La belle Liane de Pougy amasse sur sa tête charmante toutes les jalousies et toutes les rivalités. Elle s'était déjà exposée à la terrible envie féminine à cause du sceptre d'amour que retiennent exclusivement ses blanches mains nonchalantes. La voici qui va être jalousée par les "littérateurs" avec ce succès de *L'Insaisissable* (...). Combien de romanciers qui ne sont pas de jolies femmes pourraient citer un tel chiffre ? »

Décidément, Liane rafle tous les succès, y compris les succès de librairie ! Elle n'est pas femme à s'endormir sur ses lauriers. Elle rédige déjà son deuxième roman qu'elle intitule d'abord *La Mauvaise Part* et qui portera le titre définitif de *Myrrhille*. Ce sera le roman de l'été 1899 que le *Gil Blas* propose à ses lecteurs et qu'il publie du 20 juillet au 4 août. Liane de Pougy devient ainsi collaboratrice de ce journal auquel elle doit tant. Ce qui ne l'empêche pas de continuer à remplir ses colonnes, autrement qu'avec sa prose, par le fracas de ses ruptures promptement suivies de nouvelles passions. La courtisane ne reste pas longtemps libre. Aussi, quand elle est momentanément privée de protecteur, ou de consolatrice, le *Gil Blas* se hâte d'en informer son public. Et c'est ainsi que l'on peut lire dans le numéro du 5 février 1899 :

« Liane de Pougy a rompu la chaîne d'or l'unissant au baron allemand qui montait autour de sa beauté une garde farouche. Les beaux yeux de Liane ne seront point rougis par les larmes : c'est une séparation à l'amiable, amicale même. L'idéale amoureuse aux yeux de pensive améthyste, aux perles prestigieuses, la rêveuse, la poétesse au talent délicat et ensorceleur reprend sa liberté.

Voilà une nouvelle qui va réjouir et enflammer le cœur de bien des soupirants. Et, déjà, ils préparent leurs madrigaux, cisèlent leurs sonnets et billets doux. Et bien loin de les plaindre, il faut les envier, car rien n'est si doux que de souffrir d'amour. Qu'importent les cruautés hivernales, les tristesses des journées sans soleil : l'auteur de *L'Insaisissable* est dans nos murs ! »

Natalie Clifford Barney que j'ai connue à l'automne 1963 [1] n'est plus là pour me dire si elle avait lu cet écho. Mais Natalie n'avait pas besoin du *Gil Blas* pour remarquer l'évidente beauté de Liane aperçue au bois de Boulogne. Elle avait aussitôt demandé qui était cette magnifique personne et n'avait obtenu pour réponse qu'un assez dédaigneux : « Ce n'est qu'une courtisane, Liane de Pougy. » Natalie Barney ignore encore le sens précis du mot « courtisane » qu'elle ne tardera pas à connaître...

Née le 31 octobre 1876 dans l'Ohio, à Dayton, Natalie a reçu autant de dons qu'un être humain peut en supporter : la beauté, l'esprit, la séduction, la santé, la fortune. Elle aime les femmes depuis qu'elle sait aimer, c'est-à-dire depuis sa plus tendre enfance. Sa mère, ses cousines, ses gouvernantes, ses compagnes de pension qui deviennent vite des compagnes de passion, tout l'univers de Natalie est strictement féminin.

A Washington, elle est invitée à déjeuner à la Maison-Blanche, ce qui fait dire à son père, Albert Clifford Barney, un peu snob et très fier de compter parmi ses ancêtres le commodore Joshua Barney qui a été présenté à Marie-Antoinette : « On s'encanaille, aujourd'hui, Natalie, on déjeune à la Maison-Blanche. » Peu importe à Natalie de s'encanailler à la Maison-Blanche : elle n'a d'yeux que pour la belle présidente à qui elle lance ce compliment qui fait sensation : « Ah ! Madame la Présidente, si vous pouviez continuer à présider à la Maison-Blanche avec n'importe quel président ! »

Reine des bals de Washington, Natalie éconduit ses prétendants avec une constance qui inquiète ses parents.

1. *Cf.* Jean Chalon, *Chère Natalie Barney*, Flammarion, 1992.

Comme elle écrit des poèmes dans lesquels apparaît son goût profond pour les déesses de l'Antiquité ou du temps présent, elle en récolte un surnom révélateur : la « Sapho de Washington ». C'en est trop pour ses parents qui pensent qu'un séjour à Paris suffira à changer l'inclination de leur fille. C'est tomber de Charybde en Scylla. Paris, en cette fin de siècle, c'est Lesbos-sur-Seine. Natalie ne s'y trompe pas qui collectionne les photos d'Émilienne d'Alençon, de Lina Cavalieri et, surtout, de cette Liane de Pougy qu'elle a déjà admirée deux fois, la première au bois de Boulogne, la deuxième au Bal Bullier[1].

En février 1899, Natalie décide que la troisième fois sera la bonne. Elle se procure l'adresse de Liane et envoie à son domicile une gerbe d'iris noirs, avec ces quelques mots : « D'une étrangère qui ne voudrait plus l'être pour vous. » La curiosité de Liane de Pougy est piquée. Au lendemain de cet envoi mystérieux, pendant sa promenade matinale au Bois, Liane arbore à sa ceinture l'un des iris noirs envoyés par Natalie qui comprend le signal et passe à l'action.

Natalie me répétait souvent : « Je suis Américaine, donc, je suis pratique. » Elle avait jugé « pratique » de commander chez Landolf un costume de page en velours vert puisqu'elle veut être le page de Liane de Pougy. Elle revêt cet uniforme qui ne laisse rien ignorer de ses charmes et se présente à la courtisane sous un nom d'emprunt : Miss Florence Temple Bradford, qui sera le sien dans le roman que Liane de Pougy tirera de leurs amours, *Idylle saphique*. On ne soulignera jamais assez l'audace de cette inconnue qui ose se déclarer à l'une des reines de Paris, et en costume de page ! Il est vrai qu'on est aux veilles du Carnaval...

Le page et la reine se voient, se plaisent et parviennent à l'accord parfait... Quand elle évoquait cette rencontre de façon presque incantatoire Natalie me répétait : « Ah, Liane, ma Liane, c'est mon souvenir le plus voluptueux, elle m'a tout appris. » Quelle ne fut pas ma stupéfaction quand, en 1977, cinq ans après la mort de Natalie, paru-

1. Bal bohème où se côtoient artistes et demi-monde.

rent *Mes cahiers bleus* dans lesquels l'auteur déclarait à propos de Florence devenue Flossie : « Bien qu'elle fût plus jeune que moi, elle fut mon maître exquis et m'ouvrit des horizons. » Qui croire alors ? Qui a été le maître, ou la maîtresse, de qui ? Entre une Natalie de vingt-trois ans et une Liane de trente ans, la passion est immédiate et se veut éternelle. Passion qui durera du commencement de 1899 au début de 1900, et qui donnera ensuite naissance à l'une des plus grandes amitiés amoureuses de notre siècle.

Le désir de nouveauté que proclamait Liane dans *L'Insaisissable*, et son désir aussi de rompre avec la monotonie de ses jours et l'ennui de ses nuits, semblent avoir été entendus par le destin. La nouveauté, c'est Natalie. Sa ferveur, sa sincérité, sa spontanéité, son désir de sauver la courtisane de son abjection dorée, charment Liane. « Je pouvais être encore très enfant sous mes airs de page et de jeune fille », me confiait Natalie pour expliquer son inconscience, son manque de lucidité : arracher Liane à son métier. Cela tourne bientôt chez Natalie à l'idée fixe. Elle veut sauver Liane, sa Liane, à tout prix. Elle embrigade dans sa croisade sa mère et sa sœur.

Sa mère, Alice Pike Barney, se plaît à mettre en pratique sa devise : « Vivre et laisser vivre. » Sa sœur, Laura, mystique et passionnée de bonnes œuvres, est prête à sacrifier sa dot pour sauver la pécheresse. Seul le père de Natalie, Albert Clifford Barney, est farouchement opposé à une telle entreprise et ne cache pas son mécontentement. Des scènes aussi violentes que rapides éclatent entre Natalie et son père, qu'elle doit ménager puisqu'elle dépend financièrement de lui.

L'ennui, quand on aime une personne aussi connue que Liane de Pougy, c'est que, malgré toutes les précautions prises, ces amours ne peuvent pas longtemps rester secrètes. M. Barney tempête, Valtesse de La Bigne s'en mêle et déplore que Liane perde son temps et gaspille son capital. Liane passe des nuits entières avec Natalie, des nuits gratuites évidemment. Natalie compense, comme elle peut, par des envois de fleurs et de poèmes.

« Toutes mes économies s'envolaient en fleurs pour Liane », me racontait-elle. La courtisane et son page échangent des anneaux et des bracelets exécutés par Lalique. Pour Liane, des bijoux signés Lalique ne peuvent rivaliser avec les perles offertes par les lords anglais ou les grands-ducs russes.

Natalie ne comprend pas que Liane n'abandonne pas tout pour la suivre. Elle se dit blessée, incomprise, ose des scènes que Liane réprime d'un : « Tu n'es qu'une enfant gâtée. » Emportée par sa passion, Natalie est prête au sacrifice d'un mariage blanc avec Will, un grand industriel de Pittsburgh. Très libéral, Will est heureux de partager avec Natalie le goût des belles femmes. Mais il ne peut accepter que l'enfant de leur futur ménage soit cette Liane de Pougy, ce « Passage des princes ». Will renonce à Natalie dont il est le dernier fiancé.

Séduite par cette idée de mariage blanc, Liane propose son candidat, le duc de C. : « *Il est riche et il est impuissant, c'est ce qu'il te faut* », conseille-t-elle à Natalie. Mais le duc, comme Will, se refuse à avoir pour fille le « Passage des princes ». Liane et Natalie en sont réduites à se cacher, à se dissimuler sous des voiles, à se donner rendez-vous dans des quartiers lointains, ou dans les forêts qui entourent Paris. Le 22 mai, dissimulées au fond d'une loge, toutes deux assistent au triomphe de Sarah Bernhardt dans *Hamlet*. Sarah, en travesti, attire, selon Lorrain, « une quantité surprenante de dames en cheveux courts, en jaquette de drap et petit col d'homme ». Liane et Natalie sont trop féminines pour ne pas se moquer de ces dames qui singent les messieurs.

L'été de 1899 est vraiment l'été de leur passion. La courtisane et son page réussissent à séjourner à Dinard, villégiature à la mode, sans que personne n'en sache rien. Et puis, à l'automne, Liane est appelée à Londres par ses clients qui s'impatientent. Faut-il voir en Liane de Pougy l'ancêtre de nos modernes call-girls ? La courtisane va où ses galants l'appellent. Cela, Natalie se refuse à le comprendre et à l'admettre. « Tu sais très bien que si j'avais de quoi vivre, aucun homme ne m'aurait touchée », répète la courtisane à la jeune fille qui en doute. Natalie voudrait sa Liane pour elle seule. Elle s'en donne l'illusion en la baptisant : Mon-Ange, Lilly, Lianou, Lianon. Attendrie par ces enfantillages, Liane change, à son tour, le prénom de Natalie en Flossie, Fleur de lin, Natty, Moonbeam. Mais le « Rayon de lune » ne peut rien contre l'éclat de l'or. Liane abandonne Dinard et Natalie pour Londres et Rome. Quand elle revient enfin à Paris, et à Natalie, le *Gil Blas* ne manque pas de signaler son retour :

« Après une promenade triomphale de sa beauté en Angleterre où les lords se fondirent au soleil de son regard, en Italie où un fils de doge s'éperdit d'amour pour elle, Liane de Pougy est revenue dans Babylone ! Liane a retrouvé les mollesses de son home, ses triomphes habituels, ses courtisans ; mais elle n'a point trouvé son âme dans un même état. Son âme blonde, son âme amoureuse qui sans cesse voletait autour d'elle, l'exquise Américaine qui lui chantait les délicieux psaumes... »

Parmi ces lords, figurent Lord Ouslow et Lord Riddlesdale, et un agent de change, Alfred Benjamin, le charmant Benjy qui conseille utilement Liane dans ses placements financiers. Le fils de doge, c'est le prince Strozzi. Quant à « l'exquise Américaine », c'est, on l'aura reconnue, Natalie. Le *Gil Blas* laisse entendre que Natalie s'est laissée séduire par « une autre fleur blonde ». Difficile d'être fidèle à Liane quand Paris-Lesbos n'est que multiples tentations. Et puis, en amour, Natalie n'aime que les commencements. Elle doit donc recommencer souvent. C'est au tour de Liane de se dire blessée, incomprise, malheureuse. Pas pour longtemps. Liane se console, ou feint de se consoler, avec Maurice de Rothschild qui a dix-huit ans et qui s'éprend de la courtisane avec une telle intensité que sa famille, épouvantée, l'expédie en Angleterre.

Liane et Natalie se retrouvent, se reprennent, et se quittent pour mieux se rendre compte qu'elles ne peuvent se passer l'une de l'autre. A la fin de l'automne 1899, Liane décide de déniaiser complètement Natalie qu'elle conduit au bordel en compagnie d'une vicomtesse qui n'a pu être identifiée. Pendant le trajet en fiacre, Natalie découvre ce qu'elle nomme « les déplaisirs à trois » que suivent des enlacements à plusieurs dans la maison soigneusement close en cette occasion. Natalie n'est pas prête à ce genre de raffinement, ou de complication. La dernière nuit de 1899, elle essaie vainement de rejoindre Liane qui a renoué avec son baron allemand.

Le baron et la courtisane commencent l'année 1900 à Monte-Carlo. Puis, Liane, en compagnie de Valtesse, rejoint au Portugal, l'un de ses amants, le duc d'Oporto, frère du roi.

Du Portugal, elle envoie à Natalie ce qu'elle croit être une lettre de rupture et qui commence par : « A toi, qui fus ma douceur blonde, ma Flossie, à toi qui fus, car tu devais être, et qui cessas d'être, car tu fus inévitablement selon la loi naturelle où tout ce qui naît doit mourir. Même Toi et Moi, surtout Nous ! »

Cette lettre marque la fin de leur idylle. Mais l'amitié amoureuse entre Liane et Natalie ne fait que commencer et ne se terminera que bien plus tard...

Après quoi, Liane ne peut s'empêcher d'envoyer ses vœux à Natalie pour l'année nouvelle : « *Que 1900, et d'autres, t'apportent ce que tu n'as pas trouvé auprès de moi. (...) Je suis seule, ma Natty, encore plus seule de fréquenter les autres. Je suis seule. Il n'y a que toi qui ne m'aies pas fait me sentir seule (...). J'ai essayé d'aimer les hommes. J'ai essayé. J'ai cru en aimer. Et dès la fièvre passée, je me suis sentie indigne, souillée. L'homme, c'est l'ennemi. L'homme descend du singe, et la femme des anges. (...) Ah, je sens tout ton prix au moment de te perdre. (...) La stupide vie m'empêche, hélas, de venir vers toi. Petit monstre de nacre et de blondeur, tu dois aimer les idoles hindoues, tu leur ressembles, et il y en a de mauvaises comme toi, comme toi d'ivoire et aussi nacrées. (...) Toi, tu aimes les autres incomparablement. (...) Tu t'es conduite envers moi comme aurait pu le faire un homme, un amant exigeant et injuste. (...) Toutes vous aimez à conquérir, ensuite vous êtes... brutales. Moi, j'aime à conserver. C'est en moi que je garde le mieux. (...) Toi, tu aimes les autres incomparablement. Et l'on s'en souvient toute la vie ensuite... (...) Moi, comme Léda, je finirai par aimer seulement l'eau et la nuit.* »

Liane aime l'eau, la nuit, et les créatures qui semblent naître de l'eau et de la nuit, ou en surgir comme son fils, Marc Pourpe, ce Marco qu'elle a un peu oublié et qui réapparaît, lui aussi, en 1899. C'est précisément en cette année, tellement remplie pour la courtisane, que les grands-parents Pourpe décident d'enlever Marco du collège où il se trouve en Angleterre, pour le mettre en pension à Paris, au collège Chaptal, afin qu'il y soit plus proche de sa mère. Inutile de préciser que, en 1899 et dans les années qui suivront, Liane ne trouvera guère le temps de s'occuper de ce fils issu d'un néant dont il n'aurait jamais dû sortir. Elle veillera à ce qu'il ne manque de rien, à ce qu'il ait de bons correspondants qui l'accueillent pendant ses vacances ou ses jours de sortie, et même le conduisent au théâtre, avec interdiction formelle de l'amener dans ceux où se produit sa mère. S'étant ainsi acquittée de ce qu'elle considère comme son devoir, Liane peut se répandre en déclarations d'amour à son Marco :

« *Mon petit mignon*

Mon petit enfant cher, mon cher petit Marco, petite mère pense bien à toi, elle t'envoie son plus gros baiser, elle te serre bien fort sur son cœur. (...) Le collège, c'est l'apprentissage de la vie et surtout dis toujours bien tout à petite mère, toutes les pensées de ton cœur et de ton esprit. Tant qu'on peut tout dire à petite mère, c'est bien et il me semble que mon petit garçon a des choses bien troublées dans son petit cerveau en ce moment. »

A douze ans, Marco est en âge de comprendre qu'il est le fils de cette Liane de Pougy dont le portrait s'étale sur les murs de Paris. Les grands-parents Pourpe, s'inclinant devant les splendeurs de l'artiste, et pensant à l'avenir, ont cru bien faire en ramenant l'enfant à sa mère.

Mais Marco doit, lui aussi, penser que tout le monde n'a pas la chance d'être orphelin. Les états d'âme de Marco ne passionnent guère Liane de Pougy qui préfère être troublée par une Natalie Barney, un duc d'Oporto, un Strozzi ou un Maurice de Rothschild. 1899 aura vraiment été pour l'Insaisissable une année inoubliable !

10

LA MACHINE À SUCCÈS

(1900-1901)

En 1900, Liane mène un train d'enfer à travers les enfers de l'Europe galante. A Londres, son professeur de danse l'a surnommée l'Électrisante. Machine à plaire, Liane veut s'imposer comme écrivain. Encouragée par le succès de *L'Insaisissable* et de *Myrrhille*, elle met à profit sa récente rupture avec Natalie pour composer son *Idylle saphique*. Rupture qui, je le répète, n'en est pas une puisque Natalie, sommée de collaborer à cette entreprise qui doit immortaliser leurs amours, rédige le chapitre consacré à la soirée passée au théâtre pour y applaudir Sarah Bernhardt dans *Hamlet*.

Liane a découvert que le lit peut être exploité de différentes façons. Quand elle fait visiter son hôtel particulier, elle ne manque pas de désigner, dans sa chambre, ce monument de soie et de plumes comme son « gagne-pain ». C'est plus que son pain que la courtisane gagne entre deux draps...

Le lit est pour Liane un inépuisable sujet d'inspiration. Dans *L'Insaisissable*, elle avait prêté à Josiane de Valneige ses exploits d'alcôve. Elle continue sur sa lancée avec *Myrrhille* qui, par sa publication dans le *Gil Blas*, a été l'événement du demi-monde en 1899, et dont le succès, comme on l'a vu, se poursuit en librairie, en 1900. Les Bovary de Bordeaux, de Brest ou de Béziers n'en finissent pas de s'extasier sur les cinq rangs de perles qui entourent « le cou de guillotine » de la courtisane Myrrhille, et à se délecter à reconnaître ses amants dont les noms véritables sont à peine transposés. Meilhac qui est mort en 1897, paix à ses cendres, renaît en Moissac. Le prince de Galles qui avait participé au lancement de Liane sur la scène des Folies Bergère n'est autre que le prince de Balles. Lord Carnavon n'est pas oublié qui est esquissé en Lord Carnaval, Arthur Meyer en Arthur Moser, la Belle Otero en Belle Virago, Émilienne d'Alençon en Aimienne d'Avrençon, Mme Mariquita en Mme Paquita. Le célèbre avocat Robert pour qui Myrrhille se suicide n'est autre, évidemment, que le célèbre docteur Albert Robin avec qui Liane a fini par rompre à l'amiable.

Myrrhille réussit ce que Liane avait raté : son suicide. Les pages consacrées à cet acte final sont un chef-d'œuvre de comique involontaire. Myrrhille a décidé de se tuer, mais elle n'en trouve pas le temps, sans cesse interrompue dans sa tentative par le masseur, la manucure, le coiffeur, la femme de chambre, le bijoutier. Elle condamne sa porte pour se suicider en paix. Elle dit adieu à son image dans le miroir. Horreur : elle s'aperçoit qu'elle n'est pas bien coiffée. Elle se fait couper les cheveux et, plus séduisante que jamais, peut mourir en beauté. Elle avale son laudanum en laissant une lettre d'adieu à Robert qui a dû être recopiée de celle que Liane envoya à Albert. En grande épistolière, Liane garde un double de ses meilleures missives. Elle a raison puisque, dans sa préface à *Myrrhille*, William Busnach ne cache pas son admiration pour cette lettre « que ne désavouerait pas un maître dans l'art d'écrire ». Il est vrai que le ton en est singulièrement grave et ne porte plus à sourire, contrairement aux frivoles exaspérations de Myrrhille ne trouvant pas une minute pour se suicider :

« Robert, mon aimé, je veux te dire adieu afin que tu aies la dernière parole de mon âme, ainsi que, de mes lèvres, tu as eu le premier baiser d'amour. Quand on t'apportera ceci, avec la nouvelle de ma mort, ne te crois pas obligé de te lamenter. Il n'y a rien de triste, ni d'étrange dans la fin d'une journée ; chaque soir, nous la voyons mourir...

(...) Je n'ai pas su me garder chaste pour toi seul, et j'en meurs. Si je te quitte, c'est que je ne n'ai plus rien à te donner. A quoi passerais-je mes jours si je persistais à vivre ? Il vaut mieux suivre la fumée que de continuer à vivre avec des ruines. On vit seulement lorsqu'on attend et qu'on espère. Que me reste-t-il à donner ? (...) C'est mon corps seul qu'ils ont pris, qu'ils ont souillé...

Quittons-le donc sans regret. Laissons-le sans vie, atome décomposé, car maintenant il est indigne de l'âme qui t'appartient toute, qui t'appartiendra toujours, et qui t'attendra au-delà de ce qui passe. Pour toi, je vais redevenir pure, retrouver ma blancheur et ma virginité. Ne te presse pas de me rejoindre, car il me faudra des siècles pour effacer tant de boue et redevenir ce que je veux être pour toi. »

Ce sentiment de l'irréparable souillure, cette aspiration à une nouvelle virginité, ce souhait de rédemption apparaît donc, dès 1899, dans l'œuvre, la vie et le cœur de Liane, de l'autre Liane, Liane la sombre qui cache son désespoir sous les sourires de parade et les diamants de la honte. Elle seule sait ce qu'elle a dû subir pour obtenir ses bijoux...

A part William Busnach et Jean Lorrain, personne ne souligne la gravité de la fin de *Myrrhille*, ce roman qui, comme *L'Insaisissable*, abonde en aveux révélateurs comme : « Je suis le jouet des hommes » ou « En affaire de cœur, de sentiment et d'amour, la femme finit toujours par avoir la mauvaise part [1]. »

1900 n'a que faire de tels états d'âme. C'est le plaisir et la gaieté que l'on veut, et que l'on a. « Voilà l' plaisir, mesdames, voilà l' plaisir », chante-t-on dans *Louise* de Gustave Charpentier. « Voilà l' plaisir », c'est le grand cri qui retentit dans Paris.

Ce début de siècle est caractérisé par une véritable hystérie collective. On court au café-concert, on galope au bois de Boulogne, et on mène ses conquêtes à toute allure. L'idylle entre Liane et Natalie n'a-t-elle pas duré que onze, ou douze, mois ? Et déjà les remplaçants de Flossie se bousculent dans le sillage de Liane, on cite les noms d'Yvonne de Buffon, de Blanche d'Arvilly ou de Ninette des Meslays. Ces dames se pressent à la conférence de Georges Vanor sur *Le baiser*, un sujet que connaissent bien les trois belles à la mode qui sont réu-

1. On se souvient que *Myrrhille* devait d'abord s'appeler *La Mauvaise Part*.

nies au premier rang : Liane de Pougy, Caroline Otero et Cléo de Mérode.

Au Carnaval de Nice, cette année-là, Liane apparaît en blanc dans un cadre de lilas blanc. Est-elle en reine de beauté ou en reine d'amour ? En princesse de rêve ou en Ophélie ? On en discute interminablement.

Preuve du succès de ses deux premiers romans, la courtisane est maintenant confondue tantôt avec l'Insaisissable, tantôt avec Myrrhille. Après avoir appelé son amie Lianon de Trianon, Jean Lorrain la nomme à présent Myrrhille de Myrrhillon. A la suite de Lorrain, les échotiers signalent que : « Liane de Pougy, la délicieuse Myrrhille aux yeux langoureux, vient d'arriver à Monte-Carlo pour passer la saison à la Villa des Aigles chez son amie Valtesse de La Bigne. L'exquise Insaisissable apporte avec elle une collection de merveilleux chapeaux que le modiste Lewis, son fournisseur attitré, créa spécialement pour auréoler sa surnaturelle beauté. »

Un beau chapeau de Lewis, cela console de bien des choses... La vie de Liane est, plus que jamais, une immense parade qui ne s'arrête ni de jour ni de nuit. Pour échapper à ce brasier perpétuel, elle se ménage de mystérieuses retraites à Lugano, ou trouve refuge dans les bras de son meilleur ami, Jean Lorrain qui consacre une chronique au mariage des hortensias bleus de Sodome et des iris noirs de Gomorrhe. D'un commun accord, Jean Lorrain et Liane de Pougy décident de donner l'exemple et, par jeu, annoncent leur prochain mariage. C'est un coup de tonnerre dans le ciel du demi-monde, c'est l'événement de ce 27 mai 1900 et les journalistes s'en donnent à cœur joie :

« Il n'est bruit que du mariage sensationnel de Mlle Liane de Pougy, l'auteur de *L'Insaisissable* et de *Myrrhille*, avec M. Jean Lorrain, le Raitif des Pall Mall et l'écrivain des dernières *Histoires de masques*. C'est d'Amérique que nous vient la nouvelle. Le *World* et le *Journal* l'annoncent en même temps que le départ des deux mariés pour Smyrne et Athènes où le couple va se fixer et travailler en collaboration. A quand le nouveau roman ? Titre présumé : *Au harem*. »

Au Pavillon d'Armenonville, au bal de Madeleine Lemaire, à la foire de Neuilly, dans les coulisses et les loges de l'Opéra, on entend partout le dialogue suivant :

« Et du mariage Pougy-Lorrain ? Qu'y a-t-il de vrai dans tout cela ?

— Le plaisir de Liane à le démentir.

— Et de Lorrain à le laisser croire. »

Ce qui aurait pu être l'un des mariages du siècle n'aura pas lieu. Ce n'est pas un roman, *Au harem*, qui naîtra du couple momentanément formé par Lorrain et Pougy, mais une pantomime, *Watteau*, qui fait les beaux soirs de l'Olympia en cet automne 1900. Liane de Pougy y incarne Mme de Parabère, l'une des maîtresses du Régent, et Jeanne Thylda, en travesti, un berger de Watteau.

Pour la première de cette pantomime, le 8 octobre 1900, les avant-scènes s'enlèvent à prix d'or, et l'un des nombreux admirateurs de Liane en a même payé une 25 louis. Ce que les journaux désignent pudiquement sous le nom d'admirateurs sont, en fait, les amants ou les entreteneurs de la courtisane. Le soir de la première, ils sont tous là, du grand-duc Alexis au prince Henri d'Orléans, du prince Strozzi au comte Potocki. Dans les jours qui suivent, le Tout-Paris et le Tout-Gotha se bousculent à l'Olympia. Le monde et le demi-monde, une fois n'est pas coutume, se côtoient. Liane fait des miracles. Et l'on peut voir voisiner la duchesse de La Rochefoucauld avec Blanche de Marcigny, la duchesse de Morny avec Juanita de Frezia, la duchesse de Marlborough avec Jane d'Ixelles, la duchesse de Bedford avec Jane Derval.

Le spectacle qui se joue bientôt à guichets fermés se termine pourtant inexorablement le 22 décembre. Liane de Pougy et Jeanne Thylda, après avoir tout partagé, y compris leurs corbeilles de fleurs et leurs amants, ont poursuivi en coulisses l'amour qu'elles mimaient sur scène. Un imprévisible orage est survenu entre ces deux colombes et a interrompu leurs roucoulements. Bref, Liane et Jeanne ont échangé des coups assez violents. Thylda a le bras en écharpe et en accuse sa seule maladresse : elle se serait pris les doigts dans la porte de sa loge. Cet incident fait les délices du Tout-Lesbos. A l'Olympia, on se partage en partisans de Liane de Pougy et en partisans de Jeanne Thylda. Les premiers l'emportent nettement sur les seconds, et se portent les garants de la douceur de Liane : « Liane de Pougy, si douce, si éthérée, qui ne saurait froisser même une fleur, allons donc. » Mais chacun sait à quoi s'en tenir sur l'apparente douceur de l'ange Liane qui peut se changer en démon quand elle est trompée, ou contrariée. Jeanne Thylda en sait quelque chose qui refuse de jouer plus longtemps avec les fureurs de Liane. Voilà pourquoi l'on doit arrêter, en plein succès, le *Watteau* de Jean Lorrain, à l'Olympia, le 22 décembre 1900 !

Les directeurs de l'Olympia, les frères Isola, qui ne se consolent pas de cet arrêt forcé, décident de tirer profit de l'incident dont on jase encore, début 1901, et d'offrir à leur public le spectacle qu'il attend : *Duel de femmes* avec Liane de Pougy et Jeanne Thylda, évidemment. Cela n'est pas aussi évident... Les frères Isola doivent dépenser des trésors de diplomatie, et d'importantes sommes d'argent, pour convaincre les deux « sœurs ennemies » de remonter ensemble sur une scène. La réconciliation a enfin lieu et la première représentation de *Duel de femmes* tourne, une fois de plus, à l'événement, comme tout ce qui touche Liane de Pougy.

Machine à plaire, Liane est maintenant une machine à fabriquer le succès : « C'est ce soir que Liane de Pougy fait sa rentrée dans *Duel de femmes*. Elle aura comme adversaire Jeanne Thylda. C'est assez dire l'attrait de cette soirée extraordinaire. » Même public, mêmes applaudissements, mêmes corbeilles de fleurs, mêmes articles dithyrambiques : « Liane de Pougy est, cette fois, mieux que jamais. On l'a vue idéale et mystique, on l'a vue délicieuse en marquise. Cette fois, elle est la femme simplement, mais la femme dans la séduction. »

La pantomime et le roman servent à merveille la carrière galante de Liane. Elle peut prétendre représenter trois femmes à la fois : la courtisane, l'artiste et la romancière. Elle n'en perd pas la tête, augmente ses tarifs en conséquence et obtient 120 000 francs pour une passe d'un quart d'heure.

Si la Belle Otero danse la valse-tourbillon, Liane est la femme-tourbillon. Elle quitte l'Olympia de Paris pour le Palace de Londres où, en mai et en juin, elle triomphe dans une autre pantomime qui se veut « mystique » puisque Liane, déguisée en prêtresse hindoue par Landolf, danse « d'une façon très lascive » devant une déesse, afin de voir favoriser ses amours avec un bel officier qu'elle a remarqué. C'est alors qu'apparaît une danseuse de l'Olympia, « la sculpturale et si capiteuse Lally Pernot » qui, travestie en officier, couronne les vœux de la prêtresse.

Ainsi passent les six premiers mois de 1901 en pantomimes diverses, exécutées à Paris comme à Londres, sur scène comme dans les alcôves. Liane a bien gagné son repos estival qu'elle prend en Pologne, chez Roman Potocki et chez Yulka Radziejowska. Grâce à Roman et à Yulka, la courtisane peut se présenter comme une amazone accomplie. « J'ai profité de mon séjour en Galicie pour me livrer entièrement à ma passion du cheval. Ces plaines sans fin de la Pologne sont très favorables aux longues chevauchées. On y acquiert vite un véritable talent d'écuyère. Et puis, c'est un moyen de garder sa sveltesse », confie-t-elle à son retour à Paris.

A l'automne 1901, Liane de Pougy est encore plus occupée que d'habitude. Elle veille aux derniers préparatifs d'un petit hôtel particulier qu'elle vient d'acheter au 13, rue de la Néva : « Le chiffre 13 me porte toujours bonheur, en réalité l'hôtel se trouvait au 11 *bis*, mais j'ai fait changer le numéro. »

Liane ne supporte plus d'être la locataire d'hôtels si somptueux soient-ils. Elle veut être propriétaire comme Valtesse de La Bigne l'est du 98, boulevard Malesherbes. Et ce que Liane veut... Elle qui ne laisse plus rien au hasard souhaite aussi veiller sur son *Idylle saphique* qui paraît fin septembre. Natalie reçoit son exemplaire tendrement dédicacé et une lettre de l'auteur : « L'*Idylle* a vu le jour et le public s'arrache, c'est le mot, ces lambeaux de nous et de nos anciennes aspirations. »

Les critiques qui célèbrent le style Pougy, « un style de blonde artificielle », feignent d'ignorer le contenu essentiel d'*Idylle saphique* : la condamnation de l'amour des hommes. Avec ce troisième roman, c'est un véritable hymne à Lesbos qu'entonne Liane de Pougy : « Ah ! vous ne savez pas, vous, la volupté des enlacements féminins, l'ardeur des caresses lesbiennes... la douceur endormante des baisers défendus, les réveils en fièvre, en désir de reprises folles... les morsures qui brûlent la peau, les lentes jouissances qui tuent, les cris, les spasmes de deux amantes énamourées et éperdues. »

A la prêtresse avouée de Lesbos, on préfère la Liane intellectuelle qui cite volontiers Baudelaire, Nietzsche ou Swinburne, la Liane collectionneuse de bibelots rares et de sensations anglaises. Car elle multiplie les séjours à Londres où elle est toujours reçue, comme elle se plaît à le dire, « à draps ouverts ». Elle prononce l'anglais — presque — sans accent, et affecte de parler maintenant le français avec l'accent anglais...

A Londres, Liane de Pougy est classée parmi les beautés professionnelles, en compagnie, entre autres, d'Edna May, la créatrice de *La Belle de New York*. Entre la Belle de New York et la Belle de Paris, on aime « à se voir, à s'embrasser, à rire un peu des autres, à se confier de petits secrets ». Bientôt Liane et Edna n'ont plus aucun secret l'une pour l'autre. Leur intimité ne choque personne et augmente leurs attraits. Les photos de ces belles sont exposées aux devantures des magasins. Lords et radjahs ne manquent pas d'en enrichir leur collection de portraits, y ajoutant parfois la conquête du modèle. C'est le triomphe absolu de la beauté, et c'est, en fin de compte, une belle époque pour ces beautés professionnelles que n'embarrasse aucun préjugé.

11

À LA RECHERCHE DE LA BEAUTÉ

(1902)

Cette recherche frénétique de la beauté, sous toutes ses formes et sans distinction de sexe aucune, marque la fin du XIXe siècle et le début du XXe. Elle compte déjà ses martyrs de la mode qui n'hésitent pas à exposer aux moqueries de la rue leur tenue vestimentaire, composée d'après leur idéal personnel. Ce sont ces excentriques qui imposent l'art nouveau avec ses femmes-fleurs qui traversent les œuvres d'un Mucha ou d'un Georges de Feure. Femme-femme ou femme-fleur ou femme-flamme, elles ressemblent toutes comme des sœurs jumelles à Liane de Pougy dont la beauté n'est certainement pas étrangère à ces créations.

Cette recherche de la beauté a ses grands prêtres comme Robert de Montesquiou et ses grandes prêtresses comme Pauline Tarn dite Renée Vivien, qui, dans le cœur de Natalie Barney, succède à Liane de Pougy, et cela, non sans tempêtes et crises de jalousie. « Comment Pauline pouvait-elle être jalouse de Liane ? » me demandait encore Natalie, soixante ans plus tard, en espérant une réponse qui ne venait pas. Ce n'est que maintenant, en écrivant cette biographie, et avec la récente découverte de petits billets invitant à de pressants rendez-vous, que je peux risquer une esquisse d'explication : c'est parce que Pauline avait toutes les raisons d'être jalouse de Liane que Natalie continuait à voir, de temps en temps, le plus secrètement possible, et seulement pour leur mutuel plaisir. Plus de récriminations, plus de plaintes, plus de fol espoir de mariage blanc. Le plaisir, le seul plaisir de créer ensemble l'instant de beauté que constituait l'union de ces deux Narcisse féminins : Liane et Natalie.

Dans *Les Fous de 1900*, André Germain qui compta parmi les amis de Liane et de Natalie, a dressé une galerie de portraits de tous ceux qui, à cette époque, furent des fous de beauté comme Oscar Wilde ou Gabriele D'Annunzio. Ce dernier, en 1902, à Florence, essaie de mettre Liane de Pougy sur la liste de ses conquêtes.

En 1902, Liane est considérée comme un véritable monument national, « notre Liane nationale », lit-on dans les innombrables articles consacrés à cette déesse que Jean Lorrain présente, à juste titre, comme « un Tanagra d'exportation ». Liane, comme le vin de Champagne ou les robes de Paquin, est l'un de ces produits que la France vend le mieux à l'étranger. Que Gabriele D'Annunzio, au sommet de sa gloire littéraire, veuille goûter à Liane, quoi de plus normal ? Pour être un sommet, on n'en est pas moins homme...

Le 1er mai 1902, à Florence, c'est la fête des roses. Et c'est dans sa voiture remplie de roses rouges que Gabriele envoie chercher Liane sous prétexte de visiter sa villa, la Capponcina. La courtisane, qui n'est pas dupe du prétexte, accepte, subit tous les feux d'une conversation qui ne vise qu'à éblouir et s'échappe du mieux qu'elle peut de tant de pièges verbaux.

Peu habitué à une telle résistance, Gabriele ne se tient pas pour vaincu et recommence son manège deux jours plus tard. Liane envoie à sa place sa vieille femme de chambre, Adèle, chargée de remettre une lettre d'esquive au séducteur : « Ce qui n'est pas fait reste à faire... un jour sans doute, et pourquoi pas ? Il faut du temps pour s'habituer à un tel bonheur. »

Contenant son dépit, Gabriele D'Annunzio confie à Adèle un pli où il a tracé ces quelques mots en forme d'avertissement : « Vous allumez les cierges de loin comme de près. Prenez garde. » Comme Liane a dû rire en lisant cela ! Et quels commentaires n'aura-t-elle pas faits de sa « voix douce, un peu lassée », qui traîne sur certaines syllabes.

Si Sarah Bernhardt jugeait inacceptable la voix de Liane pour interpréter un rôle au théâtre, il n'empêche que ceux qui, dans le privé, ont le privilège d'entendre cette voix de sirène en célèbrent l'impression de musicalité et de volupté qui s'en dégage. Gabriele en est pour ses frais. Il recherche la beauté, mais il est loin d'être beau, et Liane n'a pu s'abandonner à celui qu'elle dépeint comme « un affreux gnome aux paupières sans cils, et bordées de rouge, sans cheveux, aux dents verdâtres, à l'haleine forte ». Certes, une courtisane doit apprendre à vaincre tous ses dégoûts. Mais il faut rendre cette justice à Liane : dans la mesure du possible, et à quelques exceptions près — comme l'affreux banquier allemand —, elle a toujours su choisir ses entreteneurs parmi les plus beaux hommes de son temps, comme l'étaient Potocki, Strozzi ou Maurice de Rothschild qui, dans la fleur de ses dix-huit ans, offrait « un idéal blond ».

Pour oublier la laideur de Gabriele D'Annunzio, Liane de Pougy se lance dans la conquête d'une statue inaccessible, Reynaldo Hahn, musicien, coqueluche des salons, ami de Cléo de Mérode et amant de Marcel Proust. A Liane de Pougy, rien n'est impossible ! Une fois, une seule, Liane parvient à distraire Reynaldo de sa passion pour Marcel. Après cette brève victoire, elle ne peut s'empêcher, l'imprudente, de clamer son bonheur : « *A partir de maintenant, Reynaldo, mon amour, tu ne comptes plus sur Dieu, tu comptes sur Liane.* »

L'auteur du *Caprice mélancolique* ne tient pas à renouveler l'expérience, si intéressante soit-elle. Il n'y aura pas de deuxième fois. Liane continue à célébrer les perfections de ce corps d'éphèbe et répète indéfiniment dans ses lettres : « *Je t'aime, Reynaldo, mon Reynaldo, et tu es bien mon amant, mon véritable amant, mon premier amant, cher, cher joli petit amour de rêve, je t'aime. Écris-moi que tu es, et que tu restes, mon amant, mon seul amant.* »

Liane ne recevra pas la lettre qu'elle attend de son « seul amant ». Elle a alors l'habileté d'en faire son confident de prédilection à qui elle avoue, par exemple, son besoin de caresses : « *Je suis si habituée aux caresses, mon Reynaldo, (...) je ne puis m'en passer.* » Liane est certainement moins froide que son Insaisissable qui se vantait de rester de marbre sous les plus brûlantes étreintes...

Flatté, certes, d'avoir provoqué un tel emballement,

Reynaldo ne s'en cantonne pas moins prudemment à son strict rôle de confident, voire de conseiller prodiguant à sa nouvelle amie des avis pleins de bon sens comme : « *Souffre encore un peu, si cela peut te donner des moments de bonheur* », ou : « *Ne désire pas plus de bonheur que ne peut en donner l'amour à une âme comme la tienne ; tu es trop sensible, trop fine, trop nerveuse et trop savante en matière de cœur pour pouvoir être jamais heureuse en amour ; contente-toi d'un bonheur incomplet.* »

Sagesse de Reynaldo Hahn à laquelle Liane de Pougy ne répond que par des folies. Ou, parfois, par des rebuffades qui font se rebiffer Reynaldo : « *J'irai te voir à midi. Quoique à vrai dire, tu aies été hier d'une hostilité marquée. Je ne parle pas de bourrades qui étaient gentilles ; mais d'un ton et d'un système de ripostes à l'emporte-pièce qui m'ont révélé une Liane que je ne connaissais que de réputation et qui est moins exquise que l'autre. J'ai un cœur et un esprit en papier de phonographe ; tout s'y grave et y creuse une marque ; si mes enregistreurs devaient recevoir souvent des empreintes comme celles-là, j'aimerais mieux leur éviter un contact aussi blessant. A tout à l'heure, grande nymphe.* »

La « grande nymphe » se le tient pour dit, rentre ses griffes et fait patte de velours avec Reynaldo Hahn et son inséparable Marcel Proust.

Le 16 décembre 1902, à la représentation de *La Carmélite* de Reynaldo Hahn, c'est Marcel qui joue les messagers entre le musicien et la courtisane :

« On donnait la générale de *La Carmélite* de Reynaldo à l'Opéra-Comique. J'y étais, très émue... Reynaldo tout en nerfs et en émoi eut la gentille pensée de m'envoyer à chaque entracte Marcel Proust qui, pour cette extraordinaire circonstance, avait dérogé à ses habitudes, pour me donner de ses nouvelles, prendre des miennes, connaître ma pensée, mes impressions et celles de mon entourage. Proust apportait les billets avec un bon sourire, transmettait les paroles joyeusement. »

Liane qui a su tirer la leçon de son éphémère victoire

sur Reynaldo n'imposera pas à Marcel l'épreuve du feu. Elle se contente d'appeler le futur auteur d'*A la recherche du temps perdu*, « mon-petit-frère-en-douleurs ». De cette fraternité, Proust saura tirer quelques traits pour son Odette de Crécy[1] comme le suggère ce passage de *La Recherche* : « Toute une suite d'hommes l'environnait ; leur noire ou grise agglomération obéissante, exécutant les mouvements presque mécaniques d'un cadre inerte autour d'Odette, donnait l'air à cette femme qui seule avait de l'intensité dans les yeux de regarder devant elle, d'entre tous ces hommes, comme d'une fenêtre dont elle se fût approchée, et la faisait surgir, frêle, sans crainte, dans la nudité de ses tendres couleurs, comme l'apparition d'un être d'une espèce différente, d'une race inconnue, et d'une puissance presque guerrière, grâce à quoi elle compensait à elle seule sa multiple escorte. » On reconnaît là l'escorte de Liane qui n'apparaissait jamais dans un restaurant ou dans un théâtre sans une suite composée d'une bonne demi-douzaine de messieurs. L'accent anglais que prenait Liane est aussi celui qu'affecte Odette.

Imprévisible cheminement de la création : une aventure avec Reynaldo Hahn a permis à Liane de Pougy d'apporter sa contribution à l'élaboration du personnage d'Odette de Crécy. Oui, vraiment, Reynaldo avait raison d'écrire à Liane : « *Tu as le don de tout muer en charme et en beauté.* »

---

1. Cf. André Germain, *Les Clefs de Proust*, Éditions Sun, 1953 : « (...) Proust aura réservé le meilleur de son attention à Mlle de Pougy, tellement supérieure à toutes ses collègues. Il a dû la voir plus d'une fois au théâtre, au restaurant, aux courses, et elle a dû, d'abord le frapper par sa prodigieuse beauté, le retenir ensuite par sa singulière destinée qui rappelle beaucoup, sous certains rapports, celle d'Odette de Crécy. Sans compter la similitude de leurs aristocraties et la rime un peu lâche qui rejoint leurs deux noms... »

12

CHARMES PUISSANTS DE LA PROPRIÉTÉ, CHARME PASSAGER DES ÉPHÈBES

(1903)

En 1902, Liane a trente-trois ans. Elle exerce le métier de courtisane depuis treize ans. Sa réussite est exceptionnelle, elle le sait. Si elle accumule les succès sans interruption aucune, c'est pour conjurer l'angoisse de l'avenir, l'incertitude des lendemains. Passée la trentième année, quand on ne doit sa fortune qu'à sa beauté, et aux caprices des hommes, ce n'est pas rassurant, ni confortable. Liane en connaît trop de ces filles qui, sorties du ruisseau, y retournent pour finir leurs jours dans un dénuement atroce... Par exemple, au hasard d'une promenade dans les rues de Paris, en compagnie de Valtesse, Liane a croisé une mendiante ivre. La mendiante a reconnu Valtesse, son ancienne compagne de débauche qui, elle, a su transformer en bonnes rentes les éphémères plaisirs qu'elle prodiguait à ses clients. Le mythe de Danaé recevant son divin amant sous la forme d'une pluie d'or n'en est pas un pour Valtesse, ou pour Liane, mais l'expression d'une réalité quotidienne.

La pluie d'or, pour Liane, s'est changée en cet hôtel particulier qu'elle a acquis le 5 janvier 1900 et qu'elle n'a pas cessé d'embellir depuis. Au 13, rue de la Néva, elle possède enfin un musée digne du chef-d'œuvre libertin qu'elle est encore. Là, elle se sent à l'abri des coups du sort capables de métamorphoser des reines galantes du Second Empire en impératrices du caniveau.

Cette demeure s'ouvre sur un vaste hall dont les boiseries blanches sont agrémentées de velours vieil or. Près de la porte d'entrée, une horloge ancienne, portant à son sommet une couronne de comtesse et un blason, rappelle que la « comtesse » de Pougy descend des Montessuy par sa grand-mère Olympe.

La salle à manger avec ses vaisselles d'argent, le salon avec ses candélabres Louis XV, tout ici inspire la considération. Les murs s'écroulent presque sous le poids des tableaux : un pastel de Reynolds, une esquisse de Fragonard, un Rosalba, des dessins de Forain et de Caran d'Ache, des portraits de la maîtresse de maison signés par les meilleurs artistes de l'époque. Chaque coin a sa colonne surmontée d'une statue. Le vide a été banni, rempli par les photos des conquêtes masculines et féminines de Liane, photos dont les flatteuses dédicaces constituent autant de certificats d'excellente conduite en galanterie.

Un grand escalier qui permet à Liane de Pougy de faire des apparitions spectaculaires sur fond de tapisserie des Gobelins conduit à la chambre. C'est la « grotte » de la sirène, une « grotte » en blanc, bleu et rose. Liane déteste tout ce qui est sombre et risque d'évoquer la peine ou le deuil. Elle aime le blanc, le bleu, le rose parce que ce sont les couleurs de la vie, de la fête, et de cette lumière qui entre à flots par les hautes fenêtres.

Comme dans la chambre de Valtesse de La Bigne, le lit trône sur une estrade. Amoncellement des soies les plus rares et des dentelles de Bruges, peau d'un immense ours blanc, table vitrée où sont disposés les écrins, des parures de diamants, perles, émeraudes, rubis et turquoises. Entre le lit et la table vitrée, Liane n'a qu'à étendre le bras afin d'y déposer le cadeau qu'elle vient de recevoir. Bientôt, la table ne suffit plus et un autre meuble, également vitré, est installé dans la chambre.

Attenant à la chambre, le cabinet de toilette, avec ses fresques, ses miroirs, ses fontaines, sa vaste baignoire de marbre, peut se prêter à tous les jeux. L'une des grandes scènes d'*Idylle saphique* ne se déroule-t-elle pas dans cette salle de bains ? Un lit de repos permet que Liane s'y livre quotidiennement aux soins du pédicure, de la manucure, du masseur et du coiffeur.

« Liane de Pougy est pour la continuité des douces jouissances ; elle estime qu'aux secousses violentes le cœur s'abîme autant que le corps s'use, et respectueuse de sa beauté, elle la ménage, au lieu de la compromettre. Chez elle, point d'emportements ; dans sa vie, autant de prévoyance que de caprice. La crainte de la fortune adverse lui tient lieu de sagesse ; elle met en chacun de ses actes de la méthode et de l'économie. C'est ainsi qu'elle prolongera sa jeunesse et sauvegardera l'avenir jusqu'aux lointaines années », écrit un journaliste admis à célébrer les splendeurs du 13, rue de la Néva.

A lire cet article, et d'autres traitant du même sujet, Liane de Pougy découvre les charmes puissants de la propriété et jette un regard reconnaissant à la statue de la Fortune, sculptée par Franceschi, qui trône sur une cheminée de marbre blanc. Dans le monde comme dans le demi-monde, la respectabilité se mesure à la fortune que l'on possède. L'avoir et l'être se confondent. Et Liane ne cesse d'acquérir et d'amasser. En 1903, elle achète à Roscoff une maison, le Clos Marie, dont elle fait sa résidence secondaire, sa retraite sentimentale, son refuge dans les tempêtes. La mère de Liane, Mme Chassaigne, y vivra ses dernières saisons.

Depuis que la courtisane a pignon sur rue, la famille Chassaigne a atténué ses rigueurs envers la « créature » qu'elle considère désormais comme une « tante à héritage ». C'est oublier un peu vite que le fils de Liane, Marco, est toujours là, même si on ne le voit guère 13, rue de la Néva. Liane ne tient pas à exhiber ce grand garçon de quatorze ans sur qui elle veille de loin.

D'une éclatante beauté, Marco manifeste, comme sa mère, un goût précoce pour les femmes. Ce qui exaspère Liane qui voudrait qu'il soit un modèle de vertu, et de raison. Or, Marco doit être un peu fou puisqu'il s'intéresse à cette nouvelle folie à la mode : les aéroplanes. Non, vraiment, faut-il être assez dépourvu du sens commun pour rêver de conquérir le ciel ? Et si encore Marco s'intéressait aux auteurs que sa mère admire comme Racine, Hugo, Musset. Mais il bâille à la lecture d'*Andromaque* et ne lit que Jules Verne. Le fossé entre la mère et le fils ne cesse de se creuser...

Dans l'hôtel de la rue de la Néva, la bibliothèque « garnie de livres élégamment reliés », que dédaigne Marco, provoqua l'admiration des visiteurs. Si les classiques y dominent, Liane se tient soigneusement au courant des nouveautés qu'elle lit, annote, commente.

En mai 1903, paraît chez Flammarion *L'Art divina-*

toire. Les visages et les âmes de Genia Lioubov. L'auteur y étudie les visages de ses plus illustres contemporains et en tire des révélations quant à leur caractère. Ainsi les sourcils de Liane de Pougy trahissent-ils « des accès d'enthousiasme, une relative irritabilité, une extrême promptitude dans les sentiments ». Ses yeux expriment « de latentes concupiscences qui, perpétuellement, gonflent le cœur de l'énigmatique pécheresse ». Le nez, droit, montre que « l'on sait se tirer avantageusement des situations les plus compliquées ». La bouche peut être « caressante et câline jusqu'à l'ensorcellement » et ne vivre que « par les baisers, tous les baisers ». Toutefois cette même bouche peut connaître « la tristesse, le doute et l'amer dégoût de vivre ».

Une courtisane doit officiellement ignorer la tristesse, le doute et le dégoût. Mais, quand Liane cesse d'être la courtisane brillante suivie de sa cohorte d'hommes, elle se laisse parfois glisser dans les profonds abîmes de la dépression. Elle ferait n'importe quoi pour en sortir. Tout caprice est bon pour repousser cette attaque de neurasthénie aiguë qui l'accable quand elle prend conscience de la boue dans laquelle elle vit.

Parmi ces caprices, figure, en 1903, Coco de Madrazo[1] dont le père a épousé la sœur de Reynaldo Hahn. Comme Reynaldo, Coco préfère les garçons. Il n'en est pas moins sensible à la séduction de Liane : « Il venait s'endormir tous les soirs au bout de mon lit. Il jouait avec mes pieds, mes beaux pieds (37, c'est peu car je suis grande : 1,68 m). »

A force de jouer avec les pieds de la courtisane, l'inévitable se produit : « Hélas ! trop nerveux, trop pressé, il ne put que me dévorer passionnément, à m'en faire mourir, à s'en épuiser. (...) Nous n'avons jamais recommencé ; nous n'en avons presque jamais parlé. »

Avec Coco, comme avec Reynaldo, Liane de Pougy sera Madame Une-Seule-Fois. Si elle est sensible aux charmes puissants de la propriété, elle l'est encore plus aux charmes passagers des éphèbes. Ce sont d'agréables

1. Federico de Madrazo, dit Coco, peintre.

passe-temps qui font oublier à la courtisane la pesanteur de sa couronne galante. Liane se plaît dans ce rôle de Madame Une-Seule-Fois. Elle ne s'en cache pas à Reynaldo à qui elle raconte une expérience unique avec un certain Franck : « *Franck, mon petit éphèbe, il est si joli tout nu avec des hanches et des cheveux de fille, sa peau est blanche, mon petit éphèbe lascif et tout en caresses, je l'ai renvoyé aujourd'hui et je ne veux plus jamais le revoir, comme cela encore une chose de finie qui a un peu plus alourdi mes yeux... Toi, tu les ouvres vers des éternités de rêve... de songe... sans le mensonge de tout ce que l'on étreint.* »

Liane ne cache pas à son correspondant qu'elle appelle, à cette occasion, « mon petit enfant de cent ans », que Franck n'est qu'un produit de substitution. Elle n'a cédé à Franck que parce que sa nudité rappelait exactement celle de Reynaldo. On ignore la réaction du musicien à semblable déclaration ! Liane ne manque jamais d'assurer son pouvoir sur Reynaldo, qui, sur sa table de travail, a toujours trois photos sous les yeux : celle de Marcel (Proust), celle de Sarah (Bernhardt) et celle de Liane (de Pougy). Voilà Liane rassurée par un tel voisinage, et sûre d'être la princesse lointaine pour celui qui l'aime, tout en la fuyant, et qui signe ses lettres, d'un « Ton constant Reynaldo ».

13

DU BON USAGE DU SUICIDE

(1904)

Du constant Reynaldo Hahn à l'inconstante Natalie Barney, c'est toute une cour qui se forme autour de la reine Liane. Reine qui compte parmi ses sujets les journalistes, qu'elle inspire par le spectacle incessant de sa vie sentimentale et par divers incidents de parcours : accident de voiture, vol de bijoux, suicides.

Depuis qu'elle a raté son suicide pour le docteur Albert Robin, Liane semble avoir pris goût à ce genre de sport. Elle a raté un deuxième suicide pour un baron allemand, puis un troisième... De temps en temps, pour un oui ou pour un non, elle s'empoisonne, et toujours avec du laudanum qu'elle a dû apprendre, l'expérience aidant, à doser pour éviter le pire. Caroline Otero qui ne se suicide pas, mais pour qui l'on se suicide, se moque de ces tentatives qu'elle réduit à une simple « purge au laudanum ». Moins blasé que Caroline Otero, le public ne se lasse pas de lire dans les journaux de rassurants bulletins sur la santé de « la belle désespérée ». Ou alors, et c'est l'équivalent d'un suicide, Liane disparaît mystérieusement au Portugal ou en Égypte. Suicide, disparition, la courtisane est experte dans l'art de tenir en haleine son public.

Le 15 mai 1903, c'est le vol de son collier de perles, au 13, rue de la Néva, qui occupe la presse. Devant son portrait que vient de commencer La Gandara et qui doit figurer au prochain Salon, Liane explique l'importance de cette perte dont le montant s'élève à un demi-million de francs : « Depuis plus de dix ans, je collectionnais les perles qui composaient ce collier. Il ne se composait que de deux rangs. Il en avait sept maintenant. Le premier de soixante perles, le second de soixante et onze, le troisième de soixante-treize... »

Vol quasiment providentiel puisqu'il concentre l'intérêt des Parisiens sur Liane de Pougy, qui exécute chaque soir une valse renversée dans *Viens Foufoule*, la revue de la Scala, et qui publie son quatrième livre, *Ecce homo*.

Dans un même article, les journalistes doivent réunir trois éléments qui ne vont guère ensemble : le fait divers (le vol du collier), le music-hall (la valse renversée) et la littérature *(Ecce homo)*. Comme le chef indien, Liane pourrait dire : « Un peu trop est juste assez pour moi. »

« Après *L'Insaisissable*, après *Myrrhille* et *Idylle saphique*, où déjà s'affirmait un progrès très sensible, Liane de Pougy nous offre *Ecce homo*. Ce sont des légendes d'amour et de volupté où s'évoquent des visions moyenâgeuses, où passent de gracieux fantômes d'amoureuses », s'extasie la critique. *Ecce homo* est dédié à l'acteur De Max « en souvenir d'une émotion d'art ». En fait d'émotion d'art, il s'agirait plutôt d'un caprice comme avec Reynaldo Hahn et Coco de Madrazo dont l'acteur partage les goûts profonds. « J'ai essayé de l'aimer ; il a essayé de m'aimer : ce n'était pas notre voie », se bornera à constater Liane qui pourrait faire graver sur sa carte de visite : « Experte en émotion d'art ».

Comme elle ne se console pas de la perte de ses sept rangs de perles, l'un de ses entreteneurs, un milliardaire, lui en offre deux rangs dont la valeur égale celle des sept disparus. Ce très beau cadeau est, hélas, un cadeau d'adieu : le milliardaire se marie.

Devant cette succession de pertes, la superstitieuse Liane ne peut qu'accuser le mauvais sort, ou le mauvais œil de La Gandara qui n'en finit plus de terminer son portrait. Elle se demande aussi si sa favorite du moment, Yvonne de Buffon, ne porterait pas malheur ? Cette descendante de Buffon était « jolie, intelligente, cultivée, menteuse, intrigante, vicieuse ». Telle qu'elle est, elle plaît à Liane qu'elle rejoint souvent dans son lit. Liane ne peut plus se passer d'Yvonne et l'emmène en Angleterre où elle est invitée par Alfred Benjamin qui est, plus que jamais, le cher Benjy. « Benjy, toujours bon et charmant, avait loué un ravissant cottage sur une petite hauteur boisée au-dessus de la rivière et nous y avait invitées Yvonne de Buffon et moi. Nous y avons passé un mois dans le plus délicieux repos. »

Liane a pris goût au repos et, à son retour en France, se retire à Roscoff, au Clos Marie, toujours en compagnie d'Yvonne. Elle se plaît dans ce pays. Elle aime Roscoff, « délicieux petit village breton sur le bord d'un golfe calme », avec la passion qu'elle accorde aux êtres humains. Elle en célèbre la sauvagerie, ses forêts de genêts et ses plaines de bruyères, et présente son Clos Marie comme « le restant de quelque demeure seigneuriale, une bâtisse en pierres dures exposées aux bons vents de l'ouest tout imprégnés des senteurs marines ».

Liane, fleur de bitume et de trottoir, est aussi une fervente adoratrice de la nature, des arbres, de la mer, des nuages qu'elle resterait à contempler indéfiniment si des engagements ne la rappelaient à Paris.

L'hiver venant, Liane de Pougy quitte le Clos Marie pour le Moulin-Rouge. Elle est toujours flanquée d'Yvonne de Buffon qui a su se rendre indispensable. « Son amitié avait des accents protecteurs et masculins et son visage charmant une jolie petite moustache qui aurait fait envie à un polytechnicien. »

L'omniprésence d'Yvonne n'empêche pas Liane de rencontrer, début 1904, un auteur dramatique, Max Maurey, présenté par Jean Lorrain. Liane se prend de passion pour Maurey. Max et Yvonne se haïssent. Crises, départs, retours, menaces, c'est toute la gamme des « déplaisirs à trois ». Puis Liane se rend compte qu'elle est la dupe des deux autres. Elle s'enfuit au Caire, à Alexandrie, à Athènes, à Constantinople et revient à Paris. Elle retrouve Max qui prétend qu'Yvonne a disparu. Liane n'en croit rien, mène son enquête et découvre qu'Yvonne, enceinte, est sur le point d'épouser le père de son enfant : Max Maurey lui-même. Max et Yvonne se marient, auront un, deux, trois, quatre enfants et n'en seront pas heureux pour autant. Moralité : tromper Liane de Pougy ne porte pas bonheur. Et ce n'est pas pour Max ou pour Yvonne que Liane se suiciderait, ah non ! Elle ne gaspillera pas une seule goutte de laudanum pour ces deux-là dont elle a la satisfaction de constater que, loin d'elle, « ils mènent une vie de forçats, rivés l'un à l'autre ».

Cette mésaventure, ce double abandon, laisse quand même à la courtisane un goût amer. Elle se sent triste, mécontente, lasse, comme elle l'a rarement été. Elle trouve son cœur « vide de joie et rempli de dégoût ». Elle a trente-cinq ans. Elle voudrait mettre un point final à cette vie de débauche comme elle vient de mettre un point final à son cinquième livre : *Les Sensations de Mademoiselle de La Bringue*.

14

MADEMOISELLE DE LA BRINGUE

(1904-1905)

La Belle Époque, ce n'est pas seulement la valse renversée de Liane de Pougy, la valse-hésitation d'Émilienne d'Alençon, la valse-tourbillon de Caroline Otero, l'éventail de trois sous que l'on vend, en été, au coin de la rue et au cri de « Achetez mon petit vent du nord », l'affaire Dreyfus qui n'en finit pas de diviser les familles, les tyrannies de la mode qui étrangle la taille et élargit démesurément les chapeaux, la Belle Époque, c'est aussi une inquiétude sourde, le malaise d'une société qui pressent obscurément qu'elle jette ses derniers feux et qui cherche autre chose que ce monde enfermé dans un carcan de convenances.

L'ésotérisme, l'occultisme ont leurs adeptes fervents. Le Sar Peladan a des disciples. Les mages prolifèrent, les voyantes pullulent. On célèbre à Paris autant de messes noires qu'au temps de la Brinvilliers. Certains peintres qui se disent maudits représentent d'étranges sabbats où la femme s'unit à la bête. Comme tout est mode, on organise, sous prétexte d'invoquer les esprits, des soirées spéciales qui dégénèrent en orgies « des deux sexes et autres ».

Liane de Pougy a-t-elle prêté son concours à ce genre de cérémonie ? A-t-elle, comme le veut la rumeur, foulé de ses pieds nus la nudité des forts des Halles recrutés, pour la circonstance, par son ami Jean Lorrain ? On ne prête qu'aux riches ! Qu'ils soient forts des Halles ou princes de Valachie, les hommes, pour Liane, ne sont que des pantins dont elle a appris à tirer les ficelles. Ces intrigues sont décrites dans le roman que Mlle de Pougy publie en 1904, *Les Sensations de Mademoiselle de La Bringue*.

Selon son habitude, l'auteur se met en scène sous les traits de la courtisane Mademoiselle de La Bringue qui tient les promesses que laisse supposer son nom. Mademoiselle fait la bringue, la noce, sans arrêt et participe à une immense débauche chez « le Pape de l'Étrange » dans lequel on reconnaît, sans peine, Jean Lorrain. Liane semble avoir emprunté au caricaturiste Sem sa férocité. Ce sont tous les personnages de cette Belle Époque qu'elle fait défiler sous des masques transparents ! Aucune rivale ne manque à l'appel : Émilienne d'Alençon en Julienne de l'Orne, Otero en Caramenjo se livrent à une bacchanale effrénée en compagnie de De Max en Ajax et des frères Isola en frères Electra. Personne n'est épargné, même pas Cléo de Mérode en Méo de La Clef : « Mademoiselle Méo de La Clef personnifiait l'Amour sans le faire, et un grand vieillard à la barbe blanche, M. du Congo, lui servait d'eunuque. » Ce M. du Congo désigne évidemment le roi des Belges qui compte parmi les soupirants de Cléo.

Ces damnés du plaisir pratiquent des voluptés multiples qui tiennent de l'orgie romaine et du sabbat. Les iris noirs, les crapauds, le bouc, le chaudron, les philtres, la nuit propice à tous les ébats portent jusqu'aux délires les sensations que Mademoiselle de La Bringue est venue chercher chez son « Pape de l'Étrange ». Jean Lorrain qui a pris ses distances avec Paris et qui vit de plus en plus retiré à Nice, en compagnie de sa mère, n'apprécie guère son papal portrait. Pas plus que Liane de Pougy n'avait apprécié l'année précédente, en 1903, le sien en Illyne Yls dans *Fards et poisons* : « Battage et chiqué. Tout le caractère d'Illyne était là. C'était aussi le programme de sa vie. (...) Et sa vie privée s'aggravait de mystère, ses horizons s'empourpraient des flammes de Lesbos. » Il en faisait une « princesse du battage et reine du chiqué ».

Après les coups, la pommade : « Née en Bretagne, elle a droit à tous les pardons. » Qui aime bien, châtie bien. Aux volées de bois vert, ou de vertes paroles, qu'ils s'administrent mutuellement, on en déduit que Liane de Pougy et Jean Lorrain s'aiment beaucoup...

On peut aussi considérer ces *Sensations de Mademoiselle de La Bringue* comme un adieu, ou un essai d'adieu, à la vie galante que Liane a menée jusque-là :

« Le luxe, la gloire, l'extatique ivresse fatiguent vite. » Mais qui pourrait croire Liane fatiguée quand, à l'automne 1904, on admire son entrain au Casino de Paris, dans la revue « Féminissima », et on répète comme un refrain : « Liane est délicieuse, elle est étonnante, c'est une magicienne. » Ce nouveau succès fait une heureuse, Mme Chassaigne, qui déclare à Liane : « Ah ! si j'avais su, ma fille ! Il me semble que j'aurais bien aimé être une artiste. »

On ne rendra jamais assez hommage à l'aveuglement des mères. Pour Mme Chassaigne, Liane est, comme elle l'a toujours dit, une artiste dont elle admire le luxe et les bijoux, sans penser à mal. Mme Chassaigne apprécie aussi l'ordre qui règne au 13, rue de la Néva. Si, la nuit, l'hôtel est un temple d'amour, le jour, il offre l'aspect d'une demeure bien tenue où l'on chercherait vainement un grain de poussière, où le service est impeccable, où les comptes sont épluchés, et les menus longuement étudiés. Liane est gourmande et ne mange pas n'importe quoi.

Si l'entente règne avec sa mère, il n'en est pas de même avec son fils, Marco. En 1904, il a dix-sept ans, il fume, fugue, n'étudie pas et ne s'intéresse qu'à la mécanique. En plus, il est révolté contre l'autorité de cette mère qui prétend lui imposer sa loi. C'est plus que n'en peut supporter Liane qui rompt avec son fils comme elle romprait avec un amant indocile :

« *De par mon divorce dont l'extrait est déposé chez mon notaire, on m'a retiré tous mes droits sur toi pour les conférer entièrement à la famille de ton père.*

Les seuls liens qui auraient pu exister et subsister entre nous n'auraient pu être créés que par le cœur, l'affection, ta conduite et tes sentiments vis-à-vis de moi.

Tu t'es révolté.

Tu ne m'as jamais écoutée, ni obéi. (...) Devant la loi, il n'y a rien de commun entre nous, et ta manière d'agir me fait m'en tenir comme devant la loi. Tu n'as rien à attendre de la rue de la Néva, ni à penser à moi. Voilà. (...) Tu m'as perdue et tu ne me retrouveras que lorsque tu auras prouvé ton sincère repentir et tes bons desseins par des actes de travail et de persévérances suivies. Adieu. »

Pensionnaire au collège Chaptal [1], Marco avait enfin obtenu une chambre au 13, rue de la Néva où il passait maintenant ses jours de sortie, mais non ses vacances. Soucieuse de son indépendance, et de sa tranquillité, Liane envoyait alors son fils en vacances à l'étranger. En 1903, Marco était allé en Italie, ce qui avait avivé son goût pour les voyages. C'est un sportif accompli. En Angleterre, au collège de Harrow, il était classé parmi les cavaliers, rameurs, boxeurs émérites. A dix-sept ans, Marco a soif de liberté, soif de connaître le monde, exactement comme sa mère, au même âge. Il est curieux de constater que la mère ne reconnaît pas dans son fils cette similitude de goût. Ses maîtresses, et particulièrement une mademoiselle V., ne trouvent pas grâce aux yeux de Liane. On ne peut que déplorer cette mésentente entre deux êtres que tout aurait dû unir, la beauté, les femmes, un frénétique besoin d'ailleurs...

Liane de Pougy avait espéré que sa lettre de rupture et son solennel « Adieu » provoqueraient un revirement salutaire en son fils. Il n'en est rien. Marco proclame hautement son culte de la liberté, son refus de toute autorité. Puisqu'il en est ainsi, Liane de Pougy rejette son fils, comme elle a été repoussée par les siens. Elle emploie les grands moyens et envoie à Marco une deuxième lettre de rupture dans laquelle elle le vouvoie, pour bien marquer que tout est fini entre eux :

« *N'ayant accepté aucune autorité, vous devez vous faire vous-même. Vous êtes un grand garçon, il ne faut pas pleurer. Tout se rachète... Je voudrais que ma pensée vous stimule et vous fasse du bien... C'est mon plus grand désir, c'est seulement ainsi que je dois compter pour vous. Mon cœur se réjouira de ce qui pourra vous arriver d'heureux... Bâtissez votre existence avec ordre et modération, ne comptez que sur vous-même et sur ce que vous avez...*

1. Chaptal n'est pas encore un lycée.

Tout ce que je vous demande, c'est de ne pas vous faire de mal à vous-même, et cela me fera pardonner le mal que vous m'avez fait. Votre mère

Marie. »

« Voir ma mère ne me tutoyant plus faillit avoir raison de ma volonté, mais comme elle avait l'air de douter de mon désir de bien faire, d'arriver par mes propres moyens et par des moyens propres, honnêtement, je relevai le défi et repartis plus courageusement au combat de ma lutte pour la vie », confiera, plus tard, Marc Pourpe à l'un de ses amis, Jacques Mortane[1].

A partir de cette deuxième lettre de rupture, Marco, orphelin de père, considère qu'il est également orphelin de mère. L'aviation sera sa vraie mère. Avant de compter parmi les meilleurs pilotes des temps héroïques, il exerce les métiers les plus divers : il vend des cartes postales, place des dentelles, entre dans une usine d'automobiles, puis dans une étude de notaire. Il retourne à Suez revoir ses grands-parents et ne tarde pas à explorer le ciel égyptien. Ensuite, il participe à l'essor de l'aviation en Inde et en Indochine. Drapée dans son rôle de mère outragée, Liane de Pougy suit dans les journaux les exploits de son fils : il est une étoile de l'aviation comme elle l'est de la galanterie. A chacun sa façon de briller...

Quand elle apprend, en 1905, la mort de Maman Lala, Liane ne peut s'empêcher de songer aux paroles de la bonne fée de son enfance, lors de son mariage avec Armand Pourpe : « Ton mari a trop l'air d'un mari. » Son fils Marco a trop l'air d'un fils qui attend tout de sa mère, et qui aurait pu tout recevoir s'il avait consenti à figurer parmi ses esclaves. Marco, comme Liane, ne supporte pas l'asservissement. Et il porte un nom, Pourpe, qui pour Liane évoque trop de mauvais souvenirs. Enfin, Mademoiselle de La Bringue ne tolère les

1. Cf. Jacques Mortane, *Deux Grands Chevaliers de l'aventure : Marc Pourpe et Raoul Lufbéry*, éditions Baudinière, 1937.

enfants que dans les sabbats conduits par le « Pape de l'Étrange ». Elle est « féminissima », elle n'est pas « maternissima » !

15

« C'EST UN AMANT, UN-A-MANT »

(1906-début 1908)

En 1906, en France, Liane de Pougy est une institution. Elle est au demi-monde ce qu'une Sarah Bernhardt est au théâtre, ou ce que sont les Rothschild à la banque. Liane est en bons termes avec Sarah qu'elle va applaudir régulièrement et à qui elle ne tient pas rancune de son enseignement, qui pouvait se résumer par le classique : « Sois belle et tais-toi », et qu'elle n'a pas suivi. Liane ne s'est pas tue, elle a parlé, elle a écrit. Elle est également en excellents termes avec les Rothschild. Depuis qu'elle a conquis Maurice de Rothschild pendant l'été 1899 et qu'elle l'a fait figurer sous les traits de Maurice de Sommières dans *Idylle saphique* : « Il était mignon comme tout en habit, un vrai chérubin, (...) son petit homme, son Momo », elle a collectionné quelques cousins de Maurice comme Robert ou Henri. Chacun garde le meilleur souvenir de Liane qui, chaque premier de l'an, reçoit ses étrennes Rothschild. Maurice confiera, un jour, à Paul Morand sur le ton de l'admiration extrême : « La dernière grande courtisane aura été Liane. »

A la Belle Époque, et même un peu après, une jeune fille devait arriver vierge au mariage. La courtisane était là pour faire patienter le jeune homme, calmer ses ardeurs. Son rôle était presque reconnu d'utilité publique. A l'attrait de la galanterie, Mlle de Pougy avait su joindre les prestiges de l'art et de la littérature. Ses exhibitions sur scène, la publication de ses romans en avaient fait un personnage dont la fréquentation équivalait à une preuve certaine d'intelligence et de puissance. Aujourd'hui, pour affirmer sa réussite, on s'offre une chaîne de télévision, un journal, une équipe de football. A la Belle Époque, on s'offrait tout simplement une Liane de Pougy, véritable publicité vivante, dont les apparitions, chez Maxim's ou à Longchamp, étaient saluées par des applaudissements rejaillissant sur celui qui accompagnait ce chef-d'œuvre libertin et payait la note de ces fastes.

Quand elle entre, par l'alcôve, dans une famille comme les Potocki ou les Rothschild, Liane de Pougy en épuise toutes les possibilités. De cousin en cousine, elle accomplit le tour du cercle de famille. Liane n'agit pas autrement avec les dames. Elle puise largement dans le harem de Natalie Barney.

Depuis la mort de son père en 1902, Natalie, Flossie pour les intimes et les fanatiques d'*Idylle saphique* — qui est alors la Bible de Lesbos —, a acquis une large indépendance financière et n'a plus de compte à rendre à personne. A Neuilly, elle a loué une maison, qui, sans rivaliser avec les splendeurs de l'hôtel de la Néva, possède un parc suffisamment vaste pour y donner des fêtes en l'honneur de Sapho. Colette les évoquera dans *Mes apprentissages* : « Un bel après-midi, sur une pelouse de Neuilly, j'interprétai le *Dialogue au soleil couchant*, de Pierre Louÿs. L'autre actrice improvisée s'appelait Eva Palmer, américaine, rousse à miracle et les cheveux jusqu'aux pieds. »

Liane est l'ornement suprême des fêtes de Natalie. Eva, qui compta parmi les amours adolescentes de Natalie, y brille suffisamment pour attirer l'attention de la courtisane. Mlle de Pougy, frappée par la chevelure et la beauté de Miss Palmer, compose, à son intention, son cinquième roman, *Yvée Lester*, dont la critique se fait l'écho en ce printemps 1906 : « Parce qu'elle rencontra un jour une jeune Américaine nommée Ailsie, et "prisonnière de ses cheveux roux", parce qu'elle trouva Ailsie aux côtés de sa "très exquise amie Flossie" et pour qu'Ailsie qu'elle ne devait plus revoir ne l'oubliât jamais, Mlle Liane de Pougy décida d'écrire son roman. Il y a des gens qui font des livres parce qu'ils ont quelque chose à dire ou parce qu'ils pensent avoir quelque chose à dire. Mlle Liane de Pougy est plus modeste et beaucoup plus extraordinaire puisqu'elle publie un nouveau volume — elle nous en avertit dans une préface lyrique — parce qu'elle rencontra un jour une jeune

Américaine nommée Ailsie "prisonnière de ses cheveux roux". »

Avec la bénédiction de Natalie, Liane a revu Eva et s'est retrouvée prisonnière de cette chevelure rousse. Prison passagère, le temps de composer, à Roscoff, son *Yvée Lester* à qui elle donnera une suite, en 1908, *Yvée Jourdan*. Dans *Yvée Lester* comme dans *Yvée Jourdan*, Natalie est omniprésente sous le prénom de Flossie[1]. « Sa démarche est un rythme, une cadence ; sa voix, une harmonie. (...) Sa présence est un ravissement ; la caresse de ses mots, une extase. (...) Elle intéresse et charme, elle s'arrête à temps et s'enfuit et retourne. Elle repart et revient. C'est un modèle délicieux, inespéré, imprégné de toutes les grâces. C'est un exemple parfait. » Pour Liane, Natalie est plus Flossie que jamais !

Ces deux romans, *Yvée Lester* et *Yvée Jourdan*, pourraient avoir été écrits par la comtesse de Ségur. Ce ne sont que bons sentiments et bonnes actions. Liane la courtisane s'offre en la vierge Yvée un double idéal.

De ces deux romans, on retiendra deux phrases qui peuvent servir à la compréhension des secrets de Liane : « Je suis sensuelle mais je ne connais pas la volupté », et : « C'est une sainte, c'est ainsi que j'aurai voulu ma destinée. »

Dans *Yvée Lester*, percent de prémonitoires élans mystiques : « Seigneur, entendez les battements de mon cœur, envoyez-moi dans le vide et laissez-moi sans vie... Prenez mon être qui s'offre, abîmez-le, absorbez-le, écrasez-le pour le réduire en holocauste, (...) et pour cela, faites-moi mourir plusieurs fois, atrocement mourir, Seigneur. »

Liane a besoin de l'aide du Seigneur quand elle apprend, le 30 juin 1906, la mort de Jean Lorrain, Jean qui avait aimé son *Yvée Lester*, Jean qui terminait ses lettres par : « A bientôt ou à jamais, Lianon, en tout cas à toujours », Jean qui évoquait sans cesse « *notre malice d'enfants attentifs et avertis* », Jean dont elle recevait les confidences :

1. Qui était aussi son prénom dans *Idylle saphique*.

Je veux bien choisir
mais je ne veux pas qu'on me choisisse moi.
Mon cœur est un harem
où je traite en esclave
les fleurs de mon désir
en brisant toute entrave
qui me viendra d'autrui.
Je veux bien dominer
mais qui voudra m'astreindre à son joug
n'est pas né.
Là-dessus je t'aime et je t'embrasse. Sois sage...

Liane, qui est à Roscoff, n'assiste pas à l'enterrement de son ami, à Saint-Ferdinand-des-Ternes, en présence du Tout-Paris des arts et des lettres. Le 5 juillet, le docteur Albert Robin écrit à celle qui reste « ma chère Liane » :

« *Tu as dû apprendre par les journaux la mort de notre Jean. (...) J'ai eu beaucoup de chagrin ; je l'aimais beaucoup. Et puis, tant de souvenirs me sont revenus près de ce lit*[1]*, des souvenirs où tu étais mêlée puisque c'est par lui que nous nous sommes connus. J'ai revécu en ces heures les années passées, les premières tendresses à jamais inoubliables qui ont tout effacé des mauvaises choses. Après sa mort, il s'est transfiguré. Son visage a pris une grande expression de douceur sous la mèche blanche de son front et la moustache dorée. Je lui ai dit adieu pour toi et j'ai envoyé, pour toi aussi, les iris noirs qu'il aimait.* »

En Jean Lorrain, Liane de Pougy sait qu'elle perd un maître, un ami à la fois sévère et indulgent, un complice qui l'exhortait à la sagesse et encourageait, voire provoquait, ses folies. Cette mort de Lorrain porte Liane à la réflexion. Elle a maintenant trente-sept ans. Elle est trop fine, trop intelligente, trop cultivée pour ne pas savoir

1. Le docteur Robin et le chirurgien Pozzi ont tenté l'impossible pour sauver leur ami Lorrain d'une perforation de l'intestin. Robin est resté auprès de Lorrain jusqu'à son dernier soupir.

que le déclin suit inéluctablement l'apogée. Liane qui est la femme de tous les défis veut que sa vie soit un permanent apogée. Et puisqu'elle est une institution comme Sarah Bernhardt ou Maurice de Rothschild, elle ne fréquentera plus que des institutions ! C'est ainsi que, le 24 décembre 1906, elle dîne chez Maxim's avec le dramaturge Henry Bernstein.

Né en 1876 comme Natalie Barney, Bernstein collectionne les succès à la scène : *Le Marché, Le Retour, Le Bercail* ou *La Rafale*. Il a une réputation, non usurpée, d'amant superbe et généreux. « C'est un amant, un-amant », reconnaîtra Liane qui, en ce domaine, s'y connaît. Henry, qui se présente comme « un touriste en quête fiévreuse de pittoresque », est assuré, avec Mlle de Pougy, de voir du pays. Leur liaison durera un peu plus d'un an, on ne peut donner que des dates approximatives, de fin 1906 au début de 1908, ou de Noël 1906 à Noël 1907. Bernstein n'a rien d'un père Noël ! C'est plutôt un Père Fouettard dont les façons rappellent à Liane celle de Lord Carnavon. Dans *Mes cahiers bleus*, elle évoquera ainsi ce cher Henry :

« Bernstein, un sous-Lovelace israélite et plein de talent. A force d'écrire des comédies amoureuses et des cinquièmes actes dramatiques, il en met dans sa vie, et dans celle des autres. J'ai pris de lui en un an juste ce qu'il fallait pour composer un souvenir charmant. M'en a-t-il fabriqué des sensations et des angoisses ! “Je te tuerai”, ou bien : “Épouse-moi sinon je te jette par terre et avec mes talons j'écrase ta jolie figure”, et encore : “Réfléchis, ne repousse pas un amour comme le mien, tu auras bientôt quarante ans, ma petite, tu seras quadragénaire — en scandant bien ces mots — personne ne voudra plus de toi et tu pleureras des larmes de sang en songeant à ton Henry qui t'a aimée.” A ce moment, j'avais tout juste trente-cinq ans ! »

Elle en a, on le sait, trente-sept. Et ce qu'elle appelle « un souvenir charmant » n'est qu'une suite quasiment ininterrompue de coups, menaces, injures, poursuites, séquestrations. Liane aurait pardonné à Henry ces monotones brutalités. Mais il a le tort de commettre une faute, impardonnable celle-là. Il vante à Mlle de Pougy les vertus de Mme Straus. Comme Henri Meilhac, Henry Bernstein compte parmi les favoris de la veuve Bizet. Début 1908, Liane abandonne la partie et laisse Henry soupirer chastement pour Mme Straus, et moins chastement pour Marie Murat. Bernstein semble clore la liste des grands amants de Liane, Bernstein en qui elle voit sa « dernière étape » et « la tempête nécessaire qui devait me transporter du bourbier stagnant qui me tenait, désolée, dans ses influences malsaines pour m'amener là, dans la vie et sous le regard de Georges ». Est-ce cela que l'on appelle finir en beauté ? Pour Liane, tout est commencement. Elle a, quoi qu'elle en dise, besoin du regard des hommes pour s'épanouir pleinement. Grâce à celui du prince Georges Ghika, la courtisane va se métamorphoser en princesse, comme dans l'un de ces contes que Jean Lorrain a réunis en un recueil intitulé *Princesse d'ivoire et d'ivresse*.

16

LA FIN DU BOURBIER

(Printemps 1908-printemps 1910)

Après cette rupture, Liane de Pougy veut prouver à Henry Bernstein qu'elle est à trente-neuf ans toujours aussi désirable. En ce printemps 1908, elle mène rapidement quelques liaisons faciles avec Georges de Ribeaucourt, « un charmant sculpteur plein de talent », et une institution du chant, Fedor Chaliapine. Huit jours suffisent à Liane pour faire le tour de Fedor. Elle n'a pas échappé aux griffes d'un Bernstein pour tomber dans celles d'un Chaliapine !

De même que George Sand disait : « Les grands hommes, j'en ai plein le dos », Liane en a assez de ces institutions à visage humain. Les rois du chant, les rois du théâtre, les rois de la finance, elle en a assez, assez ! Elle aspire à autre chose. Ce pourrait être ce prince roumain de vingt-quatre ans aux allures de prince charmant, Georges Ghika, qu'elle vient de rencontrer. Il est le fils du diplomate Grégoire Ghika, le neveu de la reine Nathalie de Serbie, le cousin du ministre Demetre Ghika. Georges a essayé de se suicider pour l'actrice Marie Ventura. Comme Liane, qui a également fait une ultime tentative — on ne sait pas pour qui elle a avalé sa dose de laudanum —, Georges a raté son suicide. Ils se seraient rencontrés tous deux dans une clinique où ils achevaient leur convalescence. Rien n'unit autant que d'avoir échappé à ce même danger...

A vingt-quatre ans, Georges garde encore cette beauté d'éphèbe à laquelle Liane est tellement sensible. De plus, il est poète. La beauté et la poésie en une seule personne, tout ce que Liane aime !

Les débuts de cette liaison ne sont pas faciles. Georges parle de ses conquêtes passées, présentes et futures avec juste assez de réticence pour torturer Liane. Il donne rendez-vous à 2 heures de l'après-midi et arrive à 6 heures du soir. Jamais Mlle de Pougy n'a été traitée avec une pareille désinvolture. Elle décide de donner une leçon à Georges, à qui elle fixe rendez-vous à 2 heures de l'après-midi, 13, rue de la Néva. Selon son habitude, il est en retard. Liane ne l'attend pas et s'en va avec une amie, Jeanne de Bellune, se promener en forêt de Saint-Germain, goûter aux Réservoirs de Versailles et dîner chez Paillard. Elle rentre au 13, rue de la Néva, à minuit passé.

Georges est là, en peignoir japonais. Inquiet, il n'a pas pu dîner. Il est arrivé à 4 heures de l'après-midi et depuis, il attend. Comme il est poète et qu'il a de l'imagination, il a cru que Liane avait eu un accident ou qu'elle l'avait abandonné pour un autre. « Qu'as-tu fait ? D'où viens-tu ? », demande-t-il anxieusement à Liane qui répond tranquillement : « J'ai fait comme toi, mon chéri. » La leçon porte ses fruits. Non seulement Georges sera dorénavant à l'heure, mais pendant ces moments d'interminable attente, il a compris qu'il ne pouvait plus se passer de Liane. Elle peut être fière de sa dernière victoire.

En effet, la famille Ghika a donné dix princes régnants aux deux principautés de Roumanie. Le premier, Georges, monta sur le trône de Moldavie en 1658 et régna ensuite en Valachie. Le dernier, Grégoire X, régna en Moldavie de 1849 à 1856. Depuis, les Ghika fournissent la Roumanie en Premiers ministres, en généraux, en écrivains et surtout en diplomates. On raconte qu'un jeune Ghika, nommé secrétaire d'ambassade auprès d'une cour allemande, fut ainsi apostrophé par l'un de ses hauts dignitaires : « Comment ? Si jeune et déjà Ghika ? » Le dignitaire était persuadé que ce nom de Ghika, pour être aussi répandu dans les chancelleries, devait correspondre à une fonction ou à un grade.

Le père de Georges, Grégoire Ghika, diplomate, a été ministre de Roumanie en France de 1896 à 1908. La mère de Georges, Mariette Keschko, a deux sœurs, Jeanne et Nathalie. Jeanne, beauté célèbre, vainement courtisée par Gabriele D'Annunzio — elle figure dans son roman *Le Feu* — a épousé, elle aussi, un prince Ghika. Nathalie s'est mariée avec le roi de Serbie. Les trois sœurs Keschko sont souvent présentées comme les trois grâces roumaines.

Georges est né en Roumanie, à Sinaia, le 8 juillet 1884. C'est l'enfant gâté de la famille. Il apprend à l'être moins, et à gâter Liane. Celle-ci n'est pas fâchée d'exhiber sa dernière conquête qui apporte un démenti aux sinistres prédictions de son bourreau Bernstein résonnant encore à ses oreilles : « Tu auras bientôt quarante ans, ma petite, tu seras quadragénaire, personne ne voudra plus de toi. » Eh bien, en 1909, Mlle de Pougy a quarante ans et elle a, en quelques mois, complètement apprivoisé Georges Ghika. Leur différence d'âge, une quinzaine d'années, fait jaser. On feint parfois de croire que Georges est le fils de Liane. Colette, elle-même, dans *La Vie parisienne*, participe à ces moqueries :

« Frêle, délicieuse, soutenue, presque portée par le jeune H... et le non moins jeune G... passe Mme L... de P... Y. Elle a le beau sourire d'une jeune mère heureuse qui s'appuie sur ses deux grands fils. »

Transparentes initiales. Liane de Pougy, presque portée par Hériot (Auguste) et par Ghika (Georges), sourit jaune en lisant ces lignes et gardera longtemps rancune à leur auteur. Qu'importent ces ragots, ces dérisions ? Les amoureux sont seuls au monde, un monde qui se limite au 13, rue de la Néva où Georges prend peu à peu ses habitudes et finit par s'installer. Il ne faut pas oublier que, dans le vocabulaire de l'époque, une maîtresse se désignait comme « une habitude » ou « une connaissance », ce qui provoquait des jeux de mots faciles à imaginer...

Au printemps 1910, éclate l'incident qui décide du destin de la courtisane et du prince. Le lundi de Pâques 1910, Georges Ghika, Liane de Pougy et une amie de cette dernière, Blanche d'Arvilly, déjeunent à Saint-Germain-en-Laye. Ils font ensuite le tour des antiquaires et s'en vont prendre un chocolat chez Jousset, rue du Pain. Liane porte un petit chapeau garni de dentelles blanches, spécialement créé pour elle par Lewis, alors que la mode est encore aux pyramides surchargées de plumes d'autruche. Le trio croise deux bourgeoises empanachées qui se moquent du chapeau de Liane et de celle qui ose le porter. « Oh, ce chapeau ! » dit l'une. « C'est Liane de Pougy, une grue de Paris », répond l'autre. Et toutes deux d'éclater d'un rire insultant que Georges interrompt d'un : « On devrait se regarder dans la glace avant de se moquer des autres. » Les époux des bourgeoises qui les suivaient prennent le prince Ghika à partie. L'un d'eux frappe Georges qui ne peut se défendre : il a les mains pleines de miniatures Directoire et de salières de la Compagnie des Indes. Liane de Pougy et Blanche d'Arvilly appellent au secours. Un agent survient qui emmène ce beau monde au poste. Explications, procès-verbal, procès que gagnent Liane de Pougy et Georges Ghika. Curieusement, la presse se déchaîne contre la courtisane et le prince. Pluie de fiel et tempête de perfidies. Liane qui n'a pas l'habitude d'être ainsi malmenée en est agacée, attristée.

Le prince ne voit qu'une solution pour mettre fin à cette cabale. « Georges qui m'estimait autant qu'il m'aimait se dit : “Ça n'est pas juste. D'un geste je vais réparer ça en la plaçant au-dessus de tous les dires.” Six semaines après il m'épousait. »

La veille de son mariage, Liane de Pougy se confesse et dit simplement au prêtre : « Mon père, sauf tuer et voler, j'ai tout fait. » On ne saurait mieux exprimer la stricte réalité en si peu de mots.

17

LE MARIAGE DU PRINCE ET DE LA COURTISANE

(8 juin 1910)

Le 8 juin 1910, en l'église Saint-Philippe-du-Roule, Georges Ghika, en redingote noire, épouse Liane de Pougy qui est vêtue d'un fourreau de mousseline mauve et coiffée d'une capeline d'aigrettes noires. En sa tenue, dont l'élégance fait l'unanimité, elle semble porter le deuil du demi-monde.

Beaucoup de curieux, beaucoup de photographes, et, inattendue, une négresse (anonyme) qui, un instant, détourne l'attention d'un public, le même qui assistait aux apparitions de Mlle de Pougy aux Folies Bergère, à la Scala, ou à l'Olympia. Cette fois, il ne s'agit plus d'une pantomime, mais d'une réalité aux allures de féerie : un prince épouse une courtisane.

On chercherait vainement dans l'assistance un seul représentant de la famille Ghika que ce mariage accable. Le père et la mère de Georges ne décolèrent pas. La tante Nathalie dc Serbie est tellement furieuse qu'clle supprime la rente qu'elle servait à son neveu. Consigne est donnée à tous les Ghika d'ignorer ce mariage avec une « créature ». Tous les Ghika feignent d'ignorer ce qui est l'événement du jour, sans parvenir à cacher leur rage, que le *Gil Blas* exploite avec une incomparable malice :

« La famille Ghika, qui est famille princière en Roumanie, est ravie. Elle a télégraphié à Mme Liane de Pougy : "Tous mes compliments, chère fille, et tous nos mercis pour la faveur que vous nous accordez en alliant votre vieille noblesse à la nôtre. Tout l'honneur est pour nous." Mme Liane de Pougy, mariée une première fois à un lieutenant de vaisseau des plus distingués, M. Pourpe, a acquis, en quinze années de vie parisienne, des titres de noblesse indiscutables et une fortune considérable consciencieusement méritée. Elle possède, rue de la Néva, un des plus jolis hôtels de Paris. Elle va connaître là, pour la première fois, les douceurs de l'hymen. On s'imagine aisément son trouble, son émoi, ses pudeurs charmantes en ces minutes d'abandon tellement nouvelles. Car on aura beau dire que l'éducation moderne dévoile aux jeunes filles tous les mystères, c'est toujours un moment difficile pour une rougissante épouse qui ne sait pas. »

A ces piquantes moqueries du *Gil Blas, Fantasio* ajoute cet avertissement solennel : « C'est là, en une certaine mesure, la fin du demi-monde. Il est en effet certain qu'en adhérant au pacte conjugal, en entrant dans la catégorie des épouses légitimes, Mlle Liane de Pougy se déclasse définitivement. Elle ôte à la délicieuse galerie de grandes courtisanes, celle qui en fut, en nos temps moroses, la plus splendide créature. Aspasie et Lais, Marion Delorme, Ninon de Lenclos, Manon Lescaut, Cora Pearl et Anna Deslions avaient en Liane une continuatrice aussi belle qu'aucune d'elles ne le fut jamais. »

Le *Journal* rappelle que Meilhac avait prédit à Liane qu'elle finirait bien, qu'elle serait princesse, et tire la moralité de cette métamorphose : « C'est grâce à son petit soulier que Cendrillon trouva son époux, c'est grâce à son petit chapeau que Liane de Pougy reçoit une couronne. Et voilà qui nous prouve, une fois de plus, que les contes de fées ne sont pas si bêtes. »

On signale, autour de Saint-Philippe-du-Roule, des attroupements de midinettes que ce mariage fait rêver. Il y a de quoi : on assure que le prince aurait offert à sa femme des bijoux pour une valeur d'un million or. Comme la fortune de Liane est infiniment supérieure à la sienne, Georges Ghika, grand seigneur, a exigé la séparation des biens. Ce qui n'empêche pas les bonnes amies de la nouvelle princesse d'annoncer, à qui veut les entendre, que cette « pauvre Liane » sera bientôt ruinée par Georges. Quinze ans de différence, cela se paye !

En souvenir de ses soupers fins avec Roman Potocki, Liane a voulu que son repas de noce ait lieu chez Paillard. Deux absences remarquées à ce repas : celles de Reynaldo Hahn et de Natalie Barney. Reynaldo considère ce mariage comme une déchéance pour son amie.

Liane était une reine, elle n'est plus qu'une princesse. Il exprime son mécontentement dans une lettre qui se termine par : « *Adieu Lianon, je déteste les gens mariés.* » Natalie s'est contentée d'envoyer en cadeau, et sans commentaire, son dernier livre, *Je me souviens*, qui relate ses amours avec Renée Vivien.

Sitôt le repas terminé, le prince et la princesse Georges Ghika s'éclipsent à Roscoff pour passer en paix, au Clos Marie, leur lune de miel.

Liane a quarante et un ans, Georges, vingt-six. Depuis sa plus tendre enfance, exactement depuis sa septième année, Georges se livre à ces plaisirs que l'on nomme, à tort, solitaires puisqu'ils permettent d'accomplir, par l'imagination, des foules de rêves avec des personnages en vue, ou des personnes à peine entrevues. Au gré de ses désirs, Georges fait alterner onanisme et possession. Il ne pouvait pas trouver de partenaire plus idéale que Liane qui a appris, en courtisane accomplie, à se plier à n'importe quelle fantaisie.

La contemplation de la nudité de Liane suffit parfois au plaisir de Georges qui n'en renonce pas pour autant à caresser, et à en prendre les trésors. Conscient de sa propre beauté, Georges aime à se promener nu dans la chambre conjugale, ce qui amuse son épouse, pour le moment. Plus tard, Liane se plaindra des manies de son mari, onanisme et exhibitionnisme. En attendant, elle y trouve son compte, poursuivant avec Georges, quand l'occasion s'en présente, ces jeux de main en vogue à Lesbos. Solitaires ou partagés, les plaisirs qu'ils se prodiguent l'un à l'autre assurent la bonne entente du couple.

Liane a promis à son époux de ne jamais le tromper avec un homme. Elle tiendra rigoureusement cette promesse. En échange de cette fidélité assurée, Georges permet à Liane, qui ne peut se passer de voluptés féminines, de continuer ses rencontres privilégiées avec Natalie, Eva, Yulka et les autres. Georges, lui, s'engage à ne plus connaître d'autres femmes que l'unique Liane. Il ne dédaignera pas de jouer les voyeurs et d'alimenter ses phantasmes en participant, du regard, à certaines rencontres de ces dames. Georges jouit d'un régime de liberté surveillée. Chacun y trouve son compte. Chacun est content. Que demander de plus ?

Dès son arrivée à Roscoff, Liane écrit à son fils, Marco, qui joue les chevaliers du ciel en Australie et qui n'a pas pu assister au mariage de sa mère. Depuis 1909, en effet, Marco séjourne là-bas, avec la bénédiction de sa mère avec qui il s'est réconcilié avant son départ pour Sydney : « *J'aime te voir ainsi, en pleine lutte et dans l'enthousiasme, c'est le réel état de la grâce. Même si tu ne deviens ni milliardaire, ni capitaliste, tu auras vu du monde, parcouru le monde et formé le meilleur de toi-même. Rien n'est plus sain. C'est vraiment vivre* », approuvait alors Liane qui, depuis, correspond régulièrement avec lui. Donc, de Roscoff, elle annonce la grande nouvelle à Marco :

« *Mon cher petit*

(...) Nous nous sommes mariés le mercredi 8 juin à la mairie de la rue d'Anjou et le même jour à Saint-Philippe-du-Roule. Contrat chez Maître Huillier, séparations de biens, nous passons notre lune de miel ici, seuls et tranquilles. Mon frère, ma belle-sœur et leurs deux filles sont venus nous voir. (...) Grand-mère est chez les religieuses à Morlaix, la tête perdue. Mon frère était venu ici pour arranger cela, d'accord avec moi. Elle me reconnaît à peine, lui, pas du tout. Sa pension revient à 200 francs par mois, le couvent ressemble à un beau château avec 12 hectares de bois, de prés et de jardins fleuris autour. Cela nous a bien attendris. Encore un baiser, mon petit Marc, et "Good Luck".

Ta mère et camarade,

Marie. »

Avant de retomber en enfance, Mme Chassaigne a-t-elle eu le temps de comprendre que le dernier « fiancé » présenté par sa fille était le bon ? Et que Liane allait devenir princesse ? Belle récompense pour celle que Mme Chassaigne a toujours considérée comme une artiste.

Si l'on n'est pas certain que Mme Chassaigne se soit

pleinement rendu compte de la consécration de Liane, il en est une qui n'a pas caché sa joie et n'a pas ménagé ses bénédictions, c'est Valtesse de La Bigne. Joie de courte durée. Émilie Louise de La Bigne meurt le 29 juillet 1910, en sa soixantième année, à Ville-d'Avray. Valtesse a été aimée jusqu'à son dernier soupir par un jeune, et noble, Japonais, Kin-Sô, qui, pour bien montrer qu'il aimait Valtesse pour elle-même, refuse la « très importante somme d'argent » que lui lègue la défunte. Elle laisse à Liane son bureau et un service à thé.

Ces dons ne consolent pas pour autant Liane, son chagrin est immense. En Valtesse, elle perd sa protectrice, sa conseillère, l'amie des bons et des mauvais moments. Avec la mort de Valtesse et le mariage de Liane, c'est vraiment la fin du demi-monde qui a sonné !

Quand, à l'automne 1910, le prince et la princesse Georges Ghika reviennent à Paris, ils sont invités à une générale au Théâtre-Français. C'est leur retour dans le monde. Liane surprend des regards narquois, des sourires méchants, des chuchotements peu aimables à l'égard du couple qu'elle forme avec Georges. Elle fait front, comme toujours.

A ces trois gazettes vivantes, et puissantes, qui se nomment Henry Bernstein, Pierre Frondaie, Pierre Mortier, et qui l'interrogent sur ses états d'âme, elle répond à haute et intelligible voix : « Je suis heureuse et enviable, mes chers amis, je vis avec les deux hommes les plus braves du monde. » Devant l'étonnement du trio, la princesse Georges Ghika montre bien qu'elle a gardé tout l'esprit de Liane de Pougy en précisant : « Oui, mon fils qui est un aviateur fameux et mon mari qui a eu le courage de m'épouser. »

Henry Bernstein s'incline, en connaisseur, devant une réplique qui semble empruntée au dialogue de l'une de ses pièces. Le face-à-face Henry-Georges a dû se réduire à un échange de civilités ; on est entre gens du monde maintenant. Mais on pourra supposer qu'il n'est pas très agréable pour le prince Georges Ghika de croiser, à chaque sortie, des hommes qui ont eu avec sa femme des liaisons connues du Tout-Paris. Sagement, Liane décide de fuir ce monde qu'elle connaît par cœur, et jusqu'à l'écœurement. Et parce que les gens heureux vivent cachés, Georges et Liane s'enfuient en Algérie dissimuler leur bonheur.

18

LA FUITE EN ALGÉRIE

(Hiver 1911-printemps 1913)

L'Algérie en 1911 représente ce que l'Inde offre, aujourd'hui encore, à un Français : un dépaysement complet, un exotisme garanti. Les peintres sont particulièrement inspirés par les marchés, les palmeraies, les couchers de soleil sur les dunes du désert. Certains écrivains viennent y puiser un regain d'inspiration, et un accroissement de leur renommée. On salue leur audace : ils ont franchi la Méditerranée pour traquer le pittoresque.

Coiffé d'un casque colonial, armé d'une ombrelle, juché sur un chameau, on pose pour la postérité, ou pour *L'Illustration*. Lucie Delarue-Mardrus, Myriam Harry et quelques autres se plaisent, toutes voiles dehors, à jouer les échappées de harem et à prendre le thé en plein Sahara...

Quelque temps après leur retentissant mariage, le prince et la princesse Georges Ghika débarquent à Alger et s'installent à l'hôtel Saint-Georges. Liane demande immédiatement du papier à lettres et écrit à son fils :

« *Mon cher enfant*

(...) Je pars à Marseille, la mer se démonte, traversée horrible, mal de mer affreux. Je m'installe ici, pluie, orage, tonnerre ! tremblement de terre ! Enfin, tout s'arrange dans la nature, et j'espère qu'entre toi et moi, tout s'arrangera, pas de biais, pas de mensonges, pas de coups montés. Mène ta barque à ta fantaisie, compte sur moi, comme sur le meilleur de tes camarades, et sois pour moi d'un contact sûr et pas trop lourd (...)

(...) Je suis de ton avis, je préférerais les pays chauds, mais je ne te conseillerai jamais. Au moment où c'était mon droit et mon devoir de te conseiller, tu ne m'as pas écoutée, maintenant, tu es assez grand pour te diriger toi-même.

(...) Tu comprends que c'est mieux pour moi et mon mari de voyager, ainsi que pour sa famille, Paris ne respecte rien et on y fait tant de faux potins.

(...) Mon mari t'envoie sa plus grande sympathie et moi, mon petit chéri, un grand, grand baiser de tout mon cœur.

Petite mère

Marie. »

Les raisons que Liane donne à son fils pour expliquer cette fuite en Algérie sont vraies. La vie à Paris n'était plus possible pour le couple qui devait, avant tout, se faire oublier. Personne ne veut admettre que la princesse Georges Ghika a remplacé Liane de Pougy. La « croqueuse de diamants » a pris sa retraite. Les diamants sont au coffre. Après les éclats de la courtisane, la princesse s'efforce de se montrer un modèle de discrétion. L'Algérie forme un décor idéal pour son apprentissage de noble dame...

En Algérie, les Ghika ne débarquent pas en terre inconnue. Ils y ont déjà des connaissances, et même des amis comme Raoul de Galland, le fils du maire d'Alger, ou le peintre Georges Rochegrosse et sa femme Meryem.

Liane et son mari ne tardent pas à quitter l'hôtel Saint-Georges pour s'installer dans les environs d'Alger. Georges en informe aussitôt sa tante Jeanne :

Chère tante

Je t'envoie quelques cartes qui te donneront une idée de mon vieux palais arabe d'Alger. Ceci est une vue générale de la maison et de la campagne qui l'entoure. Campagne où croissent grenadiers, néfliers, orangers, figuiers, lauriers-roses. Des oliviers aussi (...) Mon adresse : Campagne Mahieddine, Fontaine bleue, Alger.

Autant Liane, dans ses lettres, ne cesse de parler de son mari, Georges évite soigneusement d'évoquer son épouse quand il écrit aux membres de sa famille. L'hostilité des Ghika n'affecte pas trop Liane toute à la joie d'habiter « *un véritable palais des Mille et une nuits,*

(...) c'est là que se passa notre lune de miel. Décor merveilleux, fantastique, rêve oriental. J'avais acheté pour Georges un superbe narghilé tout en argent niellé et en pierreries (...) Nous avions, et pour vingt ans, loué cette ruine magnifique (datant des Turcs, 1450 à peu près) afin d'abriter dignement ce narghilé. Le maire d'Alger, le vieux savant, papa de Galland, avait fait de belles conférences sur cette maison, sur ses colonnes d'un style si pur, sur ses faïences de Delft, sur ses carreaux hispano-mauresques ».

Après avoir incarné à la scène les reines d'Orient et les prêtresses hindoues, Liane peut jouer, au naturel, les Shéhérazade. Elle ne s'en prive pas. Pour compléter l'illusion, elle s'entoure de petites servantes recrutées sur place : Fatoum qui a des dents étincelantes et qui porte le turban, Zorah, « *pauvre gosse, petite âme brune, orgueilleuse et rêveuse d'impossible* », et sa préférée, Halima Larbi : « *Ce que je pouvais remuer en mon cœur de tendresse pour elle est indescriptible.* » Halima a sept ans. Sa beauté attire déjà les regards et particulièrement ceux de l'actrice Réjane qui, en tournée en Algérie, vient goûter chez Liane et dit à Halima, en désignant un plateau chargé de friandises : « Choisis là-dedans ce qui te plaît, tout ce qui te plaît, je me servirai après. » Réjane, l'une des reines incontestées du théâtre, s'incline devant les grâces enfantines d'Halima, complimente Liane pour le choix de ses petites servantes, les splendeurs de sa villa, et l'inaltérable beauté de sa locataire. Liane apprécie, estimant que Réjane a non seulement du génie, mais « un goût infini ».

On n'échappe pas aussi facilement au monde qu'on le croit ! Dès qu'une personnalité paraît à Alger, elle prend le chemin de la Villa Mahieddine où la princesse s'applique à se conduire en hôtesse parfaite, et y réussit.

Quand les visites se font rares, Liane essaie d'en susciter. Elle invite Natalie Barney à venir respirer le parfum des asphodèles : « Le parfum des asphodèles est là... et toute une nature qui embaume et vivifie... C'est si bon de vivre simplement pour vivre, respirer, regarder, et se recueillir. » Tant de simplicité et de recueillement ne serait pas pour déplaire à Natalie qui, pourtant, décline cette invitation, occupée qu'elle est à entreprendre sa plus difficile, et sa plus remarquable conquête, celle de Remy de Gourmont qui passe pour le Montaigne et le Sainte-Beuve de son temps. Il commence à composer pour Natalie ses *Lettres à l'Amazone* qui paraîtront de janvier 1912 à octobre 1913, en livraison mensuelle dans le *Mercure de France*, assurant à leur auteur et à sa muse une célébrité durable dans l'Europe intellectuelle. Natalie devient l'Amazone, comme Liane est devenue la princesse Georges Ghika. A chacune sa métamorphose... Non, vraiment, Natalie ne peut pas abandonner les soleils de la gloire pour le soleil de l'Algérie, et le parfum des asphodèles.

Également sollicité, Jean Cocteau fait la sourde oreille et s'en explique en de charmants billets : « *Que j'aspire à votre paix au centre des olives. J'en suis à cette minute où l'on cherche le meilleur écho avant de pousser son cri. (...) Quelle joie s'il m'était possible de vous rejoindre. Mon cœur vous devine avec de belles tuniques onctueuses.* »

Pour compenser l'absence de l'incomparable Natalie, et de quelques autres chères dames, la princesse exploite les ressources en divertissements folkloriques qu'offre l'Algérie. Ainsi, le vendredi après-midi, elle passe, avec ses petites suivantes, quelques heures au cimetière arabe de Mustapha : « *Là, on s'offrait des glaces parfumées, des fruits et des bonbons. Les femmes s'asseyaient sur les tombes et recevaient comme dans un salon. Point de larmes : c'était la partie de plaisir. Les enfants jouaient et couraient entre les tombes en poussant de frais éclats de rire. On berçait le nouveau-né au chant des mélopées. On potinait, on se disait la bonne aventure, on se disputait. Point d'hommes.* »

Ce « point d'hommes » montre combien Liane savoure, dans une réunion, l'absence d'élément masculin ! Pauvre Georges, dira-t-on ? Pas du tout. Georges est gâté comme un pacha par la sultane Liane. Au narghilé s'ajoutent d'autres cadeaux, des livres que la princesse commande par douzaines en France. Georges et son épouse sont des dévoreurs de livres. Quand ils délaissent les plaisirs de l'alcôve, ils s'adonnent à la volupté de disserter sans fin sur le dernier ouvrage qu'ils ont lu. A la distraction de la lecture, Liane ajoute celle du voyage. Les Ghika descendent vers le sud, le désert, les premières oasis. Ils s'arrêtent à Boussaâda. Sensible aux spectacles de la nature, Liane aime intensément le paysage de Boussaâda, et infiniment moins ceux qui y habitent. Elle essaie de sauver une « admirable petite Fally aux yeux fulgurants, menue et bondissante comme une jeune gazelle », qui danse, déjà, nue devant les étrangers et qui sert de jouet au commandant de la place, après un bon dîner. Cette prostitution enfantine, qui semble admise, révolte Liane qui quitte cet endroit, désespérée : « Je ne puis y penser sans que ma gorge se serre et pour me consoler un peu je me dis : Fally doit être morte. »

Liane revient à la hâte vers son paradis de Mahieddine et essaie d'oublier les petites damnées de Boussaâda. La belle vie reprend, rythmée par les promenades du vendredi au cimetière arabe, ou par des visites inattendues, comme celle de Blanche d'Arvilly que Liane raconte à Marco :

« *L'autre jour, Blanche d'Arvilly (la Gigolette) est venue ici, me faire une visite inattendue. Elle m'a dit t'avoir vu avant ton départ. Je lui ai montré ton joli col que je vais porter cet été sur une robe blanche en pensant à mon aigle et dont je t'ai déjà bien remercié dans une autre lettre. Merci encore de la pensée et du choix qui est d'un goût parfait. (...) Je suis très fière et très contente et nous parlons souvent de toi avec mon cher petit mari qui te trouve épatant.* »

Marco multiplie les exploits, survolant Paris à plus de mille mètres, volant dans un orage, traversant la Manche. « Pourpe fait son Garros », titrent les journaux que Liane lit assidûment. Les prouesses aériennes du pilote y remplacent les prouesses galantes de la courtisane. Signe des temps qui changent : le sport, peu à peu, remplace la galanterie...

En 1911, Georges perd son père. En 1912, la mère de Liane meurt. « *Il paraîtrait qu'elle est morte d'une indigestion de melon. Pauvre maman, gourmande comme une petite fille.* »

Toujours en 1912, un autre malheur, plus supportable celui-là : la venue de la mère de Georges, Mariette Ghika, en Algérie. Mariette qui rompt la loi du silence et de l'exclusion imposée aux Ghika fait enfin connaissance avec sa belle-fille : « On lui avait dit des horreurs (avec treize *r* !) de moi, alors elle m'a trouvée charmante. » Les deux femmes n'en restent pas moins sur la défensive, avec Georges comme enjeu de cette paix armée.

Après le départ de Mariette qui les a invités à un séjour en Roumanie, les Ghika constatent qu'ils se plaisent de plus en plus en Algérie. Forte d'avoir loué pour vingt ans la villa Mahieddine, Liane vend son hôtel de la rue de la Néva, en 1912, au prince Auguste de Broglie-Revel. Survient alors, imprévisible, le spleen, le spleen qui vous agresse en ces pays de soleil : « *(...) en moins de six semaines, un affreux spleen vous prend. On n'a plus de courage pour se lever, s'habiller, pour manger, parler. J'ai ressenti cela cruellement en Algérie où l'éclat même du soleil me faisait horreur.* »

Pour vaincre cette horreur, Georges offre à Liane un couple de levrettes, dont une Lolotte qui sera chérie comme aucune levrette ne le fut jamais. Ni Georges, ni Lolotte ne peuvent guérir le spleen de Liane. Le paradis algérien n'est plus qu'un purgatoire et menace d'être un enfer si l'on s'y éternise. Il faut partir. Les Ghika quittent leur petit palais et leur grand verger sous une pluie battante. Ils étaient arrivés sous la pluie, ils repartent sous la pluie. Liane en a le cœur serré, d'autant qu'elle quitte l'Algérie pour se rendre en Roumanie, chez sa belle-mère dont elle s'est résignée à accepter l'invitation. Le titre de princesse ne vous délivre pas de certaines corvées, ni du spleen...

19

UN COCON À SAINT-GERMAIN-EN-LAYE

(Automne 1913-été 1914)

« Ma belle-mère nous attendait en Roumanie. Nous y fûmes par le chemin des écoliers. Un bateau allemand nous transporta à Gênes. Le modiste Lewis était avec nous. A Gênes nous trouvâmes la comtesse de Radziejowska, ma Yulka, qui ne m'avait pas vue depuis deux ans. Puis nous allâmes seuls à Venise... seuls avec Fatoum, Zorah et nos deux levrettes. Que ces êtres noirs et luisants étaient beaux dans les gondoles sur la lagune dans les teintes grises de cet avril vénitien ! De Venise à Bucarest, via Budapest, à Sinaia où Georges naquit, puis à Moscateni, chez Mariette. Là, la joie fut terminée... On nous parqua, ce fut un régime de criailleries, de grimaces et de bouderies. J'y jouais ma partie comme les autres. Quel cauchemar », raconte Liane qui se souvient de son arrivée à Moscateni où, dès les premiers instants, elle veut éprouver la patience de Mariette : « Madame (elle m'appelle Liane et je l'appelle madame, ne pouvant décemment pas appeler maman une femme qui a à peine dix ans de plus que moi !), madame, j'ai un grand défaut, je fume la pipe. » Mariette flaire immédiatement le mensonge et répond : « Mais tant mieux, tant mieux ! Je préfère de beaucoup l'odeur de la pipe à celle de la cigarette. »

A Moscateni, la princesse douairière se démène avec ses océans de blé, de vignes, de forêts et son armée de serviteurs. D'après Georges, Mariette a choisi comme destinée de faire valoir ses terres et de trouver son bonheur dans l'accomplissement de ce qu'elle considère comme son devoir. Elle règne en despote sur ses domaines, et ses fermiers la craignent. Elle-même est sous la coupe de sa femme de chambre allemande, Thérèse, qu'elle traite avec beaucoup d'égards et à qui elle confie ses secrets. Thérèse, qui n'ignore pas combien Liane est peu aimée par les Ghika, ne cache pas son antipathie pour la créature, la croqueuse de diamants, la gourgandine qui se croit princesse :

« *Quand nous fûmes là-bas en 1913, Thérèse me faisait une sale tête et détournait son visage lorsque je passais. Je dis à ma belle-mère : "Thérèse ne me salue jamais." Délibérément, elle me répondit : "Une femme de chambre ne doit pas saluer." "Fort bien, dis-je, mais elle ne se prête pas à ce que je lui fasse le moindre signe." Aigrement, elle me dit alors : "Il n'est pas besoin de cela." Rentrée dans mes appartements, j'appelle mes propres serviteurs, Halima, Fatoum et Zorah, et je leur dis : "Mes enfants, il ne faut plus jamais saluer Mariette. Je vous le défends. Elle-même vient de me faire entendre que des domestiques bien stylés ne doivent jamais saluer leurs maîtres." Et j'envoie cette peste d'Halima porter un livre à Georges que j'avais laissé au salon avec sa mère. Halima entre, donne le livre à Georges, regarde Mariette et ne bronche pas. Candidement, Mariette demande : "Halima, pourquoi ne me dis-tu pas bonjour ?" La petite répond : "Mahalena (c'est moi) vient de me le défendre" et sort dignement. Mariette se mordit les joues, signe de rage, et Georges vint me demander l'explication que je lui donnai assez brutalement.* »

Entre la belle-mère et la belle-fille, les escarmouches sont quotidiennes. Une fois pour toutes, Liane a décidé de régler sa conduite sur celle de Mariette. Quand Mariette est agréable, Liane l'est. Quand Mariette est désagréable, Liane l'est aussi. Dans ces conditions, l'été 1913 sera le premier, et le dernier, que la princesse Georges Ghika passera à Moscateni, où sévissent les moustiques, les fièvres, Mariette et Thérèse.

A l'automne, quand Georges et Liane regagnent la France, ils décident de fuir à nouveau Paris et de cacher leur bonheur à Saint-Germain-en-Laye. Liane y acquiert le pavillon de Noailles : « C'est une belle vieille partie du château que le duc de Noailles s'était fait construire sous Louis XIV alors qu'il était gouverneur de Saint-Germain. J'ai un hectare et demi de parc bien dessiné, reste du goût de Le Nôtre ; le bâtiment par Hardouin-

Mansart. J'ai deux arbres historiques et classés : un cèdre et un hêtre pourpré du Japon. »

Liane aime les arbres. Elle s'est toujours plus facilement recueillie dans les forêts que dans les églises. Le cèdre et le hêtre pourpré du Japon effacent peu à peu le souvenir des arbres du paradis algérien, les grenadiers, les néfliers, les oliviers.

A Saint-Germain-en-Laye, Liane aménage pour elle, et pour Georges, un cocon douillet et élégant, un autre paradis où ne sont admis que quelques rares élus comme Natalie Barney ou Jean Cocteau. La princesse préserve son bonheur, évite les mauvaises rencontres avec les témoins de sa vie passée. Elle vit résolument dans le présent, dans une lune de miel qui continue. On a l'impression que si Chéri avait épousé Léa de Lonval, son mariage aurait été aussi réussi que celui des Ghika ! C'est à se demander si Colette n'a pas recueilli, grâce à Natalie Barney qui compte parmi ses proches amies, des détails très intimes sur le ménage Ghika pour composer son *Chéri*. Léa, comme Liane, possède un hôtel particulier, aime la « cuisine réfléchie », les perles, le rose, le blanc, le bleu, le beau linge. Comme Liane, Léa cache sa date de naissance, mais avoue volontiers, en regardant Chéri comme Liane regarde Georges, « qu'elle atteignait l'âge de s'accorder quelques petites douceurs ».

Georges et Chéri ont en commun une même beauté, le goût de se promener nus dans leur chambre. Ils aiment également une femme plus âgée, assurés qu'ils sont de trouver auprès d'elle compréhension et indulgence à leur persistante faiblesse d'enfant gâté. Léa traite parfois Chéri de « nourrisson méchant ». Liane n'en est pas encore là... Quand *Chéri* paraîtra en 1920, Liane trouvera ce roman exécrable, indigne du talent de Colette. Son aversion pour *Chéri* en dit long...

Comme Léa, Liane craint que ce bonheur ne dure pas. Le 1er janvier 1914, la princesse établit un bilan positif, trop positif estime-t-elle, de la vie qu'elle mène alors : « La vie est trop belle. Cela ne peut pas durer. Ça n'est pas dans l'ordre des choses. Georges m'aime, on se porte à peu près bien, mon fils nage dans la gloire[1], j'ai des amis charmants, presque assez d'argent. Tout ce qui changera abîmera ça. »

Le 16 janvier 1914, paraît dans le *Mercure de France*, un poème de Georges Ghika inspiré par la sieste de Liane. Il s'intitule *Sommeil d'après-midi* et se termine par les vers suivants :

Il n'y a plus
de parades cruelles, de dents aiguës,
aiguës
mais pour sourire
par-dessus les êtres agenouillés et par-dessus l'amour,
mais pour sourire à ton sourire
qui t'enivrait comme
le jour.
Il n'y a plus que toi qui as voulu dormir.
Il n'y a plus sous le soleil,
sous le soleil largement ouvert depuis longtemps,
que cet accablement
et cette réalité de ton sommeil.

Quatre ans après leur mariage, Liane inspire encore à son mari de beaux poèmes et de vifs désirs. Georges et Liane traversent alors l'existence comme deux dormeurs engourdis par le bon usage des plaisirs les plus simples, comme la sieste, et l'amour avant la sieste. Une vie de rêve. Ils ne sont pas les seuls à partager ce rêve, et à en craindre le réveil. La France entière, elle aussi, somnole, prise aux pièges de la Belle Époque qui se termine irrémédiablement, sans que personne ne s'en rende compte, le 28 juin 1914 quand l'archiduc héritier d'Autriche, François-Ferdinand, et sa femme sont assassinés par un étudiant serbe à Sarajevo. Le 3 août, l'Allemagne déclare la guerre à la France.

---

1. Pendant l'année 1913, Marco multiplie les raids retentissants à Colombo, Calcutta, Rangoon, Singapour, Shanghai et Saigon. La presse internationale en rend largement compte.

20

MORT D'UN FILS
ET NAISSANCE D'UNE MÈRE

(Août 1914-novembre 1918)

C'est la guerre. Tocsins, tambours, tumultes. Liane n'en croit pas ses yeux, ni ses oreilles. Elle considère cette déclaration de guerre comme une offense personnelle, une entrave au bon plaisir et aux bonnes relations qu'elle entretenait avec certains membres de la noblesse européenne. Que feront, dans la tourmente qui s'annonce, Roman Potocki ou Yulka Radziejowska ?

Jusqu'à ce 3 août 1914, l'Allemagne n'était qu'un vivier de barons et de banquiers jetant l'argent par les fenêtres, et les diamants aux pieds des courtisanes. Ruiner un baron, ou un banquier allemand, c'était une façon comme une autre de participer de cet esprit de revanche que nos militaires battus avaient insufflé au reste de la France.

Fille, sœur, épouse de militaires, Liane, née le 2 juillet 1869, juste un an avant le désastre de Sedan, connaît toutes les horreurs accomplies par les Prussiens pendant la guerre de 1870 : mains coupées, yeux crevés, familles entières brûlées vives dans les caves où elles s'étaient réfugiées, femmes violées... La princesse Georges Ghika ne peut imaginer un seul instant que ces horreurs puissent recommencer.

En ce 3 août, la princesse est à Roscoff en compagnie de son époux et de son fils. Il n'y a rien à craindre pour Georges qui, trop frêle pour faire un soldat, a été dispensé du service militaire lors du conseil de révision. Marco a également été réformé pour insuffisance thoracique. Mais Marco, qui est assis au pied du lit de sa mère, appartient à la génération qui garde les yeux fixés sur la ligne bleue des Vosges et ne songe qu'à reconquérir l'Alsace et la Lorraine. Il court s'engager, malgré les supplications de Liane. Il ne veut pas figurer parmi ceux que l'on appellera plus tard des « embusqués ».

Ce 3 août 1914, une mère naît qui aurait dû naître en

même temps que son fils Marc, le 18 mai 1887. Comme le temps passe et que de temps perdu ! « J'ai été mère dans la douleur. » Douleur d'avoir été si peu maternelle avec un Marco trop longtemps abandonné et qui maintenant abandonne sa mère pour courir à la guerre.

Les Ghika quittent Roscoff pour Saint-Germain-en-Laye. Liane transforme son pavillon en une infirmerie où ne tardent pas à arriver les premiers blessés.

Le commandant d'armes de Saint-Germain, Cavillon, qui a fait une partie de sa carrière en Algérie avec Pierre Chassaigne, se présente à la princesse Ghika comme un ami de son frère Pierre, et dit : « Votre fils n'est pas au front, il est à Saint-Cyr. Prenez mon auto et son conducteur et allez l'embrasser. » Liane accepte cette proposition en pleurant de joie. Elle se précipite à Saint-Cyr en ce 21 août et y embrasse Marco, en espérant que ce n'est pas pour la dernière fois. Espoir déçu. Marc Pourpe tombe au champ d'honneur, le 2 décembre 1914, à midi.

Ce même jour, à la même heure, la princesse est dans la rue, à Saint-Germain-en-Laye. Elle éprouve une douleur d'entrailles tellement vive qu'elle craint de tomber. Elle se traîne jusqu'au pavillon de Noailles et se couche. A 6 heures du soir, le téléphone sonne. Georges qui est au chevet de Liane, toujours en proie à un inexplicable malaise, descend, et remonte blême.

« On m'appelle à la mairie, tout de suite.

— Pourquoi ?

— C'est au sujet de Marco.

— Il est mort ?

— On ne le dit pas. Il a eu un accident.

— Va vite, vite. »

Georges va aussi vite qu'il peut et revient porteur d'une affreuse nouvelle qu'il n'a même pas à formuler. En l'apercevant, Liane crie : « Mort ? — Oui. — Pauvre gosse », répond Liane. « Et ce fut tout ce que je pus dire. Tout était crispé, noué en moi. Pas de larmes... pas de cris... courbée, voûtée, je ne pouvais me relever. Hantée par le chagrin et les regrets de toutes sortes, j'ai agonisé pendant quinze mois, j'ai failli en mourir. »

On ferme l'infirmerie du pavillon Noailles et Liane,

frappée d'anorexie, doit entrer dans une maison de santé. Georges remue ciel et terre pour la sauver :

« *Pendant la maladie qui m'emportait, — je puis le dire puisque je maigrissais à ne peser que 42 kilos —, Georges a fait venir près de moi quarante-trois docteurs, des grands, des maîtres, des professeurs, des spécialistes, des bons petits de quartier où nous traînions notre misère morale et ma déchéance physique. Ce sont les plus petits, les plus obscurs, qui m'ont soulagée et mise dans le chemin de la convalescence.* »

Dans ses efforts pour arracher son épouse à la mort, Georges est aidé par Natalie Barney qui, elle aussi, veut sauver Liane, sa Liane. Georges, Natalie et les médecins mènent la princesse sur le chemin de la convalescence, un chemin qui conduit à l'hôtel Majestic.

En ces temps de pénurie et de privations, il y a dans Paris quelques endroits privilégiés où l'on ignore la guerre, comme le Ritz, le Meurice ou le Majestic. Les Ghika passent ces noires saisons au Majestic où ils reçoivent leurs amis et retrouvent Louise Balthy, qui est « l'animation et la gaieté de tout l'hôtel ». Ils y rencontrent aussi d'autres Ghika : « *Le prince Grégoire Ghika, sa femme et son chien, y étaient en même temps que nous, ce qui créait des confusions dans les visites et les correspondances. Lui, c'est un grand seigneur, laid, caricatural, mais de noble allure. Ses manières envers moi furent parfaites (...) et presque affectueuses. Elle, Marguerite, grosse, bourgeoise, pinçait son énorme bec et détournait dédaigneusement la tête lorsqu'elle me voyait.* »

La courtoisie de Grégoire, le dédain de Marguerite amusent Liane qui reprend goût à la vie et s'émeut de la passion que Georges et Natalie mettent à l'arracher aux ténèbres.

On commence à murmurer face à cette interminable boucherie qu'est la guerre de 1914-1918. Natalie qui a refusé de quitter la France dans le malheur, ce pays où elle a connu tant de bonheurs, est l'une des premières à ouvrir son salon aux pacifistes.

Au Majestic, pacifistes et bellicistes s'affrontent aussi.

L'alerte met fin à leurs discussions. On descend à la cave. Quand on remonte, on compte les morts. Les chroniques nécrologiques envahissent les journaux et c'est ainsi que Liane apprend la mort, en 1916, de son cher Roman Potocki, qui, en Pologne, n'a pas survécu à la dévastation de son château de Lancut...

Pendant l'été 1916, Liane oublie ses propres ennuis de santé pour veiller sur Georges que l'on doit opérer de l'appendicite, à Neuilly, à la clinique Hartmann. Pendant l'opération, incapable de tenir en place, la princesse erre dans les rues de Neuilly, avec l'intention de se suicider. Elle rencontre, par hasard, Coco de Madrazo qui comprend la gravité de la situation quand il voit son amie sans chapeau. On sait qu'à l'époque, et dans les circonstances les plus critiques, une dame gardait toujours son chapeau. Coco empêche Liane de prendre sa potion de laudanum par cette simple constatation : « Ce n'est pas la peine de te suicider. Nous sommes tous plus ou moins morts. » Convaincue par ce raisonnement, Liane retourne à la clinique pour assister au réveil de Georges.

La princesse emmène son époux passer sa convalescence au Clos Marie. Elle se trouve gare Montparnasse, attendant le train pour Roscoff, quand lui parvient une lettre de Raoul Lufbéry, « l'as des as américains », qui fut le mécanicien, et l'ami, de Marco. C'est tout un passé qui assaille Liane :

« *En août 1916, j'étais à la gare Montparnasse, (...) lorsqu'on me remet mon dernier courrier arrivant avec mes bagages. Il y avait une sale petite lettre jaune, pliée et chiffonnée, venant des armées, sans timbre, avec l'adresse au crayon. Je l'ouvre... et l'éblouissement commença à rayonner en moi et tout autour : "Madame je viens de venger Marco, en trois jours, j'ai abattu cinq avions boches !" (...)*

Le 14 mai 1918, j'étais à Roscoff ayant fini par fuir Paris, les gothas, les alertes et les descentes à la cave. Mon Raoul vint me voir, il resta deux jours près de nous. Le petit pays le fêta, les riches lui offrirent le champagne, le madère, les pauvres un verre de cidre, les jeunes filles des fleurs. Notre petit Clos ressemblait à une serre odorante. Raoul s'intéressait à tout, aux usages, aux plantes, aux maisons, etc. Ah ! je sentais quelque chose en moi qui me fit garder le verre où il avait bu, l'interroger sur mille détails de sa vie et celle de Marco, lui montrer ma tendresse à l'étouffer. Je me souviens, il me dit : "Je ne voudrais pas mourir avant la fin de la guerre", puis encore qu'il voulait accomplir ce que Marco avait décidé de faire aussitôt la paix signée : Paris-Pékin en s'arrêtant dans dix-neuf grandes villes ou capitales. »

Ce projet ne verra pas le jour. Le 19 mai 1918, Raoul Lufbéry et son appareil sont abattus en plein ciel, près de Tours. Nouveau deuil pour Liane qui avait cru retrouver en Raoul un peu de Marco...

Quand, un peu plus tard, le 11 novembre, la guerre s'achève enfin, Liane a exorcisé le fantôme de son fils, son « aigle chéri ». A un autre ami de son fils, Jacques Mortane, elle avait promis : « Je quitterai le deuil de Marco le jour où la France, victorieuse, dictera ses conditions à ces infâmes barbares. »

Ce jour est enfin venu. Cloches, tambours, tumultes. La guerre est terminée. Liane n'en croit pas ses yeux, ni ses oreilles.

21

UNE JEUNE SÉDUCTRICE DE CINQUANTE ANS

(1919)

Le 11 novembre 1918, Liane se demande si elle a vraiment vécu ces années de cauchemar, qui se terminent heureusement par la victoire de la France et de ses alliés. Victoire qui s'accompagne d'une contrariété : l'hôtel Majestic est réquisitionné pour la Conférence de la Paix qui commence, à Paris, le 19 janvier 1919. Adieu Majestic, les Ghika sont désolés de quitter ce havre :

« *Nous partions forcés, en disant presque avec les larmes : "Ah ! quand nous rendra-t-on notre beau Majestic ?"* »

Une consolation à cette perte : en revenant au pavillon de Noailles, la princesse sera voisine de son nouvel ami, Salomon Reinach, conservateur du musée des Antiquités nationales à Saint-Germain-en-Laye, et membre de l'Institut. C'est pour aider Liane à supporter la mort de Marco que Natalie Barney a conduit au Majestic son ami, le savant Salomon, qui est alors extrêmement célèbre. Passionné par l'histoire des religions, la philosophie, l'archéologie, la poésie, la grammaire, il est présenté comme le dernier des encyclopédistes ou un nouveau Pic de la Mirandole. Il a une faiblesse cependant : il vénère le personnage de Pauline Tarn, donc, l'œuvre de Renée Vivien. C'est pour en savoir plus sur Pauline et sur Renée qu'il a voulu faire la connaissance de Natalie, puis de Liane. Il manifeste pour ce qu'il nomme l'« île », Lesbos, une insatiable curiosité. Ses questions portent Liane et Natalie aux plus précises réponses. Bien qu'il y ait une légitime Mme Salomon Reinach, trop légitime pour frayer avec ces déclassées que sont une courtisane-princesse et une Amazone, Salomon « ne connaîtrait des femmes que la nudité des statues »...

Quand il n'est pas là, Liane et Natalie se rient de Salomon et de sa prétention à être admis sur l'« île ». Quand il est là, elles affectent le respect des ignorantes face au maître qui sait tout. L'austère Salomon entretient avec ces deux nymphes des rapports à la fois chastes et passionnés. Il s'émerveille d'être intime avec les deux plus illustres représentantes de Lesbos ! Quand il était étudiant, il allait au bois de Boulogne pour admirer Natalie, en amazone, sur sa jument blanche. De la princesse Georges Ghika, il ne connaît que ce que les journaux de l'époque racontaient sur Liane de Pougy :

« Qui m'eût prédit, quand je ne connaissais que votre pseudonyme de théâtre, la place que vous deviez occuper dans une vie ascétique et laborieuse jusqu'à l'uniformité ? Et quelle succession de hasards étranges ! Le désir de voir un vase grec m'amène en 1888 chez Mme Beulé ; j'y rencontre Charlotte Laissier, veuve depuis quelques mois, et me lie avec elle. Cinq ans après, elle se remarie et devient Mme de La Redorte ; nous restons liés. En 1910, alors que je refuse toute invitation, j'accepte pourtant un jour de dîner chez elle avec Mme de Brimont ; je me lie avec elle. Quatre ans après, je la mène au Salon ; elle me cite des vers de Pauline, j'achète ses volumes et les dévore. Mme de Brimont me mène chez Flossie, qui me révèle l'*Idylle saphique* ; je veux voir Annhine[1], je lui écris deux mots après l'avoir vue — et je reviens, on s'écrit, on ne cesse plus de s'écrire. Ainsi, en remontant le cours des années et des hasards, c'est à un vase grec que je dois de vous connaître. Introducteur dont vous étiez digne et qui me convient[2]. »

Sans le savoir, Salomon est amoureux de Liane. On peut être membre de l'Institut et ne pas voir clair dans son propre cœur. Jusqu'à son dernier soupir, il essaiera de savoir, sans y parvenir, si Liane ressemble à une déesse grecque ou à Diane de Poitiers ! Parfois, n'en pouvant plus de cette insupportable hésitation, il décrète que Liane ressemble à une Vierge de Raphaël. Flattée

1. Nom du personnage de Liane dans l'*Idylle*.
2. *Lettres à Liane de Pougy*, de Max Jacob et Salomon Reinach, Plon, 1980.

par ces ressemblances, Liane trace elle-même son autoportrait, ce 24 août 1919 :

« Grande et le paraissant plus encore : 1,68 m, 56 kilos tout habillée. Longiligne, cou long, ovale plein, mais allongé, assez parfait, bras longs, longues jambes. Teint uni, grain de la peau très fin, couleur mate. Je me mets du rouge très peu, cela me va bien. Bouche assez petite, bien dessinée, dents superbes. Mon nez ? On dit que c'est la merveille des merveilles. Petites oreilles en jolis coquillages, presque pas de sourcils, alors, un petit trait de crayon selon ma volonté. Yeux vert noisette, joliment dessinés, pas très grands, mais mon regard est grand. Cheveux bien plantés, très fins, incroyablement fins, d'une jolie couleur du marron luisant des châtaignes. Presque pas de cheveux blancs. »

Salomon Reinach ne peut qu'approuver cet autoportrait d'une jeune séductrice de cinquante ans. En 1919, Liane vit un nouvel apogée. Pour son anniversaire, en plus des cadeaux habituels, elle a reçu de Georges une déclaration d'amour qui montre « à la postérité ce qu'une vieille dame comme moi peut inspirer encore, après douze ans d'union, à un jeune mari si épatant, ça me flatte... sans me rassurer ». Celle qui, par coquetterie, se désigne comme une « vieille dame » en sachant bien qu'il n'en est rien, s'empresse d'ajouter : « Georges et moi, on est deux petites bêtes unies. »

Aux veilles de son cinquantième anniversaire, le 1er juillet 1919, Liane, sur les instances de Georges et de Salomon, commence son journal sur un cahier bleu, puis sur un autre, et encore un autre, formant ainsi ce qui deviendra un livre : *Mes cahiers bleus*.

C'est après avoir lu le *Journal* de Marie Bashkirtseff que Liane, à son tour, a eu envie de noter, au jour le jour, ses impressions et ses souvenirs. Dès les premières pages de ce journal-miroir, elle constate : « Je contemple mon passé, je revois le Bien et le Mal. Georges me donne un présent détendu, intelligent et harmonieux. Je ne créerai plus rien. C'est la félicité des biens acquis ; c'est le commencement de la fin. »

C'est surtout le commencement d'une œuvre, *Mes*

cahiers bleus, qui, dès sa publication posthume, en 1977, passera à la postérité. Les critiques ne s'y trompèrent pas qui, comme Matthieu Galley dans *L'Express* du 23 janvier 1978, qualifiait ces *Cahiers* de « document inestimable ». Ainsi, quand Liane écrit : « Je ne créerai plus rien », elle ignore qu'elle crée une œuvre qui la place d'emblée parmi les grands mémorialistes de notre siècle. En 1919, face à son cahier bleu, elle montre des hésitations de débutante, lit certains passages à Georges et à Salomon qui lui prodiguent admiration et encouragements.

Salomon a la plus heureuse influence sur Liane, qu'il guide dans ses lectures. La princesse passe, avec aisance, de Paul Bourget à Paul Morand. Un Morand qu'elle apprécie depuis qu'elle a lu sa première nouvelle, *Clarisse*, publiée en 1917 par le *Mercure de France*.

En quatre ans de guerre, tout a changé : la littérature, la musique, les mœurs, et les fortunes aussi. En quatre ans, les ressources de Liane ont diminué. Sa rente allemande ne rapporte plus rien, les valeurs qu'elle avait accumulées en un épais portefeuille ont baissé et les prix ne cessent d'augmenter.

Avant la guerre, Liane payait une livre de beurre 1,40 franc, il lui faut débourser 9 francs en 1919. Elle payait sa cuisinière 100 francs par mois. Elle doit en donner 300. Le reste à l'avenant... La princesse ne peut plus se permettre le train de vie de la courtisane : « Je reçois largement, mais modestement mes amis. Autrefois, je leur servais des paons parés de leurs plumes, d'exquis foies gras, du champagne. Maintenant tout est combiné, compté et préparé avec gentillesse, mais économie, car le change ruine mon mari et enrage ma belle-mère qui serre les cordons de la bourse. »

Le vendredi, à Saint-Germain-en-Laye, la princesse fait elle-même son marché en compagnie de ses servantes, ramenées d'Algérie, Fatoum et Zorah. Elle accomplit cette corvée, sans se plaindre. Au contraire. Les cris, les mouvements, les bousculades du marché de Saint-Germain-en-Laye l'amusent. Elle rapporte joyeusement son butin à la maison où elle joue un rôle inattendu, celui de ménagère qu'elle interprète avec enthousiasme : « Les choses qui devraient m'ennuyer, que je suis forcée de subir, je mets toute ma volonté à les faire avec enthousiasme. »

Cet art d'affronter l'ennui de certaines contrariétés quotidiennes que Liane désigne par « M de C » ou « Méchanceté des choses », c'est à Reynaldo Hahn qu'elle le doit.

Un soir qu'ils dînaient ensemble, en tête à tête, et que Liane dédaignait de s'occuper du menu, Reynaldo, pas fâché de donner une leçon à son amie, avait longuement, soigneusement, passé la commande, en expliquant les raisons de sa minutie : « Vois-tu, Lianon, pour bien vivre, il faut tout accomplir avec tout l'enthousiasme que l'on peut avoir en soi : étudier, parler, manger, etc. » Liane affirme n'avoir jamais oublié la leçon et en avoir fait une règle de conduite. Voilà pourquoi, aujourd'hui, la princesse peut, sans se plaindre et sans déchoir, faire son marché à Saint-Germain-en-Laye, en bénissant Reynaldo qui a passé la guerre sur le front, d'où il est revenu caporal. « Reynaldo, mon amour », caporal ! Vraiment, la guerre a tout changé, y compris les mentalités puisque le musicien, jugeant le mariage de Liane avec plus d'indulgence, a repris sa correspondance avec Madame Une-Seule-Fois.

Le vendredi, au retour du marché, les portes du pavillon de Noailles se ferment sur un bonheur à trois : Liane, Georges, et Lolotte, la levrette : « Nos amis parfois s'étonnent de la grande solitude où nous vivons. » Une solitude relative. Jean Cocteau vient souvent, entraînant des amis à sa suite. Natalie Barney est assidue à montrer ses conquêtes passagères qui mettent de l'animation, et ses conquêtes plus durables comme le peintre Romaine Brooks, ou Élisabeth de Gramont, duchesse de Clermont-Tonnerre. Cette dernière devient vite pour Liane « la duchesse », puis « la duchesse Allégresse », et enfin, « ma chère Lily ».

Née en 1875, fille du duc de Gramont et de la princesse de Beauvau-Craon, Élisabeth a épousé en 1896 Philibert, duc de Clermont-Tonnerre, dont elle divorcera en 1920. Elle a l'air d'un Gainsborough qui aurait lu Sapho et Mallarmé. Elle écrit et Marcel Proust s'écrie : « Vous êtes un adorable écrivain ! » Pour un grand dîner que l'on doit servir chez les Guermantes, Proust consulte la duchesse sur la « rigidité » des asperges d'Argenteuil, et sur la sauce qui doit les accompagner [1]. Élisabeth, qui publiera, l'année de son divorce, l'*Almanach des bonnes choses de France*, donne à Marcel les précisions qu'il souhaite.

Liane, Élisabeth, Natalie et Georges forment un plaisant quatuor qui discutent à perte de vue des bonnes choses de France. Quand Salomon survient, le quatuor se change en quintette et la conversation s'oriente vers l'« île ».

Pendant l'été 1919, Liane lit *Le Potomak* de Jean Cocteau. Elle en admire les nouveautés avec Georges et Élisabeth. Natalie et Salomon rechignent et ne partagent pas cette admiration. Ce qui n'empêche pas Liane d'avoir ce joli mot : « En ce moment, nous sommes tous encoctoqués. »

C'est vraisemblablement par Jean Cocteau que les Ghika ont connu Max Jacob, qu'il a peut-être présenté selon la définition qu'il aime en donner : « Max cocasse et magnifique comme le rêve. » Il arrive rarement que Max Jacob et Salomon Reinach se rencontrent chez la princesse. Ce trio pourrait fournir à un sculpteur d'allégories un motif d'inspiration : la poésie (Max) et l'érudition (Salomon) soutenant la beauté (Liane).

Moins soumis que Salomon, et moins amoureux puisqu'il préfère les garçons, Max supporte mal la tyrannie que Liane exerce sur ses amis qui doivent être parfaits. Il admet volontiers ses imperfections et voudrait que Liane reconnaisse les siennes. Dialogues de sourds quand ils sont ensemble. Dialogue céleste quand ils sont séparés. Max et Liane sont deux grands épistoliers. Chacun envoie à l'autre des lettres qui tendent vers cet idéal que suscitent l'absence et la distance.

Pendant vingt ans, le poète et la princesse vont corres-

1. *Correspondance de Marcel Proust*, Plon, 1991, t. XIX, p. 334.

pondre. « Le Poète et la Princesse », ne dirait-on pas le titre d'un conte d'Andersen ou d'une mélodie de Schubert ? Comme dans un conte, ou dans une mélodie, c'est le poète qui séduit intellectuellement la princesse et l'entraîne vers les monts et les merveilles d'un quotidien qu'il sublime. Prêtre manqué, Max Jacob trouve en la princesse une pénitente de choix. Il multiplie les sermons, veut être son directeur de conscience. Comme Liane doit être rassurée quand elle lit sous la plume de son ami cette définition d'un monde qu'elle s'efforce de quitter : « Vous savez bien ce que je veux dire par le monde, ce sont des maisons où l'on va sans amitié, sans plaisir et sans même utilité. »

Max Jacob s'applique, de son propre aveu, à être « un petit saint plein d'onction ». Il pense que sa conduite est aisément imitable et lance à sa « belle et bonne princesse », cette pressante invitation : « Pourquoi ne seriez-vous pas une sainte ? Vous en avez l'étoffe. » Liane qui, toujours sur les conseils du poète, découvre un livre qui sera l'un de ses livres de chevet, l'*Imitation de Jésus-Christ*, est perplexe. Et si Max avait raison, si elle avait l'étoffe de cette sainte aperçue en songe par Mme Chassaigne alors qu'elle était enceinte ? La princesse se borne à constater : « J'ai besoin de Dieu. Je le cherche et je sens qu'il m'a envoyé de grandes épreuves pour me ramener à Lui. » Elle se contente de rendre grâce à ce Dieu qui l'a comblée de tant de dons et l'a conduite à cette félicité qui est la sienne, à Saint-Germain-en-Laye, en cet été 1919. Félicité renforcée par le sentiment du malheur qui aurait pu être le sien : « *J'ai rencontré tantôt, en cherchant des gardiens, une drôle de petite concierge, jolie, rosée, avec des yeux noirs très doux et des cheveux très blancs. Elle fut aimée et courtisée, tint le haut du pavé sur le trottoir parisien, a perdu un ami sérieux et s'est échouée là, dans la rue de Pontoise où elle est concierge depuis dix-sept ans avec sa vieille mère, vivant misérablement dans une petite chambre. Mon Dieu ! Je fais un retour sur moi-même, et je frémis, et je vous remercie.* »

Liane songe à ces rencontres qu'elle faisait autrefois,

en compagnie de Valtesse, avec ces anciennes reines galantes du Second Empire métamorphosées en déchets de ruisseau. On comprend sa gratitude envers un Dieu qui n'a pas voulu qu'elle finisse concierge, Liane en frémit, mais princesse, elle s'en réjouit.

La princesse a, comme il se doit, une dame de compagnie, Camille Garat. Les femmes de chambre, les habilleuses de théâtre qui réussissaient à conjurer cette « Méchanceté des choses » tant redoutée, ont été remplacées par une seule et unique personne, Camille, qui « *accomplit sans cesse avec bonne humeur mille petits gestes qui assurent notre confort. Elle a ses travers : elle parle fort, mal, est brouillon, souillon, potinière mais la religion la fait réfléchir et l'améliore. Elle a beaucoup lu mais a assimilé ses lectures de la plus cocasse façon. Rien en elle ne pénètre profondément. Nature enfantine, elle prend tout légèrement, même les pires tragédies. Elle a de la drôlerie, de l'esprit, du bon sens et de l'astuce. J'aime bien ma Camille. (...) Elle adore les pâtisseries et se bourre de gâteaux avec une avidité jamais satisfaite. Max Jacob lui a fait bien plaisir hier en lui disant qu'on mangeait des gâteaux au paradis* ».

Quand Liane et Max se disputent et se fâchent — et cela arrive assez souvent en une même journée —, c'est Camille Garat qui joue les bons offices entre la princesse et le poète.

Tout va donc pour le mieux en cet été 1919, le premier été de la paix retrouvée, quand, à l'automne, la « Méchanceté des choses » se manifeste avec une intensité aiguë : on doit opérer Georges d'un calcul de l'uretère.

C'est Hartmann en personne qui officie en sa clinique de Neuilly, c'est lui qui avait déjà opéré Georges de l'appendicite en 1916. Hartmann en qui l'on a toute confiance et qui continue à faire crédit puisque l'opération de 1916 n'a pas encore été réglée. On compte sur la générosité de Mariette pour y pourvoir. Mariette s'y refuse. Qu'importe, l'opération réussit. Hartmann est radieux, Georges est magnifique, Liane pavoise et transforme l'intervention en une cérémonie mondaine. Précédé par une énorme gerbe d'énormes roses, Henry

Bernstein arrive, accompagné de la couturière Gabrielle Chanel. Sacha Guitry, Jean Cocteau et Reynaldo Hahn envoient des pneumatiques. Salomon Reinach est pendu au téléphone. On comprend que devant un tel afflux, une telle publicité, Hartmann fasse crédit aux Ghika...

Georges, comme son frère Henri, vit sous la complète dépendance financière de Mariette qui leur verse, petite somme par petite somme, une rente de 30 000 francs par an alors qu'ils ont été élevés « sur le pied et avec les goûts de 300 000 francs de rente ». C'est Liane qui, d'année en année, règle la différence. Ce qui ne va pas sans tension entre belle-fille et belle-mère. Cette dernière, tant que dure le séjour de son fils à la clinique, arbore une robe noire à pois blancs. Quand elle la quitte, enfin, Liane remarque : « Cette nouvelle robe est bien mieux que votre vilaine robe à pois. » Offusquée, Mariette répond : « Elle m'est légère et commode pour la chaleur, et puis, elle ne m'a coûté que 40 francs. » La princesse douairière n'est pas sans savoir que sa belle-fille qui crie misère se commande, chez Poiret, des robes de 2 000 francs.

Pour compenser la diminution de ses revenus, et la pingrerie de Mariette, Liane prend l'habitude de vendre les surplus de ses trésors. Elle se défait de l'un de ses diamants. Elle cède, pour 800 francs, à une antiquaire un petit canevas Louis XIV, tout mangé des mites, qu'elle et Georges avaient payé 40 francs. La vente a lieu en présence de Mariette qui n'a pas regimbé. Autrefois, la princesse douairière aurait hautement protesté à l'idée qu'un Ghika pourrait vendre quelque chose. La guerre a tout changé, sauf l'amour que se portent Liane et Georges.

Dès que son fils est complètement rétabli, Mariette retourne en ses terres de Roumanie. Liane respire et se promet d'être, pour Georges, une mère, une épouse, une sœur et une amante. C'est le moins que l'on puisse demander à une jeune séductrice de cinquante ans...

22

LA « MÉCHANCETÉ DES CHOSES »

(1er janvier-31 décembre 1920)

Le 1er janvier 1920, dès les premières heures de l'année nouvelle, Georges est venu baiser le front, les mains, les pieds de Liane. Le prince avait à son cou une large chaîne d'or avec une médaille où sont gravés ces mots : « J'appartiens à Lianon. » Bijou qu'il porte depuis le début de sa liaison avec Liane, en 1908, voilà exactement douze ans. Si cette chaîne est légère à Georges, elle commence à peser, début 1920, à Liane qui ne fait pas de son compagnon tout ce qu'elle voudrait : « Georges est massif, en pierre. C'est un écueil ; contre lui, tout se brise. J'ai l'air de le mener par le bout du nez, pas du tout. Il exécute ce qui lui va, ce qui concorde avec ses idées, ce qu'il condescend à approuver, mais pour le reste... inutile d'insister. Ni pleurs, ni colères, ni menaces, ni tendresse, ni plaisanterie ou raisonnement. Son entêtement est... inamovible. »

Habituée à manier les hommes comme autant de pantins, Liane est tombée sur un homme, Georges Ghika, en granit roumain. Et c'est sur ce granit qu'elle a bâti un bonheur dont elle remercie Dieu par une vibrante action de grâces, ce Dieu qu'elle retrouve la nuit, dans le silence de sa chambre et non pendant la messe ou la confession, qui ne semblent avoir été inventées que pour ennuyer Liane. « O Méchanceté des choses... » Elle ne regrette pas d'avoir épousé Georges. Au contraire. C'est un « don du Ciel ». Et même, la dévotion évidente que Georges porte à Liane inquiète le raisonnement Salomon Reinach : « *Salomon me parlait du culte que me porte mon mari et tous deux nous constations qu'il me gâte abominablement : c'est vrai. Qui sait pourtant ce que Georges me prépare de peines ?* »

Ces lignes, prémonitoires, ont été écrites par Liane dans son cahier bleu, en date du 1er février 1920. Durant les mois qui suivent, la princesse se fatigue visiblement de cette vénération conjugale. Elle découvre chez son époux des défauts qu'elle connaissait, qu'elle acceptait, mais qu'elle supporte de moins en moins. Par exemple, Georges est tellement lourd et lent que Liane le surnomme, dans son journal, *Lourélan*. C'est assez injuste. Le prince qui mesure 1,71 m et pèse 60 kilos évoquerait plutôt un elfe. Et comme un elfe, il virevolte, il plane, laissant son épouse se débattre avec les difficultés matérielles de l'après-guerre.

Le cahier bleu tourne au réquisitoire contre Georges qui, fin novembre 1920, n'est plus « *Lourélan* » mais « *Triste Sire* ». Le départ de Fatoum, leur servante qui retourne en Algérie, déclenche un incident :

« *(...) depuis 1916, Fatoum possédait la clef de l'argenterie. Georges vérifie ce compte d'argenterie une ou deux fois par an. Il l'a vérifié il y a cinq mois environ ; et en remontant alors de ce grand travail, il m'a dit : "Il ne manque rien." Or, l'autre jour, avant de remettre cette clef et cette responsabilité à la nouvelle petite, Georges descend, avec ses livres, passe consciencieusement quatre heures à tout inscrire et revient en déclarant : "Il manque trois couteaux à dessert, une cuiller à entremets et six cuillers à café anciennes." On cherche, on fouille, je m'y mets : les objets restent introuvables. Fatoum le prenait d'une façon négligente qui m'offusquait, ne pensant qu'à son départ, qu'à sa malle. Mauvais exemple, pensais-je, il faut sévir, sans cela... Alors sur l'argent que nous devions lui remettre le dernier jour, nous lui avons retenu 80 francs, lui expliquant que c'était sous sa responsabilité. Je ne pouvais faire moins, cela néanmoins me sembla très pénible. Or depuis, Maître Georges, en relisant son livre, a trouvé sur un autre feuillet la liste de ce qui manquait. Non seulement Fatoum n'a rien volé, mais il ne manquait rien. Georges a mal fait ce qu'il avait à faire ! Voilà Fatoum partie ! Elle nous a écrit sans mettre son adresse. Elle est furieuse. J'ai condamné Georges à lui envoyer 100 francs, ce que l'on lui a retenu, plus une compensation, mais où les lui envoyer ? Georges prend la chose à la légère. Pour lui, cela ne compte pas d'avoir fait un tort moral. Triste sire. Je suis outrée, indignée, dégoûtée.* » Rien ne va plus pour Liane qui souffre par ailleurs d'une interminable bronchite et que la « Méchanceté des choses » exaspère. Elle trouve qu'on abuse de sa bonté : « *Je suis très bonne, d'une bonté sans mesure, mais elle ne dure pas.* » Il arrive à ce Narcisse féminin de se juger, parfois, sans complaisance.

Non, rien ne va plus pour Liane. Son frère, Pierre, a un cancer, il maigrit à vue d'œil, il n'a pas beaucoup d'argent, et la princesse, oubliant les injures faites naguère à la courtisane, vole à son secours : « *Il se sent soutenu par moi, cela le rend plus indépendant, moins malheureux, cela lui adoucit les cruautés de l'heure ; cela me fait plaisir à moi.* » La négligence de Georges, le cancer de Pierre, et comme si cela ne suffisait pas, la « Méchanceté des choses » se manifeste à nouveau : l'une des meilleures amies de Liane, Yulka, « ma Yulka », meurt, ruinée, sur la Côte d'Azur. La guerre avait réduit en cendres son château de Galicie et sa fortune. Valtesse, Yulka, ces femmes qui étaient la vie même ne sont plus.

Liane doit apprendre à vivre avec ses ombres chères : « *Yvonne de Buffon m'envoie des condoléances au sujet de la mort de ma Yulka. Camille était là et pleurait. Emotivité, elle aimait bien Yvonne qui l'a plaquée pour accomplir les méfaits qui composent sa vie. Moi aussi, j'aime Yvonne, c'est une gredine pleine de charme. Je lui ai répondu, un diable sans doute me poussant. Je lui ai redit l'affection fidèle de Camille, et la mienne. Georges n'en était pas plus content que ça, mais il a pour principe, et pour règle de conduite, de ne jamais m'empêcher de faire ce que je veux.* »

On comprend que Georges ne soit pas très heureux de voir son épouse renouer avec Yvonne de Buffon qui, bien que devenue Mme Max Maurey, n'en continue pas moins à exercer des ravages dans l'« île » comme dirait Salomon Reinach. Les retrouvailles avec Yvonne seront sans conséquence. « J'aime les gens de moins en moins », note Liane dans son cahier bleu.

Ce rejet du genre humain s'étend jusqu'à Salomon

Reinach qui a eu l'imprudence de déclarer à la princesse Georges Ghika : « Natalie a une grande supériorité sur vous et sur les autres femmes en général, elle montre toujours une grande égalité de caractère. » Conscient d'avoir prononcé une gaffe, Salomon essaie de se rattraper comme il peut en insistant sur la suprématie de la beauté de Liane : « Je ne vous apprends rien en vous disant qu'on n'a jamais fait et qu'on ne fera probablement jamais de beauté plus accomplie que la vôtre. » La beauté daigne approuver du bout des lèvres. Encouragé par ce qu'il prend pour un pardon, Salomon en oublie toute prudence et récidive en osant parler à la princesse de son « caractère épineux ». Loyalement, Liane reconnaît : « C'est possible après tout, car je me sais d'une extraordinaire sensibilité. » La « Méchanceté des choses » le sait aussi, et en profite pour faire souffrir Liane.

C'est à cette « extraordinaire sensibilité » que Georges et Salomon doivent leur disgrâce, passagère, comme le sera celle de Max Jacob qui se croit tout permis et devient impudent : « Je ne lui en veux pas, mais je préfère ne pas avoir chez moi un être si facilement exaspéré », assure la princesse qui revient vite sur sa condamnation. Elle invite Max Jacob à déjeuner, en compagnie de Jean Cocteau et de Raymond Radiguet. C'est un déjeuner-catastrophe. Les trois invités se conduisent au pavillon de Noailles comme en pays conquis, salissent les tapis, font déplacer les bouquets, jettent leurs cendres et leurs mégots n'importe où. Ulcérée, Liane tire la leçon de ce ratage : « Plus de ça ! Un seul homme de lettres à la fois ! »

Même Natalie Barney, l'incomparable Natalie, n'échappe pas à l'ostracisme de la princesse. Selon Liane, Natalie, en ce moment, s'occupe trop de sa mère, « vieille excentrique qui n'a certainement pas moins de soixante-cinq ans et en paraît quarante-huit ». En plus, l'Amazone est « en partie fine » avec « une personne » à Samois, selon Salomon Reinach qui éprouve un malin plaisir à propager les potins de Lesbos. Prise par sa mère et par cette personne, Flossie délaisse un peu sa Liane qui réclame l'adoration perpétuelle. Ainsi, Natalie reçoit-elle comme cadeau de Noël, ce haïku qui ne laisse aucun doute sur l'exaspération qui anime son auteur :

O Lune brillante
On se voit mieux
De loin...

« Elle lèvera un sourcil », commente Georges en lisant ce haïku composé pour celle qui fut Moonbeam, le « Rayon de lune » de son épouse. Liane daigne rire. Georges n'est pas toujours le Lourélan et le Triste Sire qu'elle croit ! Au fond, la vie peut être drôle, même si la « Méchanceté des choses » et une « extraordinaire sensibilité » la rendent parfois insupportable. Aussi, le 31 décembre 1920, Liane réussit-elle à établir un bilan relativement positif de l'année qui vient de s'écouler : « *Année qui t'en vas, que m'as-tu apporté ? Le désenchantement, le souci, le chagrin, Salomon, une Bourse mauvaise, mon frère... ma bronchite et la connaissance, chaque jour approfondie, de la misère humaine. Pourtant, que je suis jeune encore avec mes indignations et mes emballements ! Que Georges est magnifique avec son fatalisme négligent et sa manière de sourire à tout avec une indulgente indifférence ! Cette année m'a laissé ma levrette aimante et chérie, m'a conservé mon compagnon mieux portant et attaché, je n'ai presque pas de cheveux blancs et encore moins de rides. Ma foi n'a pas diminué, mes prières chaque jour s'élèvent ferventes, vers vous, ô mon Dieu ! Il ne faut pas trop se plaindre.* »

Désormais, Liane veut essayer de ne pas trop se plaindre, si ce n'est à Dieu. Ah ! pourquoi Dieu n'a-t-il pas créé le monde en conformité absolue avec les désirs de Liane, oui, pourquoi ?

23

UN DON DU CIEL

(1921-1922)

Dans ses *Cahiers bleus*, et particulièrement dans les années vingt, Liane ne perd pas une occasion de stigmatiser son passé de courtisane qu'elle appelle « mon bourbier ». En fait, au travers du repentir, la princesse Georges Ghika regrette son bourbier, comme Mme de Maintenon regrettait sa boue. On se souvient que, vers la fin du règne de Louis XIV, on nettoya à Versailles des viviers où se prélassaient des carpes très grasses qui se mirent ensuite à maigrir. Comme on s'en étonnait, Mme de Maintenon qui n'oubliait pas qu'elle avait été une joyeuse veuve Scarron, expliqua : « Elles sont comme moi, elles regrettent leur boue. »

La marquise s'ennuyait à Versailles autant que la princesse à Saint-Germain-en-Laye ! Malgré la boue et le bourbier, c'était l'animation de leur jeunesse folle qu'elles regrettaient. Pour combattre la monotonie des jours, et des nuits, Liane s'agite, court les antiquaires, envisage de déménager, ou de vendre le pavillon de Noailles. Puis elle doit se rendre à l'évidence : l'ennui s'est changé en dépression. Liane est déprimée comme elle ne l'a jamais été. Elle consulte l'un de ses médecins préférés, le docteur Hayem, qui ne peut que constater « le fâcheux état nerveux » dont souffre sa patiente et qui prescrit des piqûres de radium, tous les deux jours. Comme la consultation a lieu en l'absence de Georges, le docteur en profite pour demander : « *Au fond, vous vous embêtez avec votre mari ? — J'adore mon mari, mais il y a de ça. Ce garçon est hostile à tout, et démoralisant* », répond franchement Liane.

Le traitement améliore un peu son état, mais n'atténue en rien son « extraordinaire sensibilité ». Elle tourne à l'épouse incomprise. Son époux se moque de ces « pauvres nerfs plus abîmés ». A condition que les apparences soient respectées, il ne se soucie guère du reste : « *Le fond de mon cœur, mon renoncement au bonheur, à la vie douce et tendre, aux câlineries, au rire, à la légère élégance, à la sûreté de l'abandon et de la confiance, tout cela lui est égal pourvu que les heures des repas soient fixes, le menu bon et surtout copieux, que je lui parle du temps qu'il fait, de la cherté des vivres, des accidents de chemin de fer — il y en a eu trois ces jours-ci —, que je débine un peu les littérateurs en vue, voire même son Max Jacob, afin qu'il ait le plaisir d'entrer en controverse.* »

Bientôt, Liane croit être la femme la plus malheureuse du monde. Elle qui, le 31 décembre 1920, s'était promis de ne pas trop se plaindre, se plaint beaucoup. En mai 1921, elle perd sa levrette, sa chère Lolotte qu'elle enterre en pleurant, et Georges qui pleure aussi. « Nous avions perdu à jamais notre joie et notre trésor. »

En juin, le frère de Liane, Pierre, meurt du cancer qui le minait : « On s'y attendait, on le pressentait, on le désirait presque et cela fait du chagrin tout de même. » Il semble que Pierre soit moins regretté que Lolotte...

Après ces deux décès qui accentuent sa dépression, Liane quitte le docteur Hayem pour le docteur Clément qui l'examine à fond et donne ce diagnostic : « *Vous n'avez rien, rien, rien.* » La princesse éclate en sanglots. Le médecin s'en étonne : « *Comment, je vous déclare que vous n'avez rien, et vous pleurez ? — Docteur, j'aurais tant voulu avoir quelque chose, et que vous me guérissiez* », répond Liane.

Changeante comme l'eau, changeante comme la lune, Liane ne peut pas rester longtemps à se morfondre. L'enfant qu'elle est restée, une enfant quinquagénaire, change ses pleurs en larmes de joie. Saisie par une frénésie de vente, elle abandonne son pavillon de Noailles pour 550 000 francs à une riche Américaine, Mme Thompson, elle liquide des bibelots, des meubles et son portrait par La Gandara. Elle solde sa dépression aux quatre vents, avec l'aide de Natalie. En janvier 1922, l'Amazone amène Liane chez sa nouvelle couturière, Madeleine Vionnet. Madeleine considère immédiatement Liane comme une amie. Et Natalie favorise l'engouement qu'éprouve sa compagne, Élisabeth de Gramont, duchesse de Clermont-Tonnerre, pour la princesse Georges Ghika.

A l'un des « vendredis » du 20, rue Jacob, l'une de ces réceptions habituelles où se pressent, dans les salons de l'Amazone, quelques fidèles comme Mme Fabre-Luce, Mme Claude Farrère, Salomon Reinach, André Rouveyre, André Germain, Pierre Drieu la Rochelle et Jean de Gourmont — le frère de Remy —, la duchesse fend la foule pour accueillir la princesse à qui elle déclare, dans un sourire : « C'est pour vous que je suis venue. »

Au diable la dépression, et la « Méchanceté des choses » ! Le dimanche qui suit ce vendredi, Liane dîne chez la « chère Lily », dans le « ravissant petit hôtel Directoire » qu'elle possède rue Raynouard. Dîner intime : Liane, Georges, Natalie et Allégresse. La soirée s'achève pour Georges sur la vision de ces trois dames devisant gaiement et tendrement sur un vaste divan en velours rouge...

Liane se sent de plus en plus séduite par la « chère Lily » : « La duchesse Élisabeth est une enfant sensuelle, gourmande, aimable, qui fait vigoureusement fonctionner tous les dons qui jouent en elle. (...) Elle a beaucoup pleuré pour Natalie, m'a-t-on dit. Une tendre amitié les unit très étroitement désormais. » Dans cette amitié, si étroite soit-elle, il peut y avoir de la place pour Liane puisque la duchesse a décrété que « la princesse Georges Ghika est la plus charmante des épistolières, et peut-être des femmes ! ».

Salomon et Natalie trouvent ce « peut-être » superflu. Natalie ne ménage pas ses câlineries à celle qui est toujours sa reine, et à qui elle murmure : « Tu es mon premier et mon dernier amour. » La duchesse n'est pas là pour entendre cette déclaration que Liane accepte en même temps que les caresses de Natalie : « Elle célèbre mon corps jusqu'à la taille. C'est tout ce que je me suis permis d'abandonner. Le reste est à Georges, ne peut être touché par qui que ce soit. Le reste, ce serait un trop gros péché. Ce reste-là aussi a pris l'habitude de Georges et ne bat que pour lui. »

Georges assiste parfois à ces séances de câlineries et en rit. Prise de scrupules, Liane se confesse. « Si vous sentez que c'est mal, il ne faut plus recommencer », conseille le « bon curé » qui, ignorant tout des mœurs qui règnent dans l'« île », va de surprise en surprise. Les caresses de l'Amazone, les compliments de la duchesse n'apaisent pas la soif de conquêtes qui renaît en Liane. Conquêtes qu'elle énumère avec une certaine complaisance et qui vont de Thérèse Diehl (« Elle m'amusa ; sa peau est bien tendue ») à Mme Bonin « lourde et chaude » ou à une avocate, Betsy, « douce et tendre, à la hauteur ». A lire ces appréciations, on a l'impression que Liane, tel un professeur, distribue à ses élèves de bons et de mauvais points...

Le 29 juillet 1922, un devin annonce l'imminence de la fin du monde. Que ferait alors Liane ? Parée de sa plus jolie robe et de ses plus belles perles, elle attendrait cette fin à Paris, au 20, rue Jacob, entre Natalie et Georges...

Le 22 août, la princesse n'a plus à craindre l'apocalypse : elle est à Roscoff, en compagnie de Georges et de Natalie qui est venue passer quelques jours, suivie de son inséparable duchesse.

Les beaux jours et les belles nuits se succèdent. On se baigne, on se promène, on admire le figuier géant qui est l'attraction de la propriété des Daniélou. Liane, Natalie et Allégresse, plus Allégresse que jamais, rient sans cesse, se comprennent, se confondent, se mélangent. « Le soir... cela se corse. La duchesse est venue s'étendre sur mon lit, Natalie entre nous deux. On s'est câlinées, caressées gentiment. C'était charmant... un peu énervant peut-être. Camille tenait son profil tendu pour ne rien voir, Georges lisait des poèmes à haute voix. (...) J'aime mes amies. Non, mon Dieu, ce ne peut être un grand péché. »

On ignore la réponse de Dieu...

On se croirait revenu à l'époque de l'*Idylle saphique*.

Seulement, le temps a passé, Liane a cinquante-deux ans et Natalie, quarante-cinq.

Georges et la duchesse ne voient pas sans crainte la grandissante intimité qui unit à nouveau les deux amies comme en témoigne cet incident survenu après un déjeuner à Sainte-Anne-d'Auray :

« *Après le déjeuner (...), Natalie me dit : "Viens me montrer ton couvent." Nous avons sonné à la grande porte. La Supérieure est venue curieuse et aimable m'annoncer Mère Bernadette et sœur Marianne. Je ne connaissais pas cette religieuse. Elle a un charmant visage fin et régulier, un regard très clair d'une douceur féroce. Ma petite Mère Bernadette a beaucoup vieilli. Elle nous fit un peu les honneurs du parc et de la chapelle, puis un violent coup de sonnette retentit, c'étaient la duchesse et Georges qui, trouvant notre absence trop longue, venaient nous chercher.* »

Quand on connaît Liane et Natalie, on comprend mieux l'inquiétude du prince et de la duchesse ! Enfin, Natalie et son amie s'en vont. Georges pense que le danger est conjuré. En quoi, il se trompe. Le 29 octobre 1922, Liane écrit ces lignes que son époux ne lit pas, heureusement : « Ma Natalie, c'est un don du Ciel ! Georges est un être stagnant, marécageux, sans forces, malsain ; Natalie un rayon lumineux qui dore tout sur son passage. »

Liane, reprise par sa passion pour Natalie, noircit Georges qui, lui, continue d'aimer son épouse. Dans une lettre du 30 octobre, il plaide sa cause :

« *Chérie*

Pardonne-moi. Il ne faut pas que tu croies que mes maladresses ou mes insuffisances ou mes pauvres manies sont de la méchanceté. De mauvais antécédents, de la faiblesse, de l'incapacité, oui, et cela me rend toutes choses très difficiles. Ta colère et ton indignation sont justes et me sont presque aussi nécessaires que ta présence, mais je voudrais tant qu'elles fussent plus feintes que réelles, je voudrais tant qu'elles ne nous fissent pas trop de mal. Il y a des instants où l'activité du sentiment est ralentie sans que le sentiment lui-même soit aucunement diminué. Tu m'intimides horriblement et c'est souvent la peur de te déplaire qui m'amène fatalement à te déplaire. Ce sont presque toujours les petites choses qui n'excitent pas assez mon attention, qui me trouvent ou me mettent en faute ou en défaut, à cause sans doute d'un manque de vitalité, mais il n'y a en moi ni désapprobation, ni mauvaise volonté. Mon amour pour toi est si grand, si captivant que s'il exalte certaines facultés, il en amoindrit d'autres et annule encore ce qui de cette vitalité ne concerne plus directement les élans et les besoins de cet amour. Pardonne-moi et crois-moi ! Tu sais combien l'exemple et l'influence de ta belle nature et ma tendresse m'ont amélioré. Je m'en veux douloureusement chaque fois que je te déçois. Je m'en veux de n'avoir pas su depuis quinze ans conquérir au moins ta confiance.

Pardonne-moi, crois-moi, j'ai du chagrin. »

En changeant la courtisane en princesse, Georges a cru qu'il s'assurait, et à jamais, la gratitude de Liane. Il apprend, à ses dépens, qu'aucune victoire n'est éternelle, et qu'il n'est de victoire que quotidiennement remportée ! Il ne s'est pas vraiment rendu compte qu'il avait épousé un monument, le « Passage des princes ».

Pour Liane, Georges n'est qu'un prince de plus. Pour Georges, Liane demeure cette déesse qui l'intimide encore après quinze ans d'union, dont douze de mariage : « Tu m'intimides horriblement. » Quel aveu, quand on songe aux libertés que le prince prend dans la chambre conjugale. Il découvre que Liane est double. Liane-de-nuit qui autorise toutes les licences. Liane-de-jour qui ne supporte aucun manquement.

La princesse se résigne mal à n'être plus qu'une épouse. Le 18 novembre 1922, elle note : « Il va falloir que je m'abandonne aux caresses conjugales, ce soir, par hygiène, habitude et amour en dépit de tout. » S'il avait pu lire ces lignes tracées dans le cahier bleu, Georges aurait eu moins de chagrin : il est « en dépit de tout » toujours aimé par Liane, même s'il n'est plus « un don du Ciel » comme Natalie...

24

L'INASSOUVIE

(1923)

En 1923, la princesse Georges Ghika regrette de plus en plus de n'être pas restée cette Ève qui considérait le monde comme une pomme bonne à croquer. Tout était bon alors pour satisfaire ses appétits : les diamants, les voyages, les liaisons. Tout était facile, excitant. Elle était la Divine qui ne mettait aucun frein à ses caprices, qui inspirait des modes et dont on célébrait le culte. Maintenant, cet univers fabuleux du demi-monde et de l'Europe galante s'est réduit à ce petit monde composé par Saint-Germain-en-Laye, le 20, rue Jacob, et Roscoff. Les étincelles de l'esprit remplacent les brillants des écrins. La pratique Liane se demande parfois si elle n'a pas perdu au change...

En 1923, à cinquante-quatre ans, Liane est la proie des démons de midi, ou plutôt des démones. Car elle est indéfectiblement fidèle à Georges, en ce qui concerne les hommes, repoussant les assauts de son dentiste qui profite qu'elle a la bouche ouverte pour l'embrasser, ou ceux d'Alfred Benjamin, son agent de change londonien, qui prétend se conduire avec la princesse comme il le faisait avec la courtisane. L'incorrigible Benjy est tendrement mais fermement remis à sa place.

Si Liane fuit les démons de midi, elle recherche fiévreusement ses démones. Serait-elle encore, en 1923, cette *Inassouvie* peinte par Jean Lorrain ? « Et elle s'appelle Liane, elle a ce nom et elle en a la grâce (...). Qu'est-elle donc ? une malade, une névrosée vaguant, en quête d'une sensation non connue, de Cythère à Lesbos (...) La pauvre créature, c'est surtout la Damnée, car elle voudrait aimer, aimer, aimer encore, et elle ne le peut pas ! »

Liane n'est pas exactement cette Damnée qui ne peut pas aimer. Elle veut aimer encore et elle le peut. En ce printemps 1923, l'insatiable sirène attire dans ses filets une proie de choix, « Mon Oiseau », ainsi nommée parce qu'elle va de branche en branche, et d'homme en femme. « Mon Oiseau » répond absolument aux critères de Liane : grand nom, grande beauté, grande fortune. Son ombrageuse descendance s'étant opposée à ce que je donne ici ses nom et prénom, elle sera donc désignée sous ce sobriquet inventé par Natalie Barney à son usage. Il était impossible de ne pas évoquer cette haute et puissante dame qui, dans les années vingt et trente, a tenu une place importante dans le cœur, et dans les bras, de Liane. Ne sachant pas dire non, « Mon Oiseau » collectionne les amants et les maîtresses. Liane supportera longtemps ce partage, puis rompra brusquement en décrétant que « Mon Oiseau est “la putain de Lesbos” » et que « son mari est un idiot qui appartient au Jockey-Club ». Imprévisible Liane !

Les liaisons féminines de Liane ne s'étalent plus dans les colonnes des journaux et on ne parlera pas de son divorce avec « Mon Oiseau », comme on avait évoqué sa rupture avec Émilienne d'Alençon. Tel saint Augustin, sainte Liane « aime aimer », reconnaissant que l'amour est à la fois « le bonheur et la douleur », comme elle le définit dans une lettre à Salomon Reinach, le 20 juin 1923 : « L'amour est une fièvre, un délire, une idée fixe, un mal et le plus grand des biens. Un stupéfiant, un coup de foudre, le chaud et le froid, le bonheur et la douleur... On s'est évadé de la prison de soi-même pour vivre en l'autre. »

Salomon Reinach est un peu l'André Malraux de son époque, incapable de tracer trois mots sans faire étalage de son implacable érudition. Dans sa réponse à cette lettre du 20 juin, Salomon évoque, à propos de l'amour, et pêle-mêle, Théophraste, Aristote, Voltaire, Paul et Virginie, la reine Zénobie. Tout cela pour en arriver à cette conclusion qui a dû faire hausser les épaules à Liane :

« (...) je crois que la violence des passions de l'amour est fort exagérée par ceux qui les éprouvent et qu'on leur fait, en les plaçant si haut dans notre vie affective, beaucoup d'honneur. »

Exagérée, la violence des passions ? Pour Salomon

qui n'a jamais aimé que des statues de marbre, oui, mais pas pour Liane qui a fait des folies pour des statues de chair et de sang !

Depuis qu'elle a vendu le pavillon de Noailles, Liane est délivrée des soucis domestiques. A Paris, les Ghika logent à l'hôtel. Et Roscoff, de résidence secondaire, a été promue résidence — presque — principale. Ils s'y retirent dès que vient l'été, y reçoivent leurs intimes comme Natalie Barney, la duchesse Allégresse ou Max Jacob. Les deux premières ne viendront pas, retenues qu'elles sont en Italie, à Capri, par une belle Vénitienne, la baronne Mimy Franchetti. Déception pour Liane que cette double venue aurait comblée : « *A la pensée des baisers de la duchesse et des petits doigts agiles de Natalie, les pointes de mes seins frémissent et se dressent déjà.* »

Liane en est réduite à la seule compagnie de Max Jacob. Le poète, la voyant un jour tremper ses perles dans un bol d'eau de mer pour les soigner, improvise aussitôt : « La princesse retient les oiseaux migrateurs dans un bol d'eau de mer. » Georges s'extasie, Max aussi. Cette fébrilité provoque l'inquiétude de Liane : « Je vais les nourrir tous deux abondamment et sainement ; je crains un peu d'anémie, une certaine faiblesse enfin de leur cerveau qui les mène au gâtisme. »

Georges et Max s'entendent comme larrons, ou plutôt comme poètes en foire. Chacun pond son texte quotidien et en inflige la lecture à Liane qui, stoïque, tricote, en écoutant, une interminable écharpe rouge pour Max. Elle abandonne brusquement son tricot pour recevoir Coco de Madrazo qui arrive à l'improviste. La poésie doit céder la place à la musique. Coco joue au piano l'opérette de Reynaldo Hahn *Ciboulette* qui a été créée en avril, aux Variétés, sous la direction de Max Maurey.

Max Maurey, Coco de Madrazo, Reynaldo Hahn, c'est toute la jeunesse de l'Inassouvie qui resurgit.

A Roscoff, Liane ne se sent pas trop délaissée. Elle reçoit des lettres de Natalie et de la duchesse qui l'assurent qu'elle n'est pas oubliée dans leurs délices de Capri. « *Quand vous avez régné une fois, c'est pour toujours,*

(...). Aucune journée ne se passe sans que votre belle présence y participe à son insu », écrit la duchesse Élisabeth à la princesse qui leur répond : « *Enfin, mes chéries, je suis à vous avec ou sans ride, crainte ou prudence. Ma joie serait de vous serrer dans mes bras, de vous regarder, de vous entendre.* »

Natalie, comme au temps de l'*Idylle saphique*, contemple la photo de Liane dans les journaux. Liane de Pougy qui en 1923 reste encore un mythe exploité par les publicistes, vante les bas Marny, le vin Mariano, les chapeaux de Lewis. En échange, elle a reçu douze paires de bas de soie Marny, six bouteilles de vin Mariano, et autant de chapeaux Lewis qu'elle peut en porter... Dans les magazines, sa photo fait rêver les jeunes hommes autant que les jeunes femmes.

Quand la princesse annonce son intention de rester à Roscoff jusqu'en janvier 1924, Natalie s'indigne : « *Que peux-tu bien faire en Bretagne jusqu'en janvier ? Te reposer de t'être reposée ? (...) Il faudra bien revenir vers les villes, lourds de nos butins de solitude, et vers ma demeure si remplie de tes dons que tu dois t'y sentir chez toi. Viens près, toujours plus près de ton Rayon...* » L'indignation de Natalie, on le voit, se change vite en pressante invitation de retour au 20, rue Jacob que Liane doit considérer comme une maison dont elle serait la souveraine. « *Je n'ai pas de maîtresse, car mes petites amours n'en valent pas la peine* », précise Natalie afin de hâter la venue de Liane qui, sachant parfaitement à quoi s'en tenir quant à une telle affirmation, et n'ignorant rien de la place que tiennent la duchesse Allégresse et Romaine Brooks dans la vie de celle qui est toujours son « Rayon de lune », préfère répondre prudemment : « *Savoir que tu existes est déjà une grande joie. Ta vue seule dégage la volupté. Tu m'en as imprégnée, je n'ai plus besoin de précisions. Entrevoir les choses, c'est déjà les posséder. Je t'aime.* »

Fin décembre 1923, Liane se sent prête à retourner vers Natalie, et en ressent le signe habituel qui ne trompe pas : « *Mon sein a frémi — vrai. C'est trop sensible et si vivant ; il pense, il écoute, il se souvient, et il s'élance... mais le péché ?* »

« *Ce n'est pas un péché d'écouter de tout près un souffle aimé qui double la vie* », plaide Natalie.

Liane va succomber à « Natalie-mon-péché » quand Georges est brusquement terrassé par une bronchite grippale. Voilà les Ghika bloqués à Roscoff. Et Liane, plus inassouvie que jamais en ce qui concerne sa Flossie, envoie, au 20, rue Jacob, cet appel à l'espérance : « *Tu es mon tout petit à moi et tant de choses doivent venir encore.* »

25

NOTRE DAME DE ROSCOFF

(1924)

La santé de Georges Ghika réclame un séjour prolongé à Roscoff. Liane s'incline devant l'avis des médecins. Il n'est plus question, pour le moment, de retourner au 20, rue Jacob. En l'absence d'Harmonie[1] Barney et de la duchesse Allégresse, la princesse essaie de trouver son harmonie intérieure et son allégresse personnelle. Elle y parvient si bien que l'imprévisible Liane s'applique, pendant une année entière, à être une Notre Dame de Roscoff qui mène une existence presque monacale. Elle occupe son temps du mieux qu'elle peut avec son époux, son tricot, sa correspondance et ses lectures : *Le Perroquet vert* de Marthe Bibesco, *Adélaïde* de Gobineau, *Corydon* d'André Gide, *Le Paysan de Paris* de Louis Aragon, et *Atala* de Chateaubriand. On admirera un tel éclectisme ! Liane se tient soigneusement au courant des nouveautés qui paraissent et relit ses classiques, sans oublier l'*Imitation de Jésus-Christ*.

Liane quitte la robe de l'Inassouvie comme on abandonne un vêtement qui ne plaît plus, une trop brûlante tunique de Nessus. Elle revêt l'apparence de la bonne dame de Roscoff. Généreuse, elle pratique naturellement la charité et secourt les miséreux. Elle a connu, durant son enfance, la misère dorée et sait la reconnaître, dorée ou non. Elle a beau être discrète, ses bienfaits sont connus des gens de Roscoff qui saluent bien bas la princesse. Liane savoure là un air de respectabilité profonde.

Et puis, Roscoff est lié au bonheur d'écrire, c'est au Clos Marie qu'elle a composé certains de ses romans comme *Yvée Lester* ou *Yvée Jourdan*. C'est à Roscoff qu'elle a passé ses meilleurs moments avec sa mère et son fils, et les débuts de sa lune de miel avec Georges. Enfin, à Roscoff, son amour de la nature est comblé :

1. L'un des multiples surnoms donnés par Liane à Natalie.

les arbres, la mer, le ciel sont là comme autant d'amis sur lesquels on peut compter, sans risque d'être déçue. La croqueuse de diamants n'ignore pas que l'or des crépuscules, ou des feuilles mortes, a aussi son prix.

Dans les lettres qu'elle écrit du Clos Marie, perce sa joie, une joie d'enfant, à mener une vie sans contrainte, sans mondanités. A Natalie, à la duchesse et autres amies qui s'étonnent de voir se prolonger ce séjour, Liane répond en évoquant son « bonheur d'être encore ici, sauvages, dans ce décor sauvage ».

Quand elle quitte sa maison et son jardin, elle se trouve face à deux immenses solitudes qu'elle vénère : la mer et le ciel. Elle en admire les changeantes beautés qu'elle s'efforce de faire partager à Salomon Reinach : « Sur la mer, aujourd'hui, c'est un éblouissement... De l'or pâle qui fuse, les vagues bruissent doucement en volupté, les couleurs sont indescriptibles, et la lumière me rappelle celle de la Grèce. »

C'est à se demander si parmi les multiples femmes qui composent Liane de Pougy, Liane de Roscoff ne serait pas la meilleure, et la moins connue...

Les démones de midi ont été remplacées par les dévotes de l'après-midi qui processionnent à travers la région. « Ce pays est beau par lui-même et non par ses fioritures. Il n'est pas très joli, mais prenant, attachant et sain. J'ai vu une procession touchante, hier, sous le soleil. »

Quand le soleil s'en va, et qu'il fait froid, Liane ouvre grandes les fenêtres de sa chambre et expose sa nudité aux rigueurs de l'hiver : « J'ai froid, si froid que, de rage, chaque matin je fais des exercices et une partie de ma toilette toute nue devant ma fenêtre ouverte pendant un quart d'heure. Alors autour de moi on admire mon courage ! Lorsque je me vêts, ensuite, j'ai chaud, et j'ai vaincu mon indolente volupté qui ne mène à rien de bon. »

Ces lignes s'adressent à Salomon Reinach que l'évocation d'une Liane nue doit jeter dans un affolement complet... Liane, l'oisive Liane, ne veut plus être considérée comme la mère de tous les vices. Elle se veut vertueuse, et même philosophe, autant que Salomon prétend l'être ! Elle implore l'aide du Platon de Saint-Germain-en-Laye :

« Écrivez-moi, donnez-moi des recettes philosophiques, endurcissez-moi, assagissez-moi. Je suis trop sensitive, trop impulsive, trop vite indignée, trop colère. J'attache trop d'importance aux êtres qui m'entourent, à leurs gestes, et à moi-même, et j'expose mes sensations à l'air. Il faut me concentrer. Lorsque je me le dis, c'est toujours trop tard... Il me semble que vous pourriez... Et ceci me rendrait plus charmante, plus potable, Bretonne et Espagnole, c'est à la fois mystique et crâneur, allural et abandonné, c'est insupportable en un mot ! »

Pendant un an, à Roscoff, Liane s'applique à dompter Liane, ou à la rendre supportable, parvenant même à l'entraîner dans un endroit dont elle a horreur depuis son enfance : la cuisine.

Le 16 juillet 1924, elle note dans son cahier bleu : « *Je vais travailler ce matin à ma cuisine. Quoique payant ma cuisinière 170 francs par mois, si je veux que ça soit bon, il faut que je dose, que je prépare, que je mette en train et que je surveille. Georges a commencé ses bains hier. Il faisait si chaud, nous étions las et empoussiérés ; je l'y ai poussé. Aujourd'hui nous voici brisés : c'est bon ; nous voici noircis : c'est laid ; nous voici contents : c'est bien.* »

Liane reconnaît que « *la vie n'est pas trop sévère en ce moment* ». Elle n'a pas à déplorer la « Méchanceté des choses ». Elle ne se plaint que de son manque de ferveur à prier Dieu et sainte Anne d'Auray...

L'harmonie intérieure dont jouit Liane en sa cinquante-cinquième année rejaillit sur ses rapports avec Georges qui sont aussi harmonieux qu'ils peuvent l'être entre deux êtres aussi dissemblables, entre une courtisane et un prince. La courtisane a tout connu, tout expérimenté, alors que le prince n'a quitté le château Ghika que pour la forteresse Pougy. Qu'importe ? Le 23 juillet, Liane fête le quarantième anniversaire de son Georges du mieux qu'elle peut.

Cadeau d'anniversaire imprévu, Max Jacob tombe du

ciel, c'est-à-dire de Saint-Benoît-sur-Loire où il s'est retiré, loin des tentations de Paris. Entre l'ermite de Saint-Benoît et les ermites de Roscoff, c'est d'abord la franche entente. Le 15 août 1924, pour la fête de Liane, Max Jacob compose un poème pour « notre bonne et belle princesse Anne-Marie » :

La mer Égée qu'on envie
A les frises du Parthénon,
Roscoff, la Princesse Marie
Dont nous fêtons le prénom.

La fête tourne court. Quelques jours plus tard, Max fait un éclat, et c'est, à nouveau, la brouille, durable cette fois, puisqu'elle ne se terminera qu'en 1926. La princesse Marie n'a pas fui les démones de midi pour avoir, à demeure, ce diable de Max qui, ivre mort, a raflé au bar de l'hôtel de France les queues et les boules de billard en criant : « Emportons des souvenirs pour la bonne princesse. » La « bonne princesse » n'a pas apprécié et a congédié le poète.

Le 30 août 1924, Liane écrit à Salomon : « J'ai eu des nouvelles de Flossie et d'Allégresse par Mme Rouveyre qui les possède, ce qui est une très grande joie lorsqu'elles le veulent bien. Il paraît qu'on pense à moi avec affection, ce qui est très réciproque. » L'inassouvissement s'est changé en une douce acceptation de l'absence, en tranquille nostalgie.

26

LES PETITS JEUX DE LA TENDRESSE

(1925)

Le 31 décembre 1924, Liane termine son cahier bleu par un hommage à Georges : « *Fin d'une année qui aurait été (...) stérile en joies si je n'avais mon Georges et la gravité de son amour.* » La pécheresse a beau charger Georges de tous les péchés du monde, elle s'est rendu compte, pendant cette année de retraite à Roscoff, qu'elle ne peut pas vivre sans son « Lourélan », son « Triste Sire », son morceau de granit roumain.

Georges, lui, est maintenant indispensable à Liane. Ce qui n'empêche pas cette même Liane, cette inconséquente, de s'exclamer, vingt-quatre heures après, le 1er janvier 1925 : « Georges m'agace. » Elle ne dit pas pourquoi. Ce sont certainement les inévitables irritations de la vie quotidienne qui ont dû provoquer cet agacement.

Il est vrai que Liane est dans une gêne contre laquelle Georges ne peut rien : « Je suis dans l'embarras. On me rembourse le 20 courant une hypothèque de cent mille francs, somme importante pour ma petite fortune. Mais il faut la placer judicieusement. J'ai demandé à mon agent de change qui m'a signalé trois valeurs. J'ai soumis cette liste à M. Fabre-Luce et en dernier ressort, je prendrai un tiers de Beers, de l'Hutchinson, des Caoutchoucs de l'Indochine. C'est si difficile en ce moment. »

Les années folles sont des années difficiles. Les crises ministérielles se succèdent en France, Adolf Hitler publie *Mein Kampf*, l'ourlet remonte jusqu'au-dessous du genou, ce qui fait scandale et doit faire penser à Liane que la Belle Époque est révolue quand Valtesse grondait et ordonnait : « Il a vu tes jambes, il faut qu'il paye. » Révolus aussi à la Bourse les placements dits de « père de famille ».

Pour sortir de ses ennuis, il est temps que la princesse retourne à Paris afin de veiller personnellement sur ses intérêts, puisque Georges en est incapable, et de secouer un peu son agent de change.

Le 26 janvier, c'est le départ. Camille Garat qui reste au Clos Marie comme gardienne a la larme à l'œil. Le prince « fait l'important » auprès des voisins qui multiplient des amabilités que Liane rend au centuple.

Avant de quitter le Clos Marie où elle aura passé les mois les plus paisibles de sa vie, Liane entend « le cri des mouettes comme une roue qui grince », et elle en a les larmes aux yeux.

Fin janvier 1925, les Ghika retrouvent Paris qu'un précoce printemps factice adoucit et amollit. Ils s'installent à l'hôtel, au Palais d'Orsay, dans deux chambres dont les fenêtres ouvrent sur la Seine et le jardin des Tuileries.

Pour Liane, le Palais d'Orsay a un avantage incomparable : il est à égale distance de Maxim's et du 20, rue Jacob. On peut y aller à pied, en voisin... Les deux « sauvages » de Roscoff sont heureux de retrouver la civilisation. Liane prend la résolution « d'être une mondaine bonne et agréable, souriante, futile, indulgente, charitable, cordiale. Je suis résolue certes mais je me sens sauvage ». Cette sensation de « sauvagerie » ne résiste pas à une visite au 20, rue Jacob. Ensuite, Liane passe des après-midi entiers avec Natalie, revoit Salomon Reinach et Robert de Rothschild, fait la conquête d'une petite actrice, Mlle Guise, qui joue au théâtre du Palais-Royal, et rend visite à son ancien amoureux, le docteur Albert Robin, qui s'est trouvé mal à l'enterrement du duc de Gramont, le père d'Allégresse.

Voilà une « sauvage » qui ne perd pas son temps en sauvageries inutiles ! Le 4 février 1925, Liane se retrouve propriétaire d'un appartement situé au 64, rue de Saussure, dans le 17e arrondissement, en plein quartier des Batignolles.

En 1925, les Batignolles figurent parmi les quartiers les plus populaires de Paris. On n'y voit guère de nobles dames. Une princesse aux Batignolles, c'est un événement, surtout quand on apprend que cette princesse Georges Ghika n'est autre que l'ancienne scandaleuse,

Liane de Pougy, notre Liane nationale. Elle n'en a cure. Liane de Roscoff cède la place à Liane des Batignolles, et vante les charmes de son nouveau quartier : « *Le quartier est très pratique, rempli de boutiques pas trop chères, d'antiquaires, de brocanteurs, de denrées abordables (...) Sainte-Marie-des-Batignolles est mon église, toute blanche, avec ses colonnades.* »

La princesse fait ses dévotions à Sainte-Marie-des-Batignolles et son marché, rue des Moines. Quant à son nouvel appartement, elle le juge « *confortable et charmant* » et le dépeint ainsi : « *Les stores en linon blanc, brodé de sentences, que m'a offerts Natalie sont posés, délicats et transparents ainsi que mes opalines (...) On a remis le tapis dans l'escalier, l'ascenseur fonctionne, le téléphone marche. Tout est frais, clair, bleu, rouge, blanc et or.* »

On est loin des splendeurs de la rue de la Néva et les amis un peu snobs crient à la déchéance, Liane aux Batignolles, est-ce croyable ? Ils s'extasient quand même sur les sentences que Natalie a fait broder, comme « *Heureux dans l'oubli de ceux qui sont exclus* ». L'Amazone ne montre pourtant guère d'enthousiasme et conseille à son amie de ne pas trop faire de frais dans ce nouveau logis. « Si on te trouve un jour quelque chose de mieux, tu le revendras. » Mais Liane ne veut plus déménager. Devenue philosophe sous l'influence de Salomon Reinach, elle explique à Natalie ébahie que « quand on n'a pas ce que l'on aime, il faut aimer ce que l'on a ».

Là-dessus, le téléphone se met à sonner. Le numéro des Ghika, Wagram 05 78, est vite connu et l'on se presse chez la princesse des Batignolles. Elle invite, elle est invitée, elle est reprise par la vie de Paris, sans en être dupe : « Ces papotages mondains m'ennuient ; façades qui cachent Dieu sait quoi. Trucs, chichis, et tricheries, tout ceci abaisse l'âme et amoindrit l'esprit. »

Quoi qu'en dise Liane, les mondanités ont parfois du bon et permettent quelques rencontres intéressantes. C'est en acceptant l'invitation à déjeuner de Mme MacCormick, une Américaine, l'épouse du magnat des machines agricoles, que la princesse a pour voisin, à ce déjeuner, le comte Alex Rzewuski qui expose ses pointes sèches chez Jean Charpentier, 76, faubourg Saint-Honoré, à Paris, du 6 au 26 avril 1925, comme en témoigne une page de publicité dans *Le Figaro artistique* du 16 de ce mois. Liane porte un strict tailleur gris perle. Le comte est frappé par sa « parfaite beauté » et par « son parfait profil de camée ».

La princesse apprend, au cours de la conversation, que le comte appartient à une illustre famille polonaise qui donna une épouse à Honoré de Balzac, Mme Hanska, née Rzewuska. Fanatique de *La Comédie humaine*, Liane se met aussitôt en frais, parle musique, peinture, poésie, politique, et évoque les séjours qu'elle a faits, autrefois, en Pologne chez les Potocki et les Radziejowska. Voilà le comte qui cousine avec les Radziwill et les Lubarski en terrain familier, en terrain conquis. Liane et Alex se quittent enchantés l'un de l'autre, se prodiguant mutuellement de souriantes mondanités, une promesse de se revoir, sans trop y croire. Liane est frappée par la prestance, le rayonnement, du comte Rzewuski qui, lui, est sensible au sourire et à la distinction de la princesse.

Liane ne sait pas qu'elle vient de croiser l'homme qui la conduira sur les chemins d'une sainteté dont elle est, en ce printemps 1925, encore très éloignée... Elle a renoué avec Thérèse Diehl avec qui elle passe de folles journées, « oui, de folles journées », avec « Mon Oiseau », avec Natalie, avec Allégresse.

En été, le Tout-Lesbos parisien se transporte à Honfleur. Les Ghika suivent ce mouvement, et logent chez la duchesse Allégresse qui occupe un petit pavillon XVIIIe où elle voisine avec Lucie Delarue-Mardrus.

Ces folies sont parfois interrompues par la venue, à Paris, de Mariette qu'il faut recevoir, et gâter, même à contrecœur. Mariette s'est un peu améliorée :

« *Elle n'est pas trop mauvaise pourtant en ce moment. Je l'ai taquinée : "Moi, vous ne m'aimez pas, mais pas du tout." Sans se démonter, elle m'a répondu : "Mais pardon, vous êtes la femme de Georges, je tiens à ce que tout aille bien." J'ai déclaré : "Je n'ai jamais trompé*

Georges, ni avec un homme, ni avec une femme." Très convaincue, dignement, elle a tranché : "Oh, je préférerais que ce soit avec un homme plutôt qu'avec une femme." Georges et moi avons eu toutes les peines du monde à nous empêcher de crier : "Pas moi ! Pas moi !" »

Pour compenser la visite Ghika, Liane décide d'inviter sa famille Chassaigne, enfin ce qu'il en reste après de nombreux deuils : « *J'ai fait venir ma nièce Aimée, sa sœur Yvonne, son mari Louis, sa fille Cri-Cri. Au même moment mon neveu Chassaigne m'annonce son passage à Paris avec sa femme. Vite, je les convoque, les rassemble. Je leur offre le thé. Ils sont gentils, paisibles... un peu terrifiés devant moi. Voici mon devoir de tante accompli.* »

Liane peut ensuite s'abandonner aux plaisirs dont elle a été sevrée pendant un an, à Roscoff. Le 27 novembre 1925, elle se livre à ce qu'elle nomme joliment les « petits jeux de la tendresse » : « Déjeuner chez Betsy Gautrat avec Natalie. (...) Nous nous sommes reposées sur un grand divan de velours dans une chambre chinoise. On a voilé la lumière. Georges fumait sur un siège bas. Oh ! la tendresse des petits jeux... Les petits jeux de la tendresse... »

A force d'aller à demi nue de divan en divan, Liane attrape une congestion pulmonaire. Georges également, qui continue à promener sa nudité dans la chambre conjugale. L'appartement du 64, rue de Saussure, fin 1925, ressemble à « un bout d'hôpital ». Les Ghika se moquent de leur refroidissement qu'ils traitent par des éclats de rire et en buvant du vin de Champagne. Le feu pétille dans la cheminée. Des bouquets de lilas blancs, des gerbes de roses, des cattleyas en pots, des coupes où se mêlent de vraies oranges et des raisins de jade, des opalines 1830, des boîtes de friandises préparées chez Boissier ou chez Fouquet, voilà qui compose leur décor douillet. Comme dit Liane en contemplant tout cela, et en rendant grâce au Seigneur : « Il y a encore plus malheureux que nous. » Le 20 décembre 1925, pour fêter leur amorce de guérison, les Ghika reçoivent rue de

Saussure. C'est Georges qui s'est occupé du buffet que Liane daigne trouver « à la hauteur ».

Déguisée en sultane, ne cachant pas qu'elle se sent « très belle » en sa chlamyde blanche et or, manteau d'argent et de fourrure, turban bleu de nuit scintillant, collier de perles et de rubis, Liane, rayonnante, accueille vingt-huit intimes parmi lesquels les Rouveyre, les Fauchier-Magnan, les Fabre-Luce, Salomon Reinach, Steinilber, Marie-Thérèse de La Béraudière, la « petite Galitzine », et l'Amazone, « vêtue de velours noir, souriante et pleine de sollicitude ». Puisque Natalie est là, les petits jeux de la tendresse peuvent commencer...

27

LA CATASTROPHE DU 4 JUILLET 1926

Le 1er janvier 1926, au 64, rue de Saussure, Liane guérie mais « atrocement faible » lit la lettre que Georges, « mon petit chéri », a composée pour exprimer, en ce jour, son inaltérable, « immense et tendre amour ». Elle ne cache pas qu'elle en est touchée. A ces mots d'amour, le « petit chéri » a joint deux cadeaux, un sautoir en perles fausses dont son épouse avait envie, et un étui à lunettes, « très chic », en maroquin rouge. La princesse a besoin de lunettes pour lire. Or, elle lit de plus en plus. Georges aussi. Ce 1er janvier, ils plongent tous deux dans la correspondance de Mme de Maintenon et relisent des vers d'Essenine récemment parus dans *Le Figaro littéraire*.

L'année 1926 commence par un jour de retraite et d'amour pour le couple Ghika. Liane envisage de laisser toute sa fortune par testament à Georges : « *Tout ce que je lui laisserai sera entièrement à lui, il en fera ce qui lui plaira. S'il aime une autre femme, eh bien ! il déposera tous ces souvenirs à ses pieds et leurs pensées m'évoqueront. Je trouverai peut-être — oh, pourquoi ce peut-être ? — de plus merveilleux trésors là-haut et je tiens à ce que mon cher mari ne soit gêné par aucun scrupule. Il m'a donné le plus beau trésor du monde. Sans lui, je n'aurais peut-être jamais osé me rapprocher de Dieu, penser à Jésus, prier la Sainte Vierge et parler à sainte Anne. Il m'a lavée de toutes mes boues, et tout ceci, il l'a accompli facilement parce qu'il m'aimait.* »

Dehors, il pleut. Dehors, c'est un Paris infernal avec ses « taxis fous et ses voleurs de sac ». Un Paris que Liane ne reconnaît plus, une façon de vivre qu'elle réprouve : « Les êtres ont perdu la notion de joie calme et harmonieuse du bien ; on trépide, on est sans scrupule. » Elle déplore que les films et les romans feuilletons tournent à l'apologie du crime et de la vitesse. Liane appartient au temps des équipages, et non à celui de l'automobile... Pour oublier ce vilain présent qui ne franchit pas les portes du 64, rue de Saussure, la princesse retourne au siècle passé et à George Sand : « *Je continue aussi la relecture de George Sand qui va bien avec nos opalines, nos fixés, nos bibelots 1830.* »

Au 64, rue de Saussure, Liane et Georges retrouvent leur intimité de Roscoff qu'ils interrompent pour aller au 20, rue Jacob, assister au premier « vendredi » de l'année, puisque c'est le vendredi que l'Amazone reçoit à partir de 4 heures de l'après-midi.

A ce premier « vendredi », Liane remporte un triomphe : « J'étais très belle : une simple marinière, mais tout en tissu d'argent sur une jupe de satin. Un chapeau tout petit, emboîtant bien la tête, en velours noir diadémé d'argent vif. » S'ensuit une pluie ininterrompue de compliments. D'abord ceux de Natalie à Georges : « Liane est encore plus belle que Mme Addison. » Liane précise qu'elle a cinquante-six ans et que Mme Addison en a trente-deux. « Que vous êtes belle aujourd'hui », soupire Salomon Reinach à son idole. « Ce que je serais jaloux si vous étiez ma femme », murmure Robert de Rothschild à celle qui fut sa maîtresse. « Liane, vous êtes trop belle, je vous adore », gazouille « Mon Oiseau ». La reine Liane tient sa cour au 20, rue Jacob et avoue avoir la tête un peu tournée par ces compliments qu'elle offre à Georges qui s'estime le mari le plus comblé de Paris.

Profitant de l'euphorie générale, Natalie Barney plaide la cause de leur ami Max Jacob. En 1929, dans ses *Aventures de l'esprit*, elle le dépeindra comme « cet homme aux regards en fuite, truite sous la minceur de l'eau, puis aigle à fixer le soleil ». La princesse consent à pardonner l'éclat de l'été 1925 et prononce l'amnistie.

Dès qu'il apprend qu'il est rentré en grâce, Max Jacob clame sa joie et écrit, le 16 janvier, de Saint-Benoît-sur-Loire, à ses chers Ghika retrouvés : « Bonheur ! Bonheur ! Que ne suis-je à Paris pour vous dire ma joie ! (...) Ma tête pleine de vous et mon cœur vous embrassent comme ils peuvent. Tête, cœur, main malade, sont à genoux, à vos genoux, le pécheur est à vos genoux. » La « belle et bonne princesse » relève le pécheur et savoure le plaisir du pardon. Leur correspondance reprend de plus belle.

En ce début 1926, tout sourit à Liane qui transforme le Mardi gras en apogée de la vie mondaine. Déguisés en princes persans, les Ghika reçoivent cinquante-deux personnes, un record, au 64, rue de Saussure. Ébloui, le bon peuple des Batignolles contemple les célébrités qui s'y engouffrent, essayant de les reconnaître sous leur déguisement : la duchesse Allégresse en Confucius, Lucie Delarue-Mardrus en bayadère, « Mon Oiseau » en gigolette, Mme MacCormick en merveilleuse, et Natalie Barney qui, drapée dans une peau de panthère, évoquerait un chef barbare et vainqueur. Les hommes sont en tenue de ville. Parmi eux, trois richissimes : MacCormick, Arturo Lopez et Robert de Rothschild. La princesse qui a gardé l'œil précis de la courtisane pour jauger la fortune des messieurs estime que ces trois-là forment un ensemble de trois milliards.

On se gave de crêpes et on s'amuse beaucoup à cette fête. Pour se remettre de ces excès du Mardi gras, les Ghika décident de se mettre au vert à Saint-Germain-en-Laye, dans une pension, Les Tilleuls, choisie par Salomon Reinach qui les y dépose le 1er mars. C'est une petite pension de famille bon marché, à 25 francs par jour, tout compris. La patronne y fait une cuisine saine et abondante.

Les Ghika se déclarent satisfaits de leur séjour aux « Tilleuls » qu'agrémente la présence d'une jeune fille, Manon Thiébaut. Dans *Mes cahiers bleus*, à la date du 24 mars 1926, Liane la présente ainsi : « Ma nouvelle petite amie, Manon Thiébaut, artiste, cherchant à gagner sa vie en gravant, en dessinant, en illustrant des livres de piété. Elle a de l'esprit, du talent, de l'aisance dans les manières, du charme, des yeux admirables, de beaux cheveux fous coupés, un teint pâle et une petite beauté fragile (...). Nous sympathisons, nous lisons les mêmes ouvrages. Je pense que nous nous reverrons. »

Elles se reverront ! Liane éprouve pour Manon l'un

de ces coups de foudre dont elle est coutumière. Six jours après, le 30 mars, Liane n'hésite pas à voir en Manon « un don du Ciel ». Encore un ! On sait ce que ce genre d'expression signifie pour la princesse qui se demande, quand même, si elle doit remercier le Ciel pour un tel don : « Je l'aime déjà beaucoup ; elle semble attirée par moi. Elle m'a souri, je l'ai embrassée. »

Liane reprend avec Manon ces petits jeux de la tendresse dont elle ne peut pas se passer. Avec son indulgence habituelle, Georges note le développement rapide de cette idylle. Manon reçoit le surnom que Liane donnait autrefois à Natalie : « Mon Tout Petit ».

A ses triomphes mondains dans le salon de l'Amazone et à sa fête du Mardi gras, Liane ajoute une victoire encore plus précieuse, la complète conquête de Manon Thiébaut qu'elle introduit aussitôt dans son petit monde. Elle la conduit chez le peintre La Gandara, chez l'actrice Tonia Navar, chez l'Amazone, chez la duchesse Allégresse, chez Salomon Reinach. Le « Tout Petit » est ébloui. En échange, Manon ne peut présenter à Liane que son frère, François, « charmant garçon de vingt-cinq ans qui se destine à la médecine ». Manon se sent de plus en plus « ver de terre amoureux d'une étoile ». Elle entend l'une des reines incontestées du Paris intellectuel, Mlle Le Chevrel, dire à Liane : « Princesse, vous êtes si belle que chaque fois que je vous vois, j'ai envie de vous dire merci. »

Moïse de Camondo, Maurice de Rothschild, Henry Bernstein, la baronne Meyer sont unanimes à célébrer la beauté de Liane, et la chance de Manon qui, le 1er juin, rejoint les Ghika à Roscoff. C'est Georges qui l'accueille à la gare. Il est enchanté par l'ultime conquête de sa femme. Avec Manon, il peut s'entretenir de cet art moderne que son épouse n'apprécie guère. Liane ne veut pas entendre parler de Picasso ou de Dufy, restant fidèle à Helleu, à Carolus Duran, à Romaine Brooks, et encore, parce que Romaine appartient au harem de Natalie...

Malgré la pluie torrentielle, Manon est ravie. Elle dîne, en compagnie de Georges sur le bord du lit de Liane. Celle-ci contemple, attendrie, son « Petit Chéri » et de son « Tout Petit ». En ce 1er juin 1926, Liane peut s'estimer la femme la plus heureuse du monde, et cela, bien qu'elle ait la grippe. Qu'est-ce qu'une grippe quand on a pour soi un « Tout Petit » qui s'extasie à chaque instant, en répétant : « Que c'est beau, que c'est beau » ?

Manon sourit à tout et conquiert tout le monde. Elle partage les joies, les émotions, les lectures de Georges et de Liane. C'est l'accord parfait. Elle participe même, le 8 juin, au seizième anniversaire de mariage des Ghika. A cette occasion, Georges s'en est allé acheter mille gâteries à Saint-Pol, et retirer à la banque 15 000 francs enfin envoyés par sa mère. Cette absence déchire Liane d'une affreuse angoisse, l'angoisse même de l'amour qui ne supporte pas un instant de séparation... N'y tenant plus, elle part à la rencontre de Georges, en compagnie de Manon Thiébaut et de Camille Garat. Quand elle aperçoit son époux au milieu de la route, elle se laisse aller à cette action de grâce : « Merci mon Dieu ! Je crois que nous sommes plus liés que des jumeaux. Seize ans. Le cher doux travail de seize années. (...) Oui, nous sommes réellement l'un à l'autre incorporés. Merci encore, mon Dieu, pour ce fragile et réel bonheur que je sens (...). Georges mon époux, mon amour et mon tout, je te bénis. »

Liane bénit Georges, elle bénit Manon. « La petite Thiébaut fait nos délices », répète la princesse qui admire les dessins et les peintures de Manon — elle travaille quatre heures par jour — et sa piété — elle va à la messe le dimanche. Que peut-on souhaiter de mieux qu'une telle Manon ?

Le 2 juillet, on célèbre le cinquante-septième anniversaire de Liane : « *Georges m'a écrit une lettre ravissante comme un émail, parfumée comme un bouquet, précieuse comme un bijou. Il a dépensé sans compter ses forces et son argent pour me composer un déjeuner magnifique, m'offrir deux jolis manteaux de pluie en satin blanc et en satin noir de la maison Fax. Le "Tout Petit" m'a peint sur verre une sainte Anne à la robe bleue, fleurie, à la couronne d'or, une sainte Anne d'Auray ayant une jolie petite Sainte Vierge à ses côtés. Tout en moi respire la joie de vivre, cette douce journée. Ma fenêtre est ouverte à l'air pur, au soleil et aux chants des oiseaux... Merci, mon Dieu.* »

Le 4 juillet 1926, au matin, Liane, à moitié endormie, entend des pas dans sa chambre, ouvre les yeux et aperçoit la silhouette de son mari, debout, à côté de son lit.

« C'est toi, Georges ?

— Oui, mon chéri. »

Georges prend Liane dans ses bras, la couvre de baisers et chuchote : « Écoute, il faut que je t'avoue quelque chose. » Liane croit à l'aveu de quelque habituelle maladresse, à quelque bibelot brisé. « Avoue », commande-t-elle en souriant. Georges commence à bredouiller qu'il adore Liane, qu'il ne peut pas se passer d'elle, mais qu'il ne peut pas non plus se passer du « Tout Petit ». Liane, qui se refuse à comprendre, dit : « Le "Tout Petit" est là, tu l'as. — Non, répond Georges, je l'aurai, il me la faut. Je ne t'ai jamais trompée, je veux tout te dire. Hier soir, pour la première fois, nous nous sommes embrassés, nous nous sommes avoué notre amour. Le Petit m'aime comme je l'aime. Je suis un peu plus âgé qu'elle, mais ça lui est égal. Alors si tu veux, rien ne sera changé, on vivra tous les trois. Je ne puis être heureux avec toi sans elle, ni avec elle sans toi. »

Frappée par ces paroles, Liane se met à trembler de tous ses membres et dit à son époux : « Mais vous m'assassinez, c'est épouvantable, sors de mon lit. » Georges enlace Liane encore plus étroitement et multiplie les raisons, les avantages de ce ménage à trois : « Je t'adore. Tu verras, tu auras deux êtres à adorer. Nous t'entourerons, nous te soignerons, nous te rendrons heureuse. Elle est folle de toi, elle aussi. Elle t'obéira, tu seras toujours la maîtresse et reine. Elle passera après toi, se soumettra à toi. Je le lui ai bien dit, et elle a accepté, ça continuera comme maintenant, mais j'irai la retrouver la nuit. Personne ne verra rien, ni les bonnes, ni Mme Garat. »

Liane prie Dieu de venir à son secours, tandis qu'elle tente de ne pas pleurer, ni de s'évanouir, Georges continue à exposer son projet de pacha voluptueux et pratique. A Paris, Manon occupera la chambre de Georges qui, lui, couchera sur un divan déposé dans le cabinet de toilette. Georges et Manon ont tout prévu, sauf le refus de Liane à ces arrangements. Georges appelle alors à la rescousse Manon à qui Liane demande :

« Vous aimez mon mari ?

— Je vous aime tous les deux. Je ferai ce que vous voudrez. Je me tuerai s'il le faut.

— Il ne s'agit pas de cela. Je vois que vous êtes deux fous. C'est moi la grande. Je vais réfléchir gravement, et loin de vous. Je vais partir. »

Georges interrompt ce duo : « Si tu pars, je la détesterai. — Non, c'est moi qui partirai », décide Manon. « En effet, mademoiselle, c'est ce que vous avez de mieux à faire. Partez, j'accepte votre départ. Mme Garat va faire descendre votre malle. Allez dans votre chambre », ordonne Liane.

En entendant cet ordre lancé à Manon, Georges, subitement furieux, lance à sa femme : « Si tu la chasses, je la suis. — Je ne la chasse pas. Mlle Thiébaut dit qu'elle veut partir, j'accepte. Quant à toi, tu es déjà parti », constate Liane.

Georges et Manon quittent la chambre. On apporte à la princesse son petit déjeuner qu'elle s'efforce de prendre. Puis elle donne des ordres à la cuisinière. Elle se lève, fait sa toilette, accomplit les gestes de chaque jour comme si ce 4 juillet 1926 était un jour pareil aux autres. Ensuite, elle se rend dans la chambre de Manon, bien décidée à montrer une dignité extrême. Très grande dame, elle donne quelques conseils à sa rivale : « Ne faites pas trop veiller mon mari. Ne le faites pas boire, ni fumer, il est délicat, il lui faut beaucoup de soins, à vous aussi. »

Georges et Manon qui terminent leurs bagages se taisent. Liane profite de leur silence pour ajouter, à l'intention de Manon : « C'est tout naturel, s'il vous aime, il doit vous suivre. Avec moi, vous eussiez eu une vie affreuse. Il faut compter avec ma nature, je ne suis pas une libertine, et, en plus, j'ai un tempérament violent. Je vous aurais fait une existence impossible. Où irez-vous ? » Georges répond à la place de Manon : « Nous irons à Brest ou à Morlaix. » Liane donne un dernier conseil : « Allez plutôt à Paris, c'est là que l'on se cache le mieux, ou bien allez en Roumanie, la vie y sera plus facile pour vous. »

Puis Liane règle avec Georges quelques détails pratiques. Elle réclame, et obtient, son passeport, des clefs, une procuration générale à déposer chez son notaire de Paris, Me Collet, qui leur servira d'intermédiaire à partir de maintenant. Liane ne veut plus rien avoir à faire avec Georges, et encore moins avec Manon. Devant cette volonté farouche de rompre sans perdre un instant, Georges dit à son épouse : « J'ai 65 livres anglaises à toi dans mon portefeuille. Je vais te les rendre. » Liane refuse : « Garde-les. Tu pars avec une femme, il te faut de l'argent. »

Georges accepte cet ultime cadeau. Liane prend congé en prononçant un « Adieu » qu'elle juge définitif et ses vœux pour un bonheur qu'elle estime impossible : « Soyez heureux si vous pouvez bâtir votre bonheur sur ma détresse. » Une héroïne d'Henry Bernstein n'aurait pas mieux dit, à la fin du quatrième acte. Malheureusement, il ne s'agit pas d'une comédie, ou d'un cauchemar, mais d'une catastrophe bien réelle. Hier encore, 3 juillet, le bonheur régnait sur le Clos Marie. Le 4 juillet au soir, le malheur a pris sa place. Liane se retrouve « seule au monde devant l'océan et devant mon désastre ». L'ampleur de ce désastre est telle qu'elle n'a pas encore pu verser une seule larme. « *Ils ne m'auront pas vue pleurer, mon Dieu, merci.* »

28

ARIANE A LESBOS

(Été 1926)

Le 5 juillet 1926, au matin, Georges Ghika et Manon Thiébaut quittent le Clos Marie. Liane ne se montre pas. Camille Garat accompagne le couple jusqu'à la porte. Manon dit à Camille : « Ce qui m'ennuie le plus dans tout ça, c'est que la princesse ne croira jamais jusqu'à quel point je l'aimais. Car je l'aimais. — Comment donc, elle n'en doutera pas un instant ! Vous le lui prouvez bien », répond Camille qui, satisfaite de sa réplique, la rapporte à Liane qui approuve.

Dès ce départ, les grippes à répétition, les rhumes, les rhumatismes qui affectaient Liane disparaissent. Choc nerveux, diagnostiquent les médecins. Et dès le 5 juillet, le réflexe de l'écrivain, l'automatisme de l'épistolière l'emportent : Liane annonce à la terre entière, et particulièrement à Lesbos, son malheur. Elle écrit à ses intimes — Natalie Barney, la duchesse Allégresse, « Mon Oiseau » — et à celles qui le sont moins — Lucie Delarue-Mardrus ou Colette. Elle écrit à ses amis les plus proches, Max Jacob, qui se met à pleurer en apprenant le désastre, Salomon Reinach, qui s'émerveille du vers involontairement inspiré par la catastrophe : « L'amour me l'a donné, l'amour me l'a repris. » Elle écrit à Reynaldo Hahn, à sa filleule, Margot de La Bigne, qui est la petite-fille de Valtesse. Ah, si Valtesse était encore là... Liane met sa peine noir sur blanc pour s'en persuader, pour y croire. Chacun prend part à son chagrin et y répond par retour de courrier, comme Salomon qui, dès le 6 juillet, écrit : « Votre lettre m'a fort ému et affligé. J'ai toujours considéré Georges comme un grand enfant extrêmement doué, beau, sensuel et paresseux. C'est la faute de l'éducation qu'il a reçue ; il avait peut-être l'étoffe d'un grand écrivain. (...) Aucune femme ne peut rivaliser avec vous en beauté ; mais la beauté dont on a fait mille fois le tour cesse d'être attrayante, (...) quand un homme de quarante ans s'enfuit avec une fille de vingt, c'est curiosité physique, pas autre chose ; (...) Vous conservez vos amis et vos amies ; vous conservez votre goût des choses intellectuelles et votre esprit. Considérez que Georges est en voyage ; ne faites pas l'Ariane abandonnée par Thésée dans Naxos ; prenez cet accident pour ce qu'il vaut et ne donnez pas à vos amies ou à quelques-unes d'entre elles le plaisir de vous adresser des condoléances. »

Judicieux conseils que Liane ne suivra pas. Elle jouera l'Ariane abandonnée à Naxos. Ou mieux, elle sera l'Ariane à Lesbos, recevant condoléances et consolations. La première à accourir, c'est Margot de La Bigne qui vole au secours de sa marraine et la ramène à Paris, le 14 juillet. Chaque jour apporte à la princesse un lot de lettres dans lesquelles on condamne unanimement la conduite de Georges et l'ignominie de Manon. On prédit au couple un sinistre avenir : personne ne peut remplacer Liane.

Élisabeth de Clermont-Tonnerre : « *Je n'y comprends rien, à moins que le prince Georges ne se soit fatigué de dire toujours : Vous êtes belle, vous êtes belle, je vous aime. Il vous reviendra, soyez-en sûre.* »

Le docteur Albert Robin : « *Je te plains de tout mon cœur et je ne peux pas croire que cet abandon soit définitif. Ton mari va s'apercevoir de l'erreur qu'il commet en t'abandonnant.* »

Jean Cocteau : « *Tout ce qui fait mal, tout ce qui est abandon, tout ce qui ampute est mien. Je souffre avec toi, mais je t'annonce que Georges reviendra près de ta douceur après la tempête.* »

Lucie Delarue-Mardrus : « *Les filles de vingt-quatre ans sentent le plâtre frais et ne sauraient lutter contre la profonde et pathétique beauté physique et morale de celles qui ont vécu, comparé, choisi, comme vous.* »

Reynaldo Hahn : « *Le monde entier a été stupéfait quand tu as épousé cet être insignifiant auquel ton rayonnement a conféré un éclat menteur : c'est lui qui est devenu le prince de Pougy. Il redevient Monsieur*

Ghika et toi, qu'as-tu perdu ? Rien. Tu as gagné la liberté. »

Les lettres ne remplacent pas la présence perdue. Heureusement, Natalie Barney, dès qu'elle apprend que Liane est installée chez Margot de La Bigne, au rez-de-chaussée du 91, boulevard Malesherbes, accourt. Elle ne vient pas seule. Elle est accompagnée d'un oncle de Manon, Eugène Thiébaut, qu'elle a connu quand elle était la reine des bals de Washington. Comme c'est loin tout cela ! Eugène Thiébaut faisait-il partie de ces jeunes diplomates qui formaient la cour de Natalie ? L'Amazone n'est plus là pour répondre à cette question, mais pour consoler Liane, ramener l'harmonie dans son cœur et dans sa vie. Harmonie Barney ne supporte pas les dissonances et les désordres chez ceux, et surtout chez celles, qu'elle aime.

Pressé par Natalie, Eugène Thiébaut montre à Liane une lettre de Manon, en date du 6 juillet, dans laquelle la jeune fille avertit sa famille qu'elle va partir « à l'étranger » avec le prince Georges Ghika et qu'elle « a beaucoup de chagrin, de la peine qu'elle va causer à sa famille, et de briser la vie de la princesse Ghika ».

L'étranger, c'est la Roumanie où Georges conduit Manon pour la présenter à sa mère et à sa tante Jeanne. Les Ghika sont tellement contents d'être débarrassés de Liane qu'ils font bon accueil à Manon. Elle trouve en tante Jeanne une consœur qui peint et qui grave. « La petite sort de l'académie Ranson, tante Jeanne de l'académie Jullian. L'art va les unir », se moque Liane.

Georges a donc suivi le conseil de son épouse : aller en Roumanie. Il ne pouvait guère agir autrement. Il n'a pas de fortune personnelle et vit des rentes versées par sa mère et par sa tante. Il a également obéi à Liane en utilisant leur notaire, Me Collet, comme un intermédiaire. D'après Me Collet, le prince se refuse à croire à une séparation définitive et confirme son testament en faveur de son épouse : « *Mon testament est chez vous en faveur de ma femme et il le restera. Veuillez y ajouter cette lettre comme confirmation* », a-t-il écrit à Me Collet qui a transmis une copie de sa lettre à Liane.

Le sort de Georges et de Manon étant, provisoirement, réglé, il faut s'occuper du sort de Liane à qui l'on recommande d'attendre sagement l'inévitable retour de son époux.

Attendre sagement le retour de Georges ? Il n'en est pas question. Liane sera l'Ariane triomphante à Lesbos, avec Natalie pour guide. Natalie qui félicite son amie : « Tu t'es bien comportée, je suis contente. Il faut continuer, te reprendre. »

L'Amazone prodigue caresses, câlineries, petits jeux de la tendresse, envois de fleurs, démonstrations subtiles. Ennemie mortelle des conventions, Natalie avoue maintenant qu'elle n'avait pas complètement approuvé le mariage de Liane. Devenir princesse en Roumanie quand on régnait sur Lesbos, était-ce le bon choix ? Il est temps de réparer cette erreur et de retourner à la terre natale, à l'« île », aux idylles saphiques. Pour faciliter ce retour, Natalie est prête à tout, y compris au sacrifice, et à l'imprudence, suprême. Elle offre à Liane, sa Liane, cette enchanteresse italienne, cette baronne vénitienne, cette Mimy Franchetti qui la retenait à Capri et l'empêchait de se rendre à Roscoff.

Un jour de la fin juillet 1926, Natalie entre dans la chambre de Liane qui garde le lit et reçoit ses amies, allongée, comme une Juliette Récamier. « Liane, celle que j'aime est à la porte. Tu es si belle, tu as été si grande, si admirable, veux-tu que je la fasse entrer, venir près de toi un instant, qu'elle te contemple, qu'elle te voie, que tu la voies ? — Oui, fais-la venir, va la chercher », répond Liane avec indifférence.

Une indifférence qui disparaît dès que paraît Mimy : « Longue, mince, blanche, comme une fleur de magnolia, gracieuse, avec des gestes ravissants, menus, rares, précis, des yeux de feu, une finesse presque irréelle. » Liane est conquise par cette apparition. Plus tard, elle notera dans son cahier bleu :

« *La famille Franchetti est de Venise. Le frère de son père a donné à la ville la fameuse et magnifique Ca' d'Oro. Sa grand-mère paternelle est née Louise de Rothschild. Son père est compositeur, sa mère, la plus belle femme du monde, merveilleuse, incomparable. Elle s'est mariée quatre fois. Le père de Mimy fut son premier époux. De ce mariage naquirent Mimy, puis deux fils, Guido, mort il y a deux ans (douleur dont Mimy ne peut se consoler) et Raimondo, superbe — il ressemble à Mimy —, sérieux, qui a pris en main toutes les affaires de cette famille disséminée.* »

Décidément, qu'il s'agisse d'homme ou de femme, Liane est vouée aux Rothschild, comme elle est vouée à rencontrer en une même personne un grand nom, une grande beauté, une grande fortune. Mimy Franchetti répond à cette triple exigence. Elle écoute Liane raconter sa lamentable histoire et ne fait aucun commentaire. Liane juge ce mutisme admirable. Natalie propose un séjour à la campagne, toutes les trois. Liane refuse. Les deux amies s'en vont.

Deux minutes après leur départ, Camille Garat, qui n'a pas abandonné sa princesse en d'aussi cruels moments, revient portant un bouquet de roses que ces dames, prévoyantes, ont laissé...

Natalie Barney ignore le découragement et ne renonce jamais à ce qu'elle a décidé d'accomplir. Ce qui a été raté dans l'après-midi peut réussir vers minuit.

A minuit, Natalie revient à la charge, se fait ouvrir par Camille, et entre dans la chambre de Liane. L'Amazone est suivie par Mimy et par Pola, une violoniste qui a été l'élève de Sarasate.

L'Amazone, dans ses entreprises amoureuses, a toujours compté sur la musique comme sur une alliée de choix. N'a-t-elle pas essayé de reconquérir Pauline Tarn (Renée Vivien) en faisant chanter sous son balcon, par Emma Calvé — l'une des plus grandes divas de son temps — du Gluck et du Bizet : « J'ai perdu mon Eurydice », et « L'amour est enfant de Bohème » ? La puissante voix d'Emma avait retenti à travers le Tout-Neuilly, et pétrifié le Tout-Lesbos qui n'avait jamais oublié cet esclandre musical.

Natalie non plus n'a pas oublié et recommande à Pola une extrême discrétion. Cantonnée dans une chambre contiguë à celle de Liane, la violoniste joue ses airs les plus langoureux pendant que Natalie et Mimy partagent avec Liane les petits jeux de la tendresse.

Natalie et Mimy « revinrent... souvent, m'entourèrent, me firent sortir, pansèrent ma blessure. Mimy et moi, nous nous aimions. Sa présence était mon ciel de joie et d'oubli ».

Encore un don du Ciel, Mimy Franchetti, qui tombe au bon moment dans la vie de Liane ! La princesse est sur le point d'en remercier le Ciel quand « Natalie devint jalouse. Natalie aime à sa façon. Elle veut ses amies heureuses jusqu'à un certain point ».

Loyale, Liane essaie d'échapper à Mimy et s'enfuit à Deauville, puis à Venise, en compagnie de Camille Garat et de Margot de La Bigne. Au Lido, Liane, parée de ses perles et auréolée de son malheur, éclipse les beautés présentes. Elle porte l'uniforme à la mode, le pyjama. Elle observe que Sodome et Gomorrhe ne portent souvent que la veste et remarque un Anglais « montrant le bel été à ses cuisses nues dont les poils roux, étonnés, se raidissaient ». Mais ce qui surprend le plus la princesse, c'est la mode du bronzage qui commence. Elle appartient à la génération pour qui le soleil était le pire des ennemis. Elle a appris à s'en protéger avec des voiles et des ombrelles. Et voilà qu'en cet été 1926, hommes et femmes se promènent sur la plage nus ou presque, offrant leurs corps au soleil. « Noircir est la raison de tout, le prétexte et l'excuse », note Liane qui, n'ayant pas l'habitude de se promener en pyjama, prend froid et attrape une bronchite qui l'empêche d'assister à un bal où s'exhibent notamment « le beau petit Pierre Meyer » (fils du patron de l'*Old England)* en Écossais et Antoine, le coiffeur, en impératrice de Byzance. Liane s'amuse de ces déguisements, et s'amuse encore plus quand, dans *Comœdia*, elle apprend qu'elle a assisté à ce bal. Elle se garde bien d'envoyer un démenti : « Je me disais : si Georges voit cela en Roumanie, il va penser que je ne néglige rien pour me distraire. » Georges ne se tromperait pas. Liane ne néglige rien pour se distraire. Elle quitte Venise mais doit s'arrêter à Lausanne, à l'Hôtel Royal, terrassée par une fièvre intense.

Le docteur Mermon diagnostique une double congestion des poumons. Margot de La Bigne, aussi impérieuse que sa grand-mère Valtesse, envoie, de sa propre autorité, un télégramme à Mimy Franchetti qui répond aussitôt par cet autre télégramme : « Arriverai aujourd'hui Lausanne, tendresses. » Les soins du docteur Mermon et l'imminente arrivée de Mimy améliorent rapidement l'état de Liane qui, bourrée de drogues et d'espoir, dort douze heures de suite. Elle se réveille « sur le chemin de la guérison ». Mimy qui est arrivée « osa s'en réjouir ». Mais Mimy n'est pas venue seule, elle est accompagnée de Natalie qui « me reprocha presque de les avoir dérangées par un télégramme alarmant et de ne pas être morte ».

On croit rêver, Natalie reprochant à Liane, sa Liane, de ne pas être morte... Faisant contre mauvaise fortune bon cœur, l'Amazone, toujours pratique et soucieuse de son confort, télégraphie, à son tour, à Paris, à son chauffeur de venir au plus vite, avec son auto, une Buick, « souple, glissante, silencieuse ».

La princesse, l'Amazone et la baronne s'engouffrent dans la Buick : « Nous parcourûmes plus de 1 500 kilomètres, riant, chantant, nous aimant Mimy et moi. Nous contenions notre amour pour ne pas trop faire souffrir Natalie qui commença à me torturer par les reproches les plus amers. »

Reproches que Liane arrête net d'un : « C'est toi qui m'as amené Mimy et l'as jetée dans mes bras. Au lieu de la frivolité et du libertinage, un sentiment dont l'une et l'autre nous avons besoin est né. »

Devant ce sentiment, l'Amazone s'incline, abandonne le couple à ses délices et part pour le Midi retrouver Romaine Brooks dans la villa qu'elles possèdent en commun, « Le Trait d'union ». « *Puis-je être encore pour toi ton Rayon ? (...) les trinités ne sont évidemment pas de ce monde* », écrit Natalie à Liane qui laissera cette interrogation sans réponse. Le « Rayon de lune » doit céder la place à l'« Astre vénitien ». Liane et Mimy prennent la route de Roscoff « ainsi que deux gosses en vacances ».

Liane n'est plus une Ariane abandonnée à Naxos, mais une Ariane triomphant à Lesbos, comme elle l'avait prévu, voulu.

29

LE RETOUR DU PRINCE PRODIGUE

(Automne 1926-hiver 1927)

En fait, Mimy Franchetti est pour Liane davantage que l'un de ses habituels dons du Ciel, puisque Mimy « réunit tous les dons du Ciel. Elle rit et tout se fait joyeux autour d'elle ». La princesse qui reprochait tellement à Georges ses tristesses et ses maussaderies a quelqu'un auprès d'elle qui incarne la joie de vivre !

En ce mois de septembre 1926, le Clos Marie retentit des rires et des chansons de Mimy. La princesse et la baronne passent les matinées au lit. Elles prennent leur petit déjeuner ensemble. Elles se taquinent, elles s'embrassent, elles lisent leur courrier. Mimy donne à Liane des leçons d'italien. Verbes, mots, dictées, traductions. Quand Liane a bien travaillé, Mimy, en récompense, chante un *blues* ou une chanson italienne. Puis, c'est la récréation. Les deux amies courent à la plage. Mimy cherche des cailloux. Elle aime les pierres aux formes les plus rares et sait les dénicher. Toutes deux reviennent à la maison, et à son jardin où elles arrosent les fleurs et taillent les arbustes.

De temps en temps, elles se promènent en ville pour y récolter des compliments. Tout Roscoff a pour Mimy les yeux de Liane. Tout Roscoff s'étonne de voir à la princesse un visage aussi gai, tout d'un coup rajeuni. Et de commenter ce rajeunissement : « Vous n'avez plus la même expression. Monsieur le prince ne riait jamais, vous aviez l'air de vous embêter. » Liane entend ces paroles avec délectation. Elle est tellement heureuse qu'elle décide de pardonner à Georges et à Manon. Selon sa logique personnelle, si Georges et Manon n'étaient pas partis, elle n'aurait pas rencontré cet amour de Mimy, cette « fraîche aurore ».

Mimy est un infatigable boute-en-train. Elle met le phonographe en marche et entraîne Liane dans des valses et des tangos effrénés. Quand elles sont fatiguées de danser, Liane et Mimy lisent, la princesse un roman de Jacques de Lacretelle, *La Bonifas*, qui vient de paraître, et Mimy, des poésies de D'Annunzio et des contes de Mark Twain.

Le soir tombe, qui ramène les amies à la chambre. « L'amour de Mimy est ardent, passionné, entier, jaloux. C'est l'amour italien ! » Mimy, c'est l'Italie à domicile, c'est Venise à Roscoff. Parfois, la princesse trouve son Italienne autoritaire, fantasque. Mimy ne montre pas à Liane l'apparente soumission à laquelle Georges l'avait habituée...

Septembre, octobre passent comme des songes heureux à Roscoff qu'il faut quitter, début novembre, pour regagner Paris où Georges et Manon sont revenus. Liane veut divorcer. Or, d'après Me Collet, le prince Georges s'y refuse absolument. Devant une telle obstination, la princesse se préoccupe de savoir quel est le meilleur avocat du moment. « C'est Me Moro-Giafferi », répond Salomon Reinach. Liane choisit donc Me Moro-Giafferi qu'elle voit pratiquement tous les jours en ce mois de novembre 1926. Il accepte de se charger d'une procédure qui s'annonce difficile.

Par l'intermédiaire d'amis communs, Georges fait dire à Liane que, si elle ne le reprend pas, il n'a plus qu'à mourir. Liane plaint Georges, mais refuse de le revoir, chargeant Manon Thiébault de la responsabilité du désastre. Elle apprend que Georges et Manon mènent une vie de débauche à Montparnasse. Une amie montre à Liane une lettre qu'elle a reçue de Georges, « *Manon et moi, nous sommes deux épaves, deux misérables !* » Ils noient leur désarroi dans l'alcool et les rencontres de hasard. Manon, « don du Ciel » changée en « petite vipère », accuse à son tour Liane de pousser Georges à un suicide qu'elle ne tarderait pas à imiter. La princesse serait responsable de ces deux morts.

Ce chantage la laisse inflexible. Le prince doit perdre tout espoir de reprendre la vie commune. Liane fait le siège de Me Moro-Giafferi qu'elle presse, et supplie, de hâter son divorce. Les journaux s'en mêlent et se font l'écho des déclarations de celle qui, pour le grand public, est restée Liane de Pougy :

« On a beaucoup parlé de ce divorce en train de se régler entre notaires. Le mariage fit quelque bruit en 1910 ; mais la vie conjugale eut cette discrétion qu'apportent dans l'histoire les peuples heureux. Ce qui a été imprimé au sujet du divorce a surpris ceux qui connaissent la grâce nonchalante de Liane de Pougy. Dans un rez-de-chaussée prêté par l'une de ses amies, aux environs de Saint-Augustin, la princesse Ghika, belle et blanche, étendue sur un divan dans l'attitude que lui prête le tableau de La Gandara, reçoit ses amis : Salomon Reinach, Reynaldo Hahn, Henry Bernstein, John Bouchor ; et ses amies : Miropolsky, la duchesse de Clermont-Tonnerre qui viennent l'assurer de leur fidélité.

"Je n'en veux pas trop au jeune époux qui s'est enfui, dit la princesse. On m'a attribué des propos très loin de ma pensée qui est ailleurs. Je n'ai ni colère, ni regret. Ce qui m'arrive est tout naturel. (...) J'ai eu dix-huit ans de bonheur. Combien de femmes peuvent en dire autant ? (...) Pourquoi me plaindrais-je ? D'ailleurs, Max Jacob m'exhorte à la pitié." »

Le pieux Max Jacob, que ce divorce affecte beaucoup, se fait l'avocat du diable, c'est-à-dire de Georges. Le 22 décembre 1926, toujours reclus volontaire à Saint-Benoît-sur-Loire, le poète écrit à Liane :

« Bonne Princesse, je sais d'excellente source qu'on vous trompe sur l'état de Georges. Georges vit dans une tristesse profonde, n'aime que vous et ne se console pas de vous avoir perdue ; il a dit à quelqu'un : "J'ai agi comme un automate ! J'avais perdu tout sentiment et toute conscience, je ne savais pas ce que je faisais." (...) Vous connaissez mon opinion sur le caractère odieux de son action mais d'après ce qu'on me dit Georges expie et n'a pas fini d'expier. (...) Ne fermez pas la porte à l'avenir, bonne Princesse, par ce divorce. Et ne m'en veuillez pas si vous me jugez accessible à l'excès de miséricorde. Ne bâtissez pas de muraille à Dieu qui arrangera peut-être un jour les événements... »

Fin 1926, Max Jacob joue un rôle capital dans le

retour en grâce de Georges. La princesse se rend aux raisons, et aux prières, du poète : elle arrête la procédure du divorce, à la surprise de Me Moro-Giafferi qui ignorait combien sa cliente pouvait être imprévisible. Ce qu'ignorait aussi Mimy qui se voit brusquement congédiée.

Liane s'aperçoit que Mimy qui réunissait tous les dons du Ciel a aussi d'excessifs défauts. Mimy fume trop, Mimy boit trop, Mimy aime trop les lourds gâteaux et les sauces lourdes que fuit Liane, qui se voue résolument à une minceur éternelle. Mimy a des crises, des bourrasques, des foucades que Liane ne supporte plus : « Mimy Franchetti a eu beaucoup de chagrin de mon lâchage. J'en ai eu. Nous avions de chères petites habitudes de sensualité. J'ai déchiré cela en une minute. »

Liane n'a pas complètement laissé à l'abandon Mimy qu'elle a présentée à Émilienne d'Alençon. Mimy Franchetti, qui avait abandonné Natalie Barney pour Liane de Pougy, se console maintenant avec Émilienne d'Alençon. La baronne semble avoir un faible pour les dames qui ont connu les faveurs de Liane...

Début décembre, Jean Cocteau raconte à la princesse qu'il a rencontré Georges et Manon dans un cinéma. « Manon est affreuse. On dirait une petite guenon ; on a envie de lui confier une noix de coco », dit-il. « La noix de coco, c'est mon bonheur à moi », répond Liane. « Mon amour, tu le retrouveras ton bonheur », prédit Cocteau.

En février 1927, Liane consent à revoir Georges qui, malade, se traîne dans une maison de santé, dans les environs de Paris, à Châtenay. Il a rompu avec « la petite guenon » qui devra se contenter d'être l'une des attractions de ce zoo qu'est Montparnasse pendant les années folles. Elle ne sera pas princesse Ghika, mais princesse de Montparnasse. C'est une consolation !

Liane consent à reprendre Georges parce qu'elle en a, enfin, pitié. Il est « réduit, vieilli, souriant, maniaque ». Il n'a plus que Liane en ce monde. Cela, elle le sait et, quoi qu'elle en dise, elle en est touchée. On n'efface pas, en quelques mois, des années de vie commune. Quand elle fait part de sa décision à Max Jacob, celui-ci écrit aussitôt, le 2 février 1927 : « Votre carte me rassure. “Il n'a que moi au monde”, dit-elle. Cette petite phrase vous fera pardonner toutes vos fautes. Vous pardonne parce que Georges a besoin qu'on lui pardonne. C'est ainsi qu'est la sainteté. La sainteté s'ignore et ne se révèle que par de pareilles paroles et les actes qui les suivent. Georges a besoin de vous, alors vous renoncez à une vie brillante au milieu des amis qui vous ont amusée, consolée, entourée d'une invisible compassion, vous renoncez à tout cela pour prendre le voile de la chère sœur infirmière. »

Au fond, il ne déplaît pas à Liane qui a toujours aimé avoir le beau rôle d'être une sainte, et d'avoir pour calvaire un Georges Ghika avec « ses erreurs, ses instincts et ses abjections ». Georges l'avait tirée de son bourbier. Liane tire Georges de sa boue. Ils sont quittes.

Alors Liane s'en va pour la Côte d'Azur, à Boulouris, où elle attendra que Georges, guéri, puisse quitter Châtenay. Le 1er mars 1927, Georges se réfugie dans les bras de Liane. C'est le retour du prince prodigue.

30

UNE DEUXIÈME LUNE DE MIEL

(Printemps 1927)

Le 1er mars 1927, premier jour du retour du prince prodigue à Boulouris, Georges et Liane reprennent leurs habitudes sensuelles, sans perdre un seul instant. « A quoi bon retarder le plaisir de nos corps ? » remarque Liane qui a beau protester contre ce que l'amour peut avoir de bestial, elle ne refuse pas pour autant sa part de plaisir physique quand celui-ci se présente...

Ces retrouvailles entre le prince et la princesse sont d'autant plus vives que l'un et l'autre sont la proie d'ardeurs qu'ils ne dissimulent plus : « *Entre ma rupture avec Mimy et ma reprise avec Georges, j'ai couché avec Sonia, j'avais les sens déchaînés ; ça n'est pas tout à fait ma faute ; j'ai subi des chocs nerveux trop forts pour moi. Tout mon corps a été secoué violemment.* »

Georges et Liane vivent une deuxième lune de miel et s'offrent « une petite noce ». Ils dînent au champagne dans leur chambre, déjeunent au casino de Saint-Raphaël où ils rencontrent Pierre Frondaie qui a traversé des épreuves semblables à celles qu'a subies Liane. Mais l'auteur de *L'Homme à l'Hispano* a divorcé et va se remarier avec une jeune avocate, une ravissante brune aux yeux bleus, Jeanne Loviton, qui sera la dernière égérie de Paul Valéry. Prudente, Liane évite de se mêler des complications sentimentales de Pierre.

Durant ses promenades dans le maquis, ou sur le bord de la mer, Liane pense à celle qui a remplacé Mimy, une Sonia involontairement offerte par Georges : « *J'ai une petite Sonia dans ma vie. Elle fut aussi une maîtresse de Natalie. Elle est russe, jolie, hautaine, fine et détraquée. Georges me l'avait envoyée afin qu'elle me convainquît de ne pas divorcer. Elle a parlé pour lui... puis après, elle a parlé pour elle. Fatiguée des crises de Mimy, torturée par cet horrible Georges, je me suis laissée aller.* »

Liane est toute indulgence pour Liane quand Liane se

« laisse aller », comme elle dit. Elle perd toute indulgence face au même « laisser-aller » de Georges qu'elle traite aussi de « détraqué » ! Car, en fin de compte, de quoi est vraiment coupable le prince Ghika ? D'avoir fait une fugue avec la maîtresse de sa femme. Cela, Liane ne peut l'admettre.

En avril 1927, la deuxième lune de miel est terminée et la princesse dresse le triste bilan de ces retrouvailles : « Je ne puis souffrir davantage. C'est un demi-fou, érotique, hystérique au dernier degré. Il m'a proposé de vivre "légèrement" ensemble. Cela signifiait, m'a-t-il expliqué : avoir d'autres femmes, me mener au bordel lorsqu'il en aurait envie, coucher avec moi tous les jours... Car il m'adore... Je suis adorée ! »

Liane se plaint de Georges à Max Jacob qui conseille : « Appliquez la méthode Coué que vous m'avez enseignée vous-même. Dites tous les matins : "Georges est un saint qui s'ignore." "Je suis une sainte qui s'ignore." "Nous sommes des époux vertueux, nous nous aimons, nous aimons Dieu, nous remercions Dieu d'être au soleil dans ce charmant pays." Vous direz charmant pays vingt fois tous les matins sans ironie. L'ironie a perdu l'humanité. »

Liane suit à la lettre les conseils de Max, sans résultat aucun. A cinquante-huit ans, elle est adorée par son mari qui en a quarante-trois. Que souhaiter de plus dans leur retraite de la Côte d'Azur, qui prend des allures de thébaïde ? « Le vide se fait autour de nous. L'action de Georges, et ses suites, m'ont fâchée avec la duchesse, avec Mme Fabre-Luce. »

La duchesse Allégresse et Mme Fabre-Luce, plus liées avec l'Amazone qu'avec la princesse, ont dû choisir ce prétexte pour s'éloigner de ce couple trop scandaleux. Natalie Barney ne donne plus signe de vie, méditant sur les intermittences du cœur, la disparition de Liane de Pougy dont elle gardera la photo, à son chevet, jusqu'à son dernier soupir, et la perte de Mimy Franchetti dont elle ne parlera jamais plus.

Tous les amis qui avaient soutenu Liane pendant l'été 1926 et avaient dit de Georges pis que pendre, tous ceux qui avaient participé à la fête de Mardi gras, rue de Saussure, trouvent que les Ghika sont devenus infréquentables.

Seuls, les deux amis véritables du couple, Salomon Reinach et Max Jacob, manifestent leur approbation et leur joie. « Estimez-vous heureuse d'être restée souple et de justifier votre prénom », écrit Salomon qui pousse Liane à reprendre la plume : « Il y a en vous l'étoffe d'un admirable écrivain qui a horreur du charabia à la mode et élève sans grimace l'expression à la hauteur de la pensée. »

Salomon trouve que Liane a l'étoffe d'un écrivain, Max, qu'elle a l'étoffe d'une sainte. Voilà de bons, de vrais amis !

En ce printemps 1927, Liane ne se sent ni écrivain ni sainte. Elle est surtout désemparée face à un Georges qu'elle ne reconnaît plus, un Georges que Manon a complètement changé, et précipité vers la déchéance.

Cela obsède la princesse qui y revient sans cesse, comme, par exemple, en ce 9 avril :

« *Déchéance de Georges, autrefois, lorsque je lui faisais un petit présent, quel qu'il soit, il se montrait ému, touché, reconnaissant. L'autre jour, il a acheté deux boîtes de dix paquets de cigarettes Camel. Je les lui ai offertes : 135 francs. Il m'a remerciée du bout des lèvres et hier, tout en nous promenant et en tenant amoureusement ma main, il m'a dit : "Je déteste qu'on me fasse des cadeaux. Ainsi, lorsque tu m'as donné mes cigarettes, je me suis dit : Ça me fait une économie, mais je n'en ai pas été touché."* »

Les belles saisons de Saint-Germain-en-Laye et de Roscoff sont finies... Georges voudrait que Liane redevienne la courtisane qu'elle était, une Mademoiselle de La Bringue se livrant à la débauche. Cela tourne, chez Georges, à l'idée fixe. « *C'est un malade* », conclut Liane qui, le 17 avril, reçoit la confirmation de ce qu'elle savait déjà : « *C'est un onaniste depuis l'âge de sept ans. Il me l'a avoué : journellement, sans arrêt, même pendant nos dix-huit années merveilleuses d'union.* » Liane semble oublier qu'elle a participé à ces jeux de main conjugaux. Mais l'aveu de Georges révèle qu'il se livrait à cette pratique, sans son épouse. Décidément, Liane ne supporte pas la moindre tromperie...

En 1927, l'onanisme est encore considéré comme une maladie qui conduit à la perte de la vue, ou de la raison. Liane décide de faire soigner son mari. Max Jacob s'élève contre ce projet :

« Princesse, Georges n'est pas malade ! Georges n'est pas un malade. Bien entendu, il est “deux” comme tout le monde : le diable et l'ange. On est même trois ! Le diable, l'ange et l'autre. »

Face à ces trois Georges, Liane ne sait vraiment plus quoi faire. Dieu qu'elle consulte souvent à propos de cette nouvelle trinité se tait obstinément. Le silence de Dieu pèse à la princesse autant que les obsessions de son époux. Et pour couronner le tout, la mode des « garçonnes » bat son plein, avec leur nuque rasée et leur brusque jovialité de garagiste en goguette. Où sont passées les neiges d'antan, et les belles qui, avec leur longue chevelure couleur de lune, ressemblaient à des fées descendues sur terre ?

31

LE CHEMIN DE DAMAS PASSE PAR GRENOBLE

(15 août 1928)

Un an plus tard, en mai 1928, Liane se demande si, à partager les plaisirs d'un hystérique, son époux, elle ne devient pas, à son tour, hystérique ? Accompagnée de Georges, elle va de médecin en médecin, comme elle allait autrefois de succès en succès. Le prince et la princesse Ghika ne seraient-ils pas des malades imaginaires ? Liane constate le déclin de Georges, et le sien.

Le déclin de Liane n'est pas aussi tragique qu'elle le dit puisque Sonia, « Mon Oiseau » et autres odalisques sont là pour prouver que ce déclin, s'il existe, ne manque pas de saveur, ni d'attrait... A cinquante-neuf ans, la princesse continue à susciter le désir de son mari, et de celles qu'elle persiste à considérer comme des « dons du Ciel ». Elle croit parfois succomber sous le fardeau que représente Georges. Mais elle tient la promesse faite à Max Jacob et à Salomon Reinach : elle se montrera patiente, elle secondera les médecins, elle sera ce que l'on pourrait appeler une « médesainte ».

Dans sa brouille avec Natalie Barney, leurs amis communs ont, en majorité, pris le parti de l'Amazone. Ils se pressent aux vendredis du 20, rue Jacob dont la princesse Ghika a cessé d'être l'ornement. Liane souffre de solitude mondaine. Elle voit de moins en moins Salomon impliqué dans l'affaire Glozel, qui est l'affaire Dreyfus de l'archéologie. « Si vous lisez les journaux, vous pouvez deviner combien je suis absorbé par la polémique de Glozel », écrit Salomon Reinach à Liane qui, effectivement, suit cette bataille d'experts, en priant pour la victoire de son ami [1]. « Cette affaire aura été le poison

1. La victoire de Salomon Reinach n'a été acquise que de nos jours, grâce aux techniques modernes de datation qui ont permis de confirmer l'authenticité des objets préhistoriques trouvés par un paysan, en 1924, à Glozel, une commune de l'Allier. Salomon Reinach et Camille Jullian soutenaient l'authenticité de ces trouvailles. L'abbé Breuil pen-

de la fin de ma vie », affirme Salomon qui trouve en Liane un contrepoison. Lorsque la princesse paraît sur scène pour une représentation de charité au bénéfice des vieux comédiens de Pont-aux-Dames, Salomon oublie les affres de Glozel pour écrire ce quatrain à la gloire de l'immuable beauté de son idole :

Aux tournois de beauté, pour vaincre sans conteste,
Point ne suffit d'être belle à ravir ;
Il faut qu'on l'ait été, qu'on le soit, qu'on le reste
Jusqu'au dernier soupir.

Avec circonspection, Salomon donne des nouvelles de l'Amazone : « La rue Jacob n'est pas encore rentrée. Aux questions éventuelles, je répondrai que vous voyagez et changez souvent d'adresse. Même si je voulais, pourrais-je en dire davantage ? » Salomon connaît d'avance la réponse à sa question. Les deux déesses de l'« île » s'estiment outragées, et aucune ne fera le premier pas. C'est à croire que Natalie Barney avait raison quand elle me répétait : « Croyez-moi, il n'y a pas d'amour, il n'y a que de l'amour-propre. » Et elle ne manquait pas d'ajouter, dans un soupir et dans un sourire : « Or, l'amour n'est jamais propre. »

Comme Salomon Reinach, et avec la même prudence, Max Jacob donne des bulletins quasiment météorologiques de son amitié avec l'Amazone : une alternance de beau temps et d'orages : « Je suis réconcilié avec Miss Natalie Barney — déjeuner. Elle est tout à fait amusante et on ne peut lui en vouloir. » Si Max a réussi à réunir Georges et Liane, il ne parviendra pas à réconcilier la princesse et l'Amazone. Liane « en veut » à Natalie à qui elle laissait dans l'un de ses multiples testaments ce qu'elle avait de plus précieux : ses perles et ses cahiers bleus. Il n'en est plus question maintenant. Et pourtant, elle n'en continue pas moins d'évoquer, dans ces mêmes cahiers, celle qui fut l'une des passions de sa jeunesse : « C'était alors la jeunesse de l'Amazone, la mienne. Nous étions ferventes, révoltées contre le sort des fem-

---

chait pour la falsification.

mes, et surtout de voluptueuses et cérébrales petites apôtres, un peu poètes, avec beaucoup d'illusions et de rêves. Nous aimions les longues chevelures, les jolis seins, les moues, les mines, le charme, la grâce ; pas trop les femmes-garçons. "Pourquoi vouloir ressembler à nos ennemis ?" murmurait Natalie-Flossie de sa petite voix nasale. »

En cette fin des années vingt dont les folies s'achèvent avec la revue des Folies Bergère, « La Grande Folie » où Georgia Graves triomphe dans un tableau, « Les Bulles de savon », Liane regarde de plus en plus vers son passé enfui comme une bulle aux éphémères reflets. Elle retourne même sur les lieux de son enfance, au couvent de Sainte-Anne-d'Auray où elle retrouve la Mère supérieure, Mère Marie-Madeleine qui l'appelle, comme autrefois, « ma petite fille », et à qui elle expose ses problèmes actuels. Réponse de Mère Marie-Madeleine :

« Ma petite fille, votre mari a fait beaucoup pour vous. Souvenez-vous qu'il vous a ramassée dans une foule peu choisie et qu'il vous a fait monter à l'autel... Que ferait-il si vous le quittiez ?

— Comme lorsqu'il m'a quittée, il fumerait sans limites, boirait le plus possible, ferait la noce la plus basse et vivrait sans contrôle.

— Alors, votre devoir est tout tracé, vous devez rester avec votre mari. (...) Aussi, ma petite fille, en reprenant votre mauvais sujet de mari, vous avez renoncé à vous, car vous saviez un peu ce qui vous attendait. Ceci est la plus belle des victoires, elle vous élève et vous fortifie, elle plaît à Dieu et Il vous aidera. »

Quand, en mai 1928, Liane apprend la mort de Mère Marie-Madeleine, elle se remémore cet ultime dialogue et se jure d'accomplir son devoir envers Georges. Elle adresse cette prière à la défunte : « Je ne pouvais tout vous avouer, je vous respectais trop. Vous n'ignorez plus rien maintenant et vous m'aiderez à me sortir de ce cloaque. »

Mère Marie-Madeleine semble avoir exaucé cette prière et guidé les pas de Liane vers son chemin de Damas qui passe par Grenoble...

En effet, en août 1928, les Ghika se rendent à Grenoble afin de consulter un nouveau médecin, encore un, le docteur Martin Sisteron, « qui y dirige un lieu de repos ».

Le 15 août, fête de Liane, qui tient beaucoup à son premier prénom de Marie. Ce jour-là pendant une promenade dans les environs de Grenoble — les Ghika sont d'infatigables marcheurs —, le prince et la princesse passent devant une maison grise dont le portail est surmonté de cette inscription : asile Sainte-Agnès. Il a été fondé en 1869, l'année même de la naissance de Liane, pour abriter des handicapées mentales. Cela, les Ghika le savent. Par désœuvrement, par curiosité « peut-être malsaine », remarque Liane, ils sonnent. Le portail s'ouvre et ils se trouvent face à la Mère supérieure, Mère Marie-Xavier, qui leur fait visiter la chapelle.

Liane pensait apercevoir quelques pensionnaires, mais n'en voit aucune. Elle n'est pas déçue puisque, en Mère Marie-Xavier, elle est certaine d'avoir rencontré un « don du Ciel », véritable celui-là : « Elle est de ces êtres dont le regard ferait sortir du roc une source jaillissante », note la princesse enthousiasmée par sa première visite.

Le lendemain, elle retourne, seule, à l'asile et confie quelques-uns de ses problèmes à Mère Marie-Xavier qui l'invite à revenir, en compagnie de son époux, afin de voir « ses enfants ». A sa troisième visite, Liane est conduite, avec Georges, dans un préau où s'agitent soixante-sept misérables créatures de huit à soixante ans. Cris, contorsions, grimaces affreuses et affreuses odeurs. Georges pâlit. Liane manque s'évanouir. « Lorsqu'on a vu cela, on ne peut plus se plaindre de rien », conclut-elle. Liane a tout, ces démentes n'ont rien. Elle veut essayer de tout leur donner. Elle offre d'abord 500 francs à Mère Marie-Xavier, puis sollicite, par lettre, ses amis, du maharadjah de Kapurtala à Maurice de Rothschild, d'André Germain à Pierre Frondaie, de Gabrielle Chanel à Madeleine Vionnet. Tous envoient des dons, même le docteur Albert Robin qui est mourant et qui prouve ainsi à Liane qu'il ne l'a pas oubliée... Salomon Reinach propose son obole avec des restrictions morales qui ont dû plonger sa princesse dans des abîmes de réflexion :

« (...) J'ai le temps de vous envoyer quelque chose pour les courageuses femmes qui, dans l'espoir aussi bienfaisant que trompeur du salut éternel, dépensent tant d'énergie pour des filles qui ne servent à rien à la Société et auraient dû depuis longtemps recevoir leur *exeat* de trois médecins, dont un d'État. Il y a bien longtemps que j'ai réclamé pour ces non-valeurs non pas la *peine* mais le droit de sortir sans douleur d'un monde pour lequel elles ne sont pas faites, et je réclame aussi ce droit pour les malades reconnus incurables, comme je réclame l'*eficiat* pour les malheureuses qu'une violence a fécondées. Mais l'esprit du christianisme, mal entendu je crois, s'oppose à ces mesures que justifie le sens commun. Nous ne verrons pas l'avènement d'une morale toute sociale, dont le mysticisme sera enfin écarté. »

Un monde sans mysticisme, tel que le conçoit Salomon, est impensable pour Liane qui, depuis son entrée à l'asile Sainte-Agnès, se livre à la charité comme elle s'est adonnée à la galanterie. Elle remue le ciel et la terre, elle réunit rapidement 5 000 francs. Elle retourne chaque jour à l'asile et fait, de la Mère Marie-Xavier, sa confidente à qui elle raconte tout. La religieuse comprend tout. Liane termine sa confession par cet aveu : « Ma mère, lorsque je vois ces pauvres enfants et que je pense à ma vie dévastée, je suis prête à les envier de ne pas comprendre ! — Elles sont certainement à envier de ne pas avoir la possibilité d'offenser Dieu », répond la Mère supérieure qui, rendant confidence pour confidence, ajoute : « J'ai dû lutter aussi. J'ai été longue à m'habituer à ce poste si dur. J'y suis depuis quatorze ans, eh bien ! pendant les cinq ou six premières années, j'ai dû refouler souvent l'idée de suicide pour en finir avec ce dégoût de tous les jours et de toutes les minutes. Je me suis vaincue, j'aime mes enfants. Plus elles sont éprouvées, plus je les aime. Je ne voudrais plus les quitter maintenant. Je les aide à souffrir, je les aide à mourir. Et je vous aime, princesse, parce que vous les aimez. »

Entre les deux femmes, tout est dit. La religieuse et

la princesse sont unies dans un même idéal d'amour et de charité envers leur prochain. Mince, grande, brune, nette, directe, intelligente, active, veillant à tout et rendant à tous la paix et la confiance, Mère Marie-Xavier montre une modestie extrême et refuse que l'on parle d'elle : on ne doit parler que de son œuvre. Seul compte l'asile Sainte-Agnès. Devant tant d'abnégation, Liane mesure son égoïsme, son égocentrisme et ne ménage pas sa contrition. « Comme je suis loin maintenant de Paris et de ses dissipations ! Voilà ma richesse, l'amitié de cette sainte et une petite place dans cette œuvre d'abnégation et de sacrifice. Voilà mon chemin de Damas », note Liane à la fin de l'été 1928 qui la trouve encore à Grenoble, à l'hôtel Moderne. Elle ne voudrait plus quitter son chemin de Damas. A travers ses entretiens presque quotidiens avec Mère Marie-Xavier, la princesse entrevoit une autre vie, loin des intrigues et des sentiments qui passent. La souffrance des autres, elle, ne passe pas. Il faut s'y dévouer. C'est ce que fait Mère Marie-Xavier. La supérieure n'est que l'une de ces petites saintes anonymes qui fleurissent dans les cloîtres. Vouée à l'exceptionnel, Liane ne s'étonne pas outre mesure d'avoir pour amie une femme qui mérite vraiment d'être considérée comme supérieure...

Début octobre, la princesse prend froid. Elle prend froid avec une incroyable facilité, elle a maintenant « une santé variable » comme l'avait prédit, en 1903, Genia Lioubov dans son art divinatoire des visages et des âmes, une santé « assez fréquemment troublée par des migraines, névralgies, gastralgies, etc., et sujette en outre aux anémies périodiques, aux troubles intestinaux (...), à l'arthritisme (...) sinon à la maigreur chlorotico-neurasthénique ».

En 1903, Liane de Pougy n'avait prêté qu'une attention distraite à ces prédictions. Ces dernières s'accomplissent pour la princesse Georges Ghika qui s'en souvient alors.

Pour combattre son refroidissement, Liane se met au lit avec des bouillottes et absorbe quelques comprimés d'aspirine. Elle reçoit la visite de Mère Marie-Xavier qui, faveur suprême, invite la princesse, quand elle sera rétablie, à déjeuner à l'asile Sainte-Agnès. La supérieure a engraissé un poulet à l'intention des Ghika. Liane accepte à condition que ce déjeuner consiste seulement en ce poulet, et en quelques pommes de terre cuites à l'eau.

Le 4 octobre, l'asile Sainte-Agnès fête ses deux nouveaux bienfaiteurs. Georges et Liane se voient offrir des bouchées à la reine, le poulet avec des épinards, du veau entouré de carottes, du vin rouge, du vin blanc, et pour dessert, de la gelée de pommes, puis un café soigné et de l'eau-de-vie fabriquée à l'asile en 1914. Un vrai festin digne de Paillard, ô Roman Potocki, ô docteur Albert Robin[1], ô Henri Meilhac. En dégustant ces délices du couvent, la princesse Georges Ghika se souvient-elle des galantes agapes de Liane de Pougy dans les lieux de ses débauches passées ? Liane ne veut plus connaître que les débordements de la générosité. Elle a offert, en ce jour mémorable, cinq kilos de confitures, quatre-vingts pains au lait, trois kilos de chocolat, et trois livres de figues sèches disposées dans une belle boîte en laque rouge et or, que Mère Marie-Xavier gardera en souvenir de la donatrice.

Georges a apporté son phonographe et des disques. Jamais l'asile n'a été à pareille fête. « La joie était peinte sur tous les visages », rapporte Liane.

Le 7 octobre, les Ghika quittent Grenoble et l'asile Sainte-Agnès. Liane en est attristée. Ils s'arrêtent à la Grande Chartreuse, puis séjournent à Aix-en-Provence.

Autrefois, dans chaque endroit qu'ils visitaient ensemble, Georges avait l'habitude, charmante, d'acheter une carte postale et de l'envoyer ensuite à Liane, en évoquant les moments heureux qu'ils avaient passés là. A la Grande Chartreuse, Georges n'a pas manqué à cette coutume. Liane reçoit, sous enveloppe, une carte représentant une cellule de moine, et les lignes suivantes : « *Je n'oublierai jamais, toi non plus, comment nous*

---

1. Liane a appris la mort du docteur Robin, le 27 septembre, dans *Le Figaro*.

nous sommes dissimulés dans un coin, comment nous avons laissé sortir le guide suivi de son troupeau de visiteurs et comment nous nous sommes jetés sur ce lit, sur ce lit-là, éperdument, jusqu'à la prochaine fournée qui nous trouva rajustés, recoiffés, méditatifs. »

Georges trouve cela drôle et en rit. Liane ne juge pas cela amusant et n'en rit pas. « Voilà à quoi son esprit est occupé, uniquement occupé. » L'exercice de la charité n'a été pour le prince qu'une expérience, un divertissement. Résolument athée, Georges ne se soucie pas de rejoindre Liane sur son chemin de Damas...

32

DES PARIAS DE LUXE

(Automne 1928-printemps 1931)

A partir de l'automne 1928, le prince et la princesse Georges Ghika, tels des parias de luxe, vont d'hôtel en hôtel, de ville d'art en ville d'eaux, d'Aix-en-Provence à Vittel. Ils cherchent par cette incessante errance à oublier leurs dialogues de sourds, leur quotidienne mésentente.

Le 12 octobre, à Aix-en-Provence, les Ghika s'installent à l'hôtel Sextius. En compagnie de leurs amies Jenny Chollet et Mme Max Maurey, ex-Yvonne de Buffon, ils parcourent la ville, courent les antiquaires et rentrent le soir, harassés. Bienheureuse fatigue. Doux repos, hélas, interrompu par une initiative de l'actrice Tonia Navar qui a fait publier dans la revue *Minerva* la lettre de Liane demandant des secours pour ses protégées. Liane approuve ce coup de trompette en faveur de l'asile Sainte-Agnès. Georges désapprouve, se plaisant à effrayer Liane. Il prétend que son épouse parle trop de l'asile et de Mère Marie-Xavier. Que le clergé peut s'en mêler. Que ces deux noms, Liane de Pougy-princesse Ghika, n'ont pas une réputation particulièrement édifiante. Et s'ils sont accolés à celui de Mère Marie-Xavier, cela pourrait provoquer un beau scandale. On pourrait reprocher à la supérieure une imprudente confiance... Georges joue les rabat-joie et saccage le chemin de Damas. A ces sombres prévisions, Liane oppose sa détermination : « Pour l'asile Sainte-Agnès et Mère Marie-Xavier, je suis prête à tout supporter. »

Face à cette fermeté, Georges change de tactique et tente d'effrayer Liane d'une autre façon. Un jour, il entre dans leur chambre et dit :

« Je viens de tuer une guêpe.

— Tu as bien fait.

— Je n'aime pas tuer une bête. Lorsque j'ai vu cette guêpe, j'ai ouvert la fenêtre. Elle n'a pas tenu compte

de mon indication, alors je l'ai tuée pour m'en débarrasser. »

Georges regarde fixement Liane et répète : « Elle n'a tenu aucun compte de mon indication, alors j'ai été obligé de la tuer. » Il éclate de rire. Liane l'imite, tristement.

Un autre jour, dans les jardins de l'hôtel Sextius, la princesse remarque un vieux jardinier qui balaye les feuilles mortes, en contemplant, avec envie, la cigarette que fume Georges. « Va porter une cigarette à ce pauvre petit vieux », ordonne Lianc à son époux qui obéit. Ravi, le petit vieux se confond en remerciements. Georges se met à faire des grimaces dont s'offusque Liane qui réclame des explications que voici : « Tu comprends, je détends mon visage pour effacer le sourire menteur et poli que j'ai eu bien du mal à poser dessus. » Ce n'est plus le garçon de la Dobroudja que Liane a pour mari, mais l'ange du bizarre...

Les parias de luxe quittent Aix et continuent leur errance à travers la Provence. Ils ne savent plus où abriter leur ennui, leur neurasthénie. Ils s'arrêtent à Arles. Dans le hall de l'hôtel, une affiche propose une visite de Nîmes pour 100 francs. Les Ghika s'inscrivent aussitôt : « Nous pouvons nous payer cette promenade qui nous distraira un instant l'un de l'autre, et de nous-mêmes. »

Voilà à quoi en sont réduits les Ghika, à des visites en groupe pour éviter un tête-à-tête trop pesant...

A petites étapes, ils remontent vers Paris. Ils font halte à Lyon, montent à Notre-Dame-de-Fourvières, et là, Liane, en plaisantant, jette de l'eau bénite sur Georges pour en chasser le diable qui l'habite. « Mais j'ai mon imperméable », proteste Georges qui n'a pas compris, ou ne veut pas comprendre, la plaisanterie de Liane.

L'incompréhension entre les époux est à peu près totale. Liane s'efforce de parvenir à une « résignation joyeuse ». Elle en est encore loin, et ne cache pas qu'elle se sent parfois suicidaire, quand, dans la chambre conjugale, elle doit se plier aux inventions de Georges et montrer qu'elle garde, à soixante ans, une souplesse de liane.

Elle ne peut raconter ces horreurs d'alcôve à Mère Marie-Xavier, elle les confie donc à Jenny Chollet :

« Moi, j'ai assez vécu. (...) Ces nuits-ci, il me semblait sentir des odeurs de charbon sortant de notre vieux calorifère[1]. *Je m'endormais la gorge irritée en me disant : "Si ça pouvait me faire mourir pendant que je dors." Mon rêve est de mourir sans déranger personne et sans faire trop de grimaces. »*

Pour la première fois de sa vie, Liane s'avoue vaincue et ne cache pas sa défaite à Jenny :

« Est-ce le résultat de tous mes chagrins ? Je me sens rongée, usée, je n'en puis plus. Moi qui aimais tant t'écrire, je ne puis plus le faire, ma tête est vide, je n'ai plus une idée suivie.

Je tremble, je ne digère plus rien. Je sors lorsqu'on m'y pousse, et en rentrant, je n'ai que le temps de me jeter sur mon lit avec une boule chaude pour y faire circuler mon sang. Et le reste... Le reste, la nuit, Georges essayant tout ce qu'il peut. Hier, je lui ai dit : "Laisse-moi, va-t'en, je veux souffrir et mourir en paix." Alors il a pleuré. »

A quoi sert de pleurer ? Le mal est fait. C'est par pitié qu'elle a repris Georges. Une pitié qu'elle voulait éviter, à tout prix, comme elle l'écrivait à Jenny, au printemps 1927 :

« Il faut éviter la pitié... tu comprends, il faut éviter la vieillesse atroce près de lui, l'acharnement, l'empoisonnement des heures qui me restent à vivre. (...) L'horreur du crime de mon mari n'existe qu'à cause de ces dix-huit années merveilleuses de bonheur qu'il m'a données... le seul crime tient peut-être uniquement là. (...) Je me raisonne, mais c'est tuant de vivre ainsi au-dessus de soi-même. »

Lucidité qui n'a pas empêché Liane de se laisser prendre au piège de la pitié ! Et pour quel résultat ? Georges ne voit plus rien, n'entend plus rien, perdu dans ses folies intérieures. C'est l'enfer pour Liane, un enfer qui

1. Les Ghika ont réintégré leur appartement des Batignolles où ils vivent à l'écart des « tristes comédies » de la vie parisienne.

a commencé peu après la reprise de leur vie commune en 1927 et qui dure encore en 1931. Le 14 août de cette année-là, elle note :

« Je viens de passer trois années auprès de ce malheureux Georges Ghika, inconscient et débauché, refoulant ses actes, mais débordant de paroles mauvaises. (...) Il n'a plus de virilité ; le désir d'en avoir le fouaille. »

Voilà ce que l'on peut lire à la page 250 de *Mes cahiers bleus*. Ce qui suit, et qui explique toute l'horreur de Liane et son désir de suicide, a été coupé lors de la publication de ces *Cahiers : « Il n'a pas abandonné son onanisme, l'onanisme destructeur de son enfance, de sa jeunesse, de toute sa vie et de notre bonheur. (...) Il s'avance menaçant, ricanant, me saisit, m'écartèle, me lèche comme un chien, bave, essaie ses forces revenues, tombe affaibli, recommence inutilement, se livre à ses honteuses pratiques, abandonne alors ma couche souillée, mon corps meurtri, mon cœur déchiré... Je me lave, je voudrais me baigner, changer de draps, impossible. Il est là, à trois mètres de moi, content de lui... »*

Et cela se répète, chaque nuit, ou presque, pendant cinq ans. Dans la nuit du 12 au 13 mars 1931, Georges fait franchir à Liane les limites du supportable. Il a la bouche infectée et embrasse de force son épouse, et « se livre à son affreux plaisir favori ». Liane n'en peut plus et supplie : « Mon Dieu, c'en est trop, je n'en peux plus. Délivrez-moi. »

Le 13 mars au matin, à Bucarest, Mariette Ghika a une attaque, suivie d'une paralysie du côté gauche. Prévenu par télégramme, Georges part aussitôt au chevet de sa mère. Il est accompagné par son frère Henri. Il n'y a donc plus un seul Ghika à Paris ! Liane se sent délivrée et remercie le Ciel, comme il se doit.

33

L'ADIEU AU PASSÉ

(26 août 1931)

De ces trois années qui achèvent de s'écouler, nous ne savons que ce que Liane veut bien nous en dire dans ses *Cahiers bleus*, ou dans les lettres qu'elle adresse à certaines de ses amies comme Jenny Chollet.

Il serait intéressant de connaître la vision que Georges pouvait avoir de ces années-là. Le prince rédigeait son journal qui, au moment où j'écris ces lignes, n'a toujours pas été retrouvé. Salomon Reinach et Max Jacob tenaient en grande estime le talent d'écrivain du prince Ghika. La princesse, que l'on ne peut suspecter d'indulgence envers les œuvres de son mari et qui jugeait ses poèmes trop modernes, trouvait que ce journal était supérieur au sien, c'est dire... Oui, il serait vraiment intéressant dans le conflit qui déchire le couple Ghika d'avoir l'opinion de Georges...

Il est certain que, pour Liane, avoir un époux onaniste et exhibitionniste à demeure, même s'il réserve ses particularités à sa seule épouse, n'est pas de tout repos. Habituée par son métier de courtisane à toutes les dépravations, Liane ne supportait ces égarements que le temps d'une éphémère liaison. Ligotée par les liens du mariage que, sous l'influence de Mère Marie-Xavier, elle considère comme sacrés et indissolubles, elle ne peut plus songer au divorce. Elle n'en garde pas moins l'espoir d'une séparation de corps, comme l'Église l'autorise parfois.

Quand elle est délivrée de Georges par la providentielle attaque de Mariette, Liane se réfugie chez l'une de ses amies, Marine d'Autigny, dans le Var, au mont du Soleil, cap Brun, près de Toulon. Son époux, M. d'Autigny, a une maladie de cœur et traverse, à ce moment-là, une crise terrible qui inspire de vives inquiétudes à son entourage. Marine « *a beaucoup souffert de la dépravation de son mari, cachée sous des dehors parfaits. Jamais il ne l'a abandonnée, il ne s'est pas non plus affiché... mais il a pris son petit plaisir là où il s'est présenté, chaque fois qu'il a pu* ». Tous les hommes sont semblables, Liane et Marine sont bien d'accord là-dessus !

Ninon de Lenclos que le *Gil Blas* et *Fantasio* donnaient généreusement comme ancêtre à Liane de Pougy, au temps de sa splendeur 1900, disait, à la fin de sa vie : « Je ne mourrai que de réflexion, aussi, je tâche à n'en plus faire. » Liane pourrait faire sienne cette phrase de Ninon. Mais, en ce printemps 1931, elle n'a plus la force de repousser les réflexions dévastatrices. Elle se considère comme une morte vivante. Elle a maintenant soixante-deux ans et Georges, quarante-sept.

Sa vie conjugale est un désastre. Et sa vie extra-conjugale aussi : elle vient de rompre avec « Mon Oiseau » qui a commis le crime de batifoler avec Maurice de Rothschild, lequel pour la circonstance, avait revêtu un somptueux pyjama bleu ciel. Deux amies de Liane prêtaient leur aimable concours. La princesse a considéré cette partie à quatre comme une insulte personnelle et rompu avec « Mon Oiseau » qu'elle considère comme la seule coupable.

Voilà Liane complètement seule. Georges est en Roumanie. Max Jacob se terre dans sa tour d'ivoire de Saint-Benoît-sur-Loire. Salomon Reinach est perdu dans les méandres de l'affaire Glozel. Natalie Barney essaie de partager équitablement ses faveurs entre Romaine Brooks, la duchesse Allégresse, Dolly Wilde et quelques autres. Que reste-t-il à Liane ? Mère Marie-Xavier et l'asile Sainte-Agnès. Pendant ces trois années, la princesse a inlassablement sollicité les donateurs dont les générosités ont permis d'améliorer les conditions de vie à l'asile. Il y a maintenant le chauffage central jusque dans la chapelle, l'eau courante, une piscine, des lavabos. Liane a récolté 300 000 francs et rend particulièrement hommage à Mlle Chanel qui a donné, sans compter, à condition que personne ne le sache.

En ce printemps 1931, Liane doit se rendre à l'évidence : « *Cette œuvre est devenue ma raison de vivre. Ces malheureuses, les sœurs admirables, sont désormais toute ma famille.* » Chaque soir, elle lit un chapitre de l'*Imitation de Jésus-Christ* et y puise la force de renaître le lendemain et d'avoir le courage de lire la lettre quotidienne de Georges qui s'inquiète, ne sachant pas où se trouve son épouse. Il écrit par l'intermédiaire de leur notaire, Me Collet, qui transmet. Liane répond une fois par semaine, toujours par l'intermédiaire de Me Collet. Elle veut mettre de la distance avec son obsédé de mari et le préparer ainsi à une séparation. Elle se rend compte que son union avec un homme a été une erreur, elle qui n'aimait que les femmes. Reynaldo Hahn a été le seul à comprendre la vraie nature de Liane. Il avait cité jadis à son amie ces paroles de Goethe : « Enfant ! même si tu as fait le mal, jamais tu n'as été coupable. »

Paroles dont se souvient Liane, en août 1931, au cap Brun où elle séjourne encore. Elle y est toujours aussi seule, elle a même perdu sa plus fidèle suivante, Camille Garat, qui nage dans l'opulence et n'a plus besoin du salaire versé par Liane : elle a épousé un riche dentiste de Morlaix, un veuf. A cinquante-sept ans Camille se teint les cheveux, s'inonde de parfums et se promène en auto toute la journée : « *Elle m'écrit qu'elle m'adore, tout en me faisant comprendre qu'il n'est plus question pour elle de se déranger pour moi désormais. Je saisis bien cela et la félicite. Voici un petit chapitre de ma vie clos à jamais.* »

Combien de chapitres de la vie de Liane se terminent en ces années trente pendant lesquelles elle se dépouille, ou est dépouillée, de ce qui faisait le charme de sa vie : les soins empressés de Camille, les suaves frivolités de « Mon Oiseau », les petits jeux de la tendresse, oui, combien ?

Fin août, au cap Brun, la princesse admire, de sa fenêtre, un magnifique panorama : le Mourillon, les Sablettes, Toulon, Tamaris, le cap Six-Fours. Elle demande à Mme d'Autigny : « Dites-moi, Marine, quelle est cette jolie colline, juste en face, qui semble sacrée sous le soleil entre toutes les autres, car elle montre une blanche coupole qui ressemble à un petit temple ? — C'est Saint-Mandrier », répond Marine. En entendant ce nom, c'est tout le passé de Mme Pourpe qui ressuscite :

« *Saint-Mandrier ! Voici ma gorge qui se serre, tous mes souvenirs affluent. Le riant paysage s'efface. C'est ici que mon premier mari est mort, c'est là qu'il est enterré. Le lendemain, nous allâmes à Saint-Mandrier (...) Me voici devant le début de ma vie, en face de mes seize ans, étranglée par une émotion sans amertume, saine, pure et consolante. (...) Ma pensée psalmodiait ainsi des chants graves et doux : "Me voici, Armand, me voici, oh ! mon époux, mon initiateur, toi le père de notre glorieux fils, toi mort si jeune, ouvre-moi tes bras, reçois-moi en me pardonnant. Je t'ai trahi, j'ai quitté ton foyer, j'ai mené une vie dissolue. Je viens à toi aujourd'hui avec le lourd fardeau de toute une vie d'erreurs et de péchés. Oh ! Armand, accueille-moi. On m'a trahie, on m'a abandonnée, j'ai souffert et je t'offre ces souffrances comme des larmes, comme des cierges que j'allumerai pour toi dans une église. (...)" Mon cœur est un autel. Dieu, les miens, j'ai retrouvé toute ma famille. J'ai pensé ces jours-là détruire tous mes cahiers bleus. Quelque chose m'en a empêchée, c'est comme si l'on me disait : "Tu dois la vérité tout entière. On verra en toi le travail de la bienfaisante douleur et les secours que le Ciel t'a accordés."*

Il m'a semblé entendre aussi l'assurance que jamais l'âme de mon mari ne m'a abandonnée. Au moment de sa mort, en août 1892, j'ai reçu un mot d'un prêtre qui l'avait assisté en ces derniers moments et qui me disait à peu près ceci : "Votre mari est mort pieusement à Saint-Mandrier (...). Il a eu beaucoup de chagrin à cause de vous ; vous avez été jusqu'au dernier moment son souci et son inquiétude." (...) Oui, j'ai nettement l'impression qu'Armand a veillé sur moi, qu'il a cultivé mes sensibilités, qu'il m'a gardée, dirigée, au mieux. Ma chute était grande, je ne pouvais me relever d'un coup. Il a fallu du temps, ma liaison avec Georges Ghika, mon mariage avec lui, civil et religieux, une longue série de devoirs légitimes, doux et sérieux à la fois. Il a fallu le retour de mon fils près de moi à l'âge de douze ans, retour voulu par sa famille paternelle. Il a fallu sa carrière glorieuse, la guerre, implacable et terrible, la mort de cet enfant. On dirait que Dieu a exigé, ainsi que dans la Bible, le sacrifice de mon Marco pour le rachat de sa mère coupable. Il a fallu le crime de Georges Ghika et mon assassinat par lui, l'être que j'aimais tant ! Oui, il a tué quelque chose en moi. Il a sapé la racine du mal, il a été le plus bel instrument de mon rachat. (...) Il a fallu aussi mon asile béni de toutes les douleurs, mon cher Sainte-Agnès, où le Ciel a guidé mes pas le 15 août 1928, le jour de ma fête. Et Sainte-Agnès est devenu mon œuvre, mon occupation. (...) En lisant ceci des gens riront peut-être disant que c'est une folle, une exaltée... Non ! C'est une femme paisible, délivrée qui ne regrette qu'une chose en ces jours bénis, c'est de n'avoir que quelques années de vieillesse à offrir à Dieu... et à l'exemple. »

La princesse prononce là, avec une émotion et une sincérité indéniables, son adieu au passé. En ce 26 août 1931, en ce cimetière de Saint-Mandrier, Mlle Chassaigne, Mme Pourpe et Liane de Pougy ont pénétré, pendant quelques instants, au royaume des morts.

34

LES RÉCRÉATIONS DE LIANE

(Été-automne 1931)

Liane vit avec ses morts, et voilà que la mort frappe M. d'Autigny, le 31 août 1931, à 6 heures du matin. La princesse aide Marine, qui oublie les multiples trahisons de son époux, à supporter son chagrin. Elle se rend utile, va en ville porter des télégrammes, en revient avec des fleurs.

Le 2 septembre, veille de l'enterrement, la princesse est congédiée comme une servante. Marine suggère à Liane de vider les lieux afin de laisser la place à sa sœur et à son époux, le général Langlois, qui arrivent pour les obsèques. « *C'était naturel* », admet Liane qui ajoute : « *mais la manière fut brutale de me demander de partir, après m'avoir employée à toutes les sauces* ».

La princesse a parfois conscience d'être traitée comme la dernière des dernières. Elle ne peut s'empêcher de penser que sa présence est jugée indésirable par le général et son épouse. Pour une certaine société, la princesse Georges Ghika reste ce qu'elle fut, une scandaleuse, une infréquentable, une croqueuse de diamants et de maris, bref, une Liane de Pougy !

Liane quitte le cap Brun pour un hôtel au Mourillon, le Prieuré. Elle y obtient une chambre au pavillon des Romantiques. Accablée par la façon dont elle a été renvoyée par Marine d'Autigny, elle est rompue de fatigue, elle a mal à la tête, elle a de la fièvre, elle voudrait défaire ses bagages, ranger ses vêtements, n'y parvient pas et jette tout à terre, découragée. Où sont ses femmes de chambre, ou ses amies d'autrefois, qui rangeaient ses robes comme autant de reliques ? La voilà seule dans une chambre d'hôtel, sans aide ni secours autre que la photographie de Marco qu'elle place en évidence sur une commode.

Le propriétaire du Prieuré, M. Monet, qui a vécu à Saigon, a assisté là-bas à l'un des triomphes aériens de

Marco que la foule a acclamé « en 1912 ou en 1913 ». Il reconnaît l'aviateur, célèbre sa beauté et dit habilement à Liane : « Comme il vous ressemble. » Flattée, Liane se sent moins seule, « consolation dans mes peines... petite caresse de l'au-delà ».

Autre consolation, les lettres de Salomon Reinach qui approuve la retraite de Liane sur la Côte d'Azur, et les retours sur son passé : « Je ne puis qu'approuver votre retraite spirituelle en des lieux où vous pouvez revivre tant de pages de votre passé et vous replier sur vous-même au lieu de vous disperser au milieu de fanfreluches. Vous reviendrez très apaisée, quels que puissent être les lendemains, et préparée à prendre avec philosophie, ce que le temps vous apportera de bien ou de mal. »

Hélas, Salomon lui-même détruit l'apaisement qu'il promet à Liane. Il ose critiquer l'attitude que prend Liane vis-à-vis de Georges : « Je continue à ne comprendre qu'à moitié votre état d'esprit. Pendant de longues années vous avez permis à Georges de mener une vie désœuvrée, inutile, égoïste, une conséquence naturelle et d'ailleurs tardive de cette existence ayant été une ridicule escapade. Maintenant, depuis des mois, il veille sur sa mère malade, il trouve le temps de vous écrire tous les jours ; c'est presque une réhabilitation, du moins à mes yeux. Et c'est dans ces circonstances que vous semblez soupirer pour le bonheur d'une solitude définitive ! »

Furieuse, Liane laisse cette lettre sans réponse. Mais les commentaires qu'elle en fait dans son cahier bleu sont révélateurs de ses états d'âme :

« *Lettre de Salomon se permettant des réflexions très déplacées sur ma manière d'agir envers Georges Ghika. Premier reproche : l'avoir laissé vivre dans l'oisiveté. Hélas ! mon mari est un écueil, il oppose à tout ce qui lui déplaît la force d'inertie. Je l'ai supplié souvent de se donner un travail quelconque, autre que la littérature. Il riait aux larmes ! Ma belle-mère a dit un jour bêtement : "Un Ghika n'a jamais travaillé ! — Mais votre mari était dans la carrière, cependant. — Oui, mais mes fils n'étaient pas doués pour cela ; ils étaient délicats de santé, et enfin, ils avaient une fortune pouvant leur suffire." Deuxième reproche : l'avoir repris après sa ridicule escapade et lui en vouloir de soigner sa mère. Je lui en veux simplement de n'avoir pas hésité à m'abandonner pendant des mois et des mois pour soigner sa mère qui a une de ses sœurs auprès d'elle, deux infirmières, une nièce dévouée qu'elle a élevée, tandis que moi, je n'ai personne au monde. Cette lettre de Salomon est de la peine sur ma peine... et n'est qu'injustice et stupidité !* »

Liane oublie un peu vite qu'elle a demandé à Dieu en personne de la délivrer de Georges à la mi-mars, et que Dieu a exaucé sa prière. A la mi-septembre, Liane est prête à penser, comme sainte Thérèse d'Avila, qu'il y a plus de larmes versées pour les prières exaucées que pour celles qui ne le sont pas...

Égarée par sa fureur, elle qualifie de « *gâteux, indifférent, grossier et maladroit* » un Salomon qui n'a pas encore compris qu'il ne fait pas bon critiquer les princesses, surtout celles qui règnent sur l'« île ». Une « île » pour laquelle elle éprouve une brusque, une passagère nostalgie, provoquée par des propos tenus par l'une des pensionnaires du Prieuré, Suzanne de Callias :

« *Mlle de Callias m'a demandé si j'avais vu en juin une pièce anglaise jouée en anglais par des acteurs anglais au théâtre Caumartin. Cette pièce étant interdite en Angleterre, on l'a hospitalisée* (sic) *à Paris. Il y était question d'une jeune fille un peu montée en graine, indépendante et lesbienne. Elle habitait une petite maison, rue Jacob (l'allusion à l'Amazone ne saurait être plus directe). Enfin cette pièce est à la gloire, pour les uns, à la honte, pour les autres, de Natalie. On y voyait "Natalie" séduire une toute jeune fille, un frais pigeon de l'année, et l'enfermer près d'elle dans la petite maison — succursale de l'île — comme dirait Salomon — de la rue Jacob ! On y allait par bandes, on portait des condoléances à Natalie. "C'est abominable, répondait-elle, quelle vulgarité." D'autres disaient : "Comme c'est intéressant, osé, quelle révélation ! " "Oui, disait Nata-*

lie en souriant, cette audace me désarme." Petit potin, écho du passé si passé, trépassé, image d'un paysage entrevu dans des amertumes, des abandons, des élans, le besoin d'étreindre, d'aimer, de vivre avec ardeur, avec ferveur, avec extase parfois, parmi des âmes sœurs. »

Liane soupire après le 20, rue Jacob, comme après un paradis perdu. Elle aurait bien voulu faire partie de ces bandes qui y allaient, en juin, et retrouver son âme sœur, sa Natalie qui proclamait volontiers : « Quand je donne mon amitié, je ne la reprends jamais. » L'Amazone aurait certainement tendu les bras à celle à qui elle écrivait dans l'une de ses dernières lettres de l'automne 1926 : « *Chérie, je ne puis rien regretter puisque de toute part je te retrouve !* »

Liane a décidé que le passé était bien passé et que l'été 1899 ne reviendrait jamais plus. Le passé revient quand même en force en la personne du chanteur Mayol que Liane avait pour voisin de loge, quand ils se produisaient tous deux à la Scala, à la fin du siècle dernier... Dans les environs du Prieuré, le chanteur vit au Clos Mayol, un ensemble de huit ou dix villas achetées au fur et à mesure de ses succès. Il a baptisé ces villas du nom des salles où il a triomphé — la Scala, l'Eldorado, le Moulin-Rouge — et où Liane a esquissé des pas de danse ou des tours de magie. Il invite Liane à un aïoli pantagruélique. Elle fait honneur à la morue, aux œufs durs, aux poulpes, aux escargots, aux pois chiches, au melon, aux glaces et au vin de Champagne. Repue, elle demande grâce et se dit heureuse. Au Clos Mayol, elle retrouve son monde, celui de Liane de Pougy, étoile du music-hall et de la galanterie.

De retour au Prieuré, elle s'amuse d'apprendre que certaines personnes qui y séjournent ne cessent de répéter, en son absence : « La princesse Ghika est de basse extraction. » Commentaire de Liane à qui la compagnie de Mayol et la bonne nourriture ont rendu sa bonne humeur : « *Oh ! mes aïeux ! mes beaux aïeux bretons ! Ce qu'il faut entendre. J'ai un peu dégringolé de traîner mon sang bleu sur les planches des music-halls. Voici ma petite punition.* »

Fin septembre, deux mauvaises nouvelles accablent la princesse. La première, c'est l'annonce, par télégramme transmis par Me Collet, du retour de Georges. « Serai Paris dimanche 27, tendresses. » Georges croit que Liane est à Paris, elle se garde bien de le détromper. La princesse se veut fataliste : si le prince revient, elle l'accueillera ! Sinon, il se résignera à son absence, « s'accordera à sa guise tous ses plaisirs... et moi, j'errerai seule, abandonnée jusqu'au dernier moment ».

Cette perspective la désole, presque autant que la seconde mauvaise nouvelle. La livre a baissé, entraînant de lourdes pertes pour Liane qui a des fonds importants placés en Angleterre. Le krach de la livre entraîne un ralentissement de la charité des donateurs de Sainte-Agnès. Ce qui peine surtout Liane, c'est de penser que « ses » filles manqueront peut-être de charbon pour se chauffer cet hiver. Quant à elle : « *Si jamais je manque de quelque chose, je ne compte pas sur les Ghika qui, de leur côté, voient péricliter la fortune terrienne de leur mère. Lorsqu'on croyait qu'on faisait un, Georges et moi, on aurait mieux supporté cela, mais nos goûts, nos destins sont séparés désormais. (...) Terres, titres, commerce, tout va mal. (...) Tout devient bon marché mais de mauvaise qualité.* »

Sans illusion sur le marasme des finances en général, et des siennes en particulier, sans illusion sur Georges qui espère apitoyer son épouse en l'attendant à Paris chez les frères de Saint-Jean-de-Dieu, Liane, pour se consoler, se lance dans une ultime, et chaste, conquête, celle d'une Claire : « *(...) fille noble et courageuse qui vit avec sa mère. (...) Elle a de beaux cheveux blond doré, un visage ovale et uni ainsi qu'une petite dragée, des yeux noirs très vifs, des manières douces. J'eusse aimé l'avoir souvent près de moi mais sa jeunesse l'entraîne encore trop fort à exiger la satisfaction de certains penchants. Aussi, comme dirait Salomon, elle côtoie l'île, l'île bienheureuse chère à Sapho et à Natalie Clifford Barney. (...) Je ne réponds plus à ce genre d'affection-là. Outre que Georges Ghika a versé pleinement en moi le dégoût de toutes sortes d'amour, je cherche Dieu et ce n'est pas Claire, délicieuse païenne militante, qui me le fera trouver.* »

Cela en est fini avec les petits jeux de la tendresse. Après l'adieu au passé, c'est l'adieu à Lesbos, un adieu qu'elle aurait pu prolonger puisque : « En général, les femmes m'aiment et me recherchent. Le temps où l'on peut leur plaire est assez reculé comme limite. Je l'ai souvent remarqué chez les autres. Les vieux vétérans de l'amour lesbien, malgré leurs traits ravagés, la bouffissure de leurs chairs, suscitent de réelles passions féminines à près de soixante-dix ans. »

En ce mois d'octobre 1931, l'île perd l'une de ces reines incontestées. Liane se détourne de Lesbos et suit, pour se distraire, Louis Laban, un grand ami de Lewis, dans le quartier réservé de Toulon. Si elle renonce à Lesbos, la princesse ne renonce pas à plaire. Elle ne cache pas sa satisfaction d'avoir été admirée par une sous-maîtresse de bordel :

« *Une femme blonde me dévisageait aimablement. Se voyant remarquée elle dit à haute voix : "Quelle jolie femme", puis ensuite : "et quelle jolie robe. On voit bien que c'est une Parisienne." Laban, très en train, engagea la conversation. C'était la sous-maîtresse du Luxuriant, le plus beau bordel après le Flamboyant de haute renommée. "Venez, venez, disait la blonde, je vais vous montrer notre beau salon ancien." Et nous voilà partis.* »

Après son inutile conquête de Claire, et sa visite purement touristique au bordel, la princesse revient à Dieu :

« *Serait-ce la terre qui donne ce goût de moisissure et de mort à tous les fruits du désir et de l'amour ? Mon Dieu, faites-moi monter jusqu'aux étoiles. Accueillez-moi dans un ciel d'oubli et de vérité puisque vous avez dit une parole de vérité et d'espoir : "Il y aura plus de joie au ciel pour un pécheur qui fait pénitence que pour quatre-vingt-dix-neuf justes."* »

Dieu, Mayol, Claire, le bordel, tout est bon à Liane pour retrouver un peu de son équilibre perdu. Pendant cet été et cet automne 1931, sur la Côte d'Azur, elle s'offre une salutaire récréation.

Au Prieuré, la princesse côtoie « une lionne de Paris », Fernande Cabanel, et son éphèbe de service, Sacha Xenaris, et autres brillantes épaves de ce que fut autrefois le demi-monde. La drogue et la drague exercent leurs ravages que Liane contemple de loin. A Toulon, Jean Cocteau fume l'opium et Reynaldo Hahn ne craint pas de se montrer dans « un affreux bar, le bar de l'Oasis, avec un petit voyou ». Pierre Meyer recherche « les demi-vieillards, un peu ventrus ».

Jean Lorrain avait bien raison de prétendre que tous les goûts, et tous les dégoûts, sont dans la nature...

Au Prieuré, un défilé incessant de personnalités et de personnages occupe agréablement la solitude de Liane qui croit ingénument que l'on peut rester longtemps caché dans un endroit aussi fréquenté, à la mode. Georges finit par avoir connaissance de la retraite de sa femme. Il débarque fin novembre, au Prieuré. Liane souffre d'une bronchite. Il se présente, « joyeux de me revoir, dansant comme un jeune chiot, chargé de présents, inconscient au possible, malade aussi ».

Du moment que Georges est malade, la question de le reprendre ou non ne se pose plus ! La princesse déclare catégoriquement au prince : « Nous nous soignerons ensemble. » Liane sent se confirmer sa vocation de « médesainte ».

La récréation est terminée.

35

UN MÉNAGE MODERNE

(Printemps 1932)

Georges est revenu, Georges est là, Liane n'est plus seule et manifeste une certaine indulgence envers son époux malade. Car, en Roumanie, Georges n'a pas passé tout son temps au chevet de sa mère, infirme à jamais. Il a eu des aventures, et des mésaventures. En juin, une tumeur s'est déclarée sous sa lèvre supérieure. Tumeur que l'on a enlevée au bistouri et qui, depuis, a reparu et s'est aggravée. Georges n'ose plus embrasser Liane qui est enfin délivrée de ces baisers qu'elle ne supportait plus. Elle confie son mari au docteur Regnault qui prononce le mot de syphilis. Georges serait « hérédosyphilitique ». « Est-ce la vérité ? Est-ce pour épargner ma sensibilité qu'on y a ajouté le mot hérédo ? » s'interroge Liane. La princesse se veut sereine. Elle se contente d'être là, secourable. La reprise de la vie en commun est moins terrible qu'elle ne l'avait imaginée.

La paix semble avoir été signée entre Georges et Liane que 1932 trouve encore installés au Prieuré. Georges y soigne ses maladies. Liane oublie ses propres maux pour enregistrer ceux qui frappent les siens : sa nièce, Aimée Gougaud, souffre d'un ulcère à l'estomac, sa filleule, Margot de La Bigne, s'étiole dans une maison de santé, et sa belle-mère agonise interminablement. L'état de Mariette doit être très grave puisque, dans une lettre à Georges, elle rend enfin hommage à sa belle-fille : « Affectueux souvenirs à Liane. Je suis rassurée de te savoir près d'elle, sachant qu'elle te donnera les soins les plus tendres et les plus intelligents. » Mariette refuse d'abandonner ses pouvoirs, et, de son lit, continue à administrer une fortune qu'elle gâche lamentablement, « comme ça ou autrement, le gâchis viendra tout de même », commente sombrement Georges.

La crise des années trente n'épargne personne atteignant indifféremment les riches comme Arturo Lopez et les pauvres comme Max Jacob. Arturo Lopez, un milliardaire chilien, ami de Liane et amant de sa filleule Margot, perd la moitié de sa fortune. Max Jacob qui vit péniblement de sa plume et de son pinceau se plaint que ses livres et ses gouaches ne se vendent plus.

« Manquer d'argent, me priver de bien des choses, moi, je m'en fiche », affirme Liane en mangeant, chaque jour, une barre de nougat. « Le nougat console de tout », prétend-elle. Elle puise des consolations moins terrestres dans l'*Imitation de Jésus-Christ*, son livre de chevet. Elle prend peu à peu l'habitude de voir Dieu partout, dans les beaux nuages comme dans les belles douleurs. Et puis pourquoi se plaindrait-elle quand tout va bien à l'asile Sainte-Agnès ? Elle est assurée que « ses » filles ne manquent de rien, grâce à l'inépuisable générosité de Mlle Chanel.

Liane estime qu'elle peut s'accorder quelques douceurs. Depuis qu'elle est délivrée de Lesbos, elle s'autorise à évoquer ses amours passées, sans souffrance aucune, au contraire. Elle ne se prive pas d'évoquer pour son seul plaisir les tendres moments passés avec Natalie, Allégresse, « Mon Oiseau » et les autres. C'est ainsi que, sans penser à mal, elle peut s'abandonner aux soins d'une Finlandaise, de passage au Prieuré, et qui guérit « *tout le monde par le psychisme et de petites papouilles autour des paupières* ». Ces « petites papouilles » apaisent Liane d'autant que la Finlandaise les accompagne des propos suivants :

« *Le soir, en vous couchant, appelez à vous toute la bonté, toute la douceur que vous pouvez avoir à votre disposition et puis faites le geste de vous envelopper hermétiquement dans un long et large manteau de laine bleue, de ce bleu comme on peint les manteaux de la Vierge Marie. Ce manteau-mythe a un capuchon ; faites le simulacre d'envelopper votre tête dans ce capuchon, de le rabattre sur vos yeux que vous fermerez, puis dites-vous : Je suis toute en ce grand manteau bleu, je suis dans une chambre dont les murs sont bleus, dont le tapis est bleu, dont le plafond est bleu, et abandonnez-vous confiante et détendue à tout ce bleu qui vous enfermera, qui vous entourera, vous protégera, vous calmera, vous apportera le sommeil réparateur et toute la paix du monde.* »

Liane a tellement besoin de paix, et de sommeil, qu'elle prend les propos de la Finlandaise pour paroles d'Évangile. Pendant quelques nuits, cela lui réussit, puis l'insomnie la reprend et, pour ne pas perdre son temps, Liane note dans son cahier bleu les changements survenus en ce bas monde depuis qu'elle y est née :

« *Tant de choses ont changé sur la terre. Ma famille a souffert de me voir jouer aux Folies Bergère, eh bien, aujourd'hui, c'est courant, accepté partout. On est fier d'avoir un engagement aux Folies, on est regardé avec admiration. On est envié. Le cinéma a tout changé. Des jeunes filles nobles, ou de bonne famille bourgeoise, se présentent au concours de beauté, essayant de devenir des étoiles de cinéma. On trouve tout cela très bien. Je suis née à une mauvaise époque.* »

Une consolation à ce malheur d'époque, la certitude d'avoir donné à son temps un prénom, Liane : « *Si je n'ai pas donné une sainte au calendrier, j'ai tout de même doté le monde de ce joli prénom, Liane. Chères petites Liane à venir, c'est moi qui ai ouvert la série. Je suis Liane première.* »

Liane première, la princesse l'est toujours, à sa façon, puisque, pour les fêtes de Pâques 1932, elle reçoit au Prieuré les hommages de son ami Lewis, qui est toujours le modiste en vogue, et ceux du beau mari russe de la couturière Madeleine Vionnet, Netchvolodoff, dit Netch.

Netch malmène, trompe et ruine Madeleine qui, pour le distraire, l'a conduit vers ce monument qu'il avait envie de connaître : Liane première. Pour la remercier de son accueil, Madeleine donne 5 000 francs à Sainte-Agnès. On est loin des 80 000 francs de Meilhac... Les tarifs de la princesse ne sont pas ceux de la courtisane. « Madeleine souffre et elle sait que j'ai souffert comme elle. Nos douleurs sont un peu sœurs », explique la princesse qui compte maintenant la couturière au nombre de ses rares, et sûres, amies.

Toujours sur la brèche, Liane réussit à arracher Georges aux paisibles délices du Prieuré pour le conduire à Paris se faire examiner par le professeur Fiessinger qui est formel : le prince est un grand malade, il souffre d'une cirrhose hypertrophique qui, pour le moment, ne nécessite pas une intervention chirurgicale. Les Ghika sont un peu rassurés : « *Nous nous soignons l'un l'autre. Nous essayons de nous distraire.* »

Le 8 juin 1932, ils fêtent leur vingt-deuxième anniversaire de mariage. Georges voudrait que Liane l'accompagne en Roumanie au chevet de sa mère. Liane refuse, arguant qu'elle ne veut pas être en proie aux piques de sa belle-famille. Georges s'incline devant l'évidence et part seul pour la Roumanie. « A son premier départ, j'ai cru mourir ; au second, je me suis indignée, fâchée. Celui-ci passe comme une lettre à la poste », s'étonne Liane qui ne pensait pas qu'elle parviendrait à un tel détachement...

A dater de 1932, et durant les années qui suivent, Liane et Georges s'accordent l'un à l'autre ces récréations d'été. Georges peut avoir, loin de Liane, toutes les aventures qu'il voudra. Liane, loin de Georges, respire et ne se sent nullement délaissée. Les Ghika se comportent en couple moderne comme on en voyait peu alors, et comme on commence, à peine, à en voir de nos jours... Décidément, Liane est toujours la première, Liane Première.

36

LA PRINCESSE DES BATIGNOLLES

(Été 1932)

Salomon Reinach a surnommé le couple Ghika « le couple errant ». Ce couple s'arrête quand même à Paris, dans son appartement du 64, rue de Saussure, pour des séjours de plus en plus rares.

En 1932, la princesse a soixante-deux ans. Depuis qu'elle a cessé de confondre les dons du Ciel avec les dons de l'île, et renoncé aux petits jeux de la tendresse pour le grand jeu de la dévotion, Liane qui a consacré tant d'années de sa vie à la recherche du plaisir considère que, tout compte fait, le plaisir ne vaut pas la peine que l'on se donne pour l'obtenir, et qu'il y a d'autres choses dans la vie, comme la lecture, l'écriture, la prière, une tasse de thé...

Claire, la blonde aux yeux noirs, que Liane a repoussée n'a pas été discrète. Claire, qui est une littéraire, a raconté partout que, telle la duchesse de Langeais, la princesse a pris Dieu comme ultime prétexte à son refus obstiné. A Claire, Liane a même parlé de péché, expliquant que, si elle ne voyait plus Natalie, c'est justement parce qu'elle considérait l'Amazone comme son plus grand péché.

Natalie à qui Claire rapporte les propos de Liane n'en croit pas ses oreilles. Trente ans plus tard, elle s'en étonnait encore et me répétait : « Liane n'a plus voulu me voir parce qu'elle prétendait que j'étais son plus grand péché. »

La rumeur de la retraite de Liane s'est répandue dans Lesbos qui s'en désole et la juge prématurée. Comment Liane peut-elle priver l'île de ses soixante-deux printemps ? Est-ce possible ? Nombreuses sont les candidates convaincues de faire revenir la princesse sur sa décision, et qui, mettant à profit l'absence du prince retenu en Roumanie, se précipitent aux Batignolles, en pure perte.

Une ancienne conquête de Liane qui, sûre de ses charmes, avait l'habitude de se dépouiller de ses vêtements, sitôt la porte franchie, pratique ce rite avec une telle rapidité que Liane n'a pas le temps de l'arrêter. L'audacieuse n'a plus qu'à se rhabiller. Une ultime démarche est tentée en la personne de « Mon Oiseau » qui, bravant la brouille, se présente, est reçue, et se voit offrir un verre de porto, rien de plus. Liane, en apparence, reste de marbre bien qu'elle note ensuite sur son cahier bleu : « *Je crois que je n'ai jamais cessé de l'aimer.* »

On peut aimer sans consommer, c'est la grande découverte de la princesse des Batignolles qui réduit les mondanités comme elle réduit ses plaisirs. Elle paraît à quelques séances de signatures de livres, accepte une invitation de Lewis à prendre le thé au George V, et se rend au magasin de produits de beauté que Colette, crise oblige, ouvre au 6, rue de Miromesnil. La princesse Georges Ghika pardonne les outrages infligés à Liane de Pougy. Oublié le désagréable article de Colette inspiré par les débuts de sa liaison avec Georges...

Aux Batignolles, la princesse mène une vie tranquille à l'exemple de Salomon Reinach qui lui non plus ne voit personne. « J'espère que vous n'éprouvez pas non plus le besoin d'être entourée ; la meilleure compagnie est encore celle de ses propres pensées quand on a le privilège, qui n'est pas donné à tous, d'être *pensant* », écrit-il à son amie : « Félicitez-vous d'être ingambe et de pouvoir, avec la permission du soleil, vous promener parmi les fleurs. »

Salomon est toujours empoisonné par l'affaire Glozel, sa santé s'en ressent, celle de son épouse aussi. Il souffre, entre autres, d'artérite, il ne peut plus marcher. Liane se précipite à Saint-Germain-en-Laye voir son ami qu'elle trouve étendu sur une chaise longue et qui, à sa vue, a du mal à retenir ses larmes. Mme Reinach daigne paraître et se mêler aimablement à la conversation. L'austère épouse de Salomon pousse la mansuétude jusqu'à offrir à l'ancienne croqueuse de diamants un bouquet de lilas de son jardin. Salomon n'en croit pas ses yeux : son idole et son épouse enfin réunies. Faut-il que son état soit grave, tout de même !

Pleurs de Salomon, fleurs de Mme Reinach, « affectueuses pensées » transmises par Georges, de Mariette dont l'état ne doit pas non plus s'améliorer puisqu'elle persiste dans ses tardifs bons sentiments envers sa belle-fille, voilà Liane comblée ! Elle se demande si elle ne devra pas bientôt jouer, à son tour, les princesses douairières. Ce qui l'ennuie à l'avance, se rendant compte que, à la « Méchanceté des choses » qu'elle redoutait tant, s'ajoute leur impermanence. « Tout se désagrège autour de moi », observe Liane qui ne s'estime jamais comblée longtemps.

Au risque d'aboutir à une désagrégation totale, elle se tourne vers sa nièce, Aimée, qui a obéi à la tradition Chassaigne et a épousé un militaire, le capitaine Gougaud. La santé d'Aimée préoccupe Liane : ce que l'on croyait être un ulcère à l'estomac est en vérité un cancer. Le vocabulaire de la princesse a changé. Elle ne parle plus de perles et de grands-ducs, mais de potions et de chirurgiens. C'est déprimant. Et, pour échapper à sa grande ennemie, la dépression qu'elle sent poindre, Liane s'offre un coûteux remède, une croisière en Amérique sur le paquebot *Le Wisconsin*.

La frivolité reprend aussitôt ses droits. Liane délaisse l'église de Sainte-Marie-des-Batignolles pour les salons de Jeanne Lanvin où elle essaie des toilettes qu'elle exhibera pendant la croisière. Si elle a renoncé aux plaisirs de Lesbos, la princesse reste soumise à son souci majeur : être toujours la plus belle. La beauté est un don du Ciel et la conserver un devoir, une façon de montrer sa gratitude à Dieu, estime-t-elle.

Chez Lanvin, la princesse est reçue comme une reine. Les vendeuses, Mme Jeanne et Mlle Odette, s'empressent et s'exclament : « Quelle joie de vous habiller, madame. Il n'y a pas beaucoup de femmes qui fassent valoir autant que vous le style et la coupe d'une robe. Vous pouvez porter les choses les plus difficiles. » Encouragée par ces compliments qu'elle ne se lasse pas d'entendre depuis presque un demi-siècle [1], Liane choisit un ensemble sport en jersey bleu marine, une robe de faille noire qui moule le buste et les hanches, un pyjama noir avec une courte veste de satin blanc garnie d'une étoile à l'épaule. A la journaliste qui assiste à l'essayage et en rend compte sur deux colonnes dans *La Liberté*, du 18 septembre 1932, Liane confie :

« Je compte être de retour le 20 novembre, à moins que nous ne fassions naufrage.

— En voilà une perspective.

— Oh ! vous savez, je trouve que ce serait une très belle mort. Quel linceul pourrait être plus magnifique ? Et puis, on disparaît complètement. L'océan garde ses victimes. »

Georges revient de Roumanie pour assister aux derniers essayages chez Lanvin. Puis les Ghika s'embarquent au Havre sur *Le Wisconsin* et partent à la découverte de cette Amérique qui, pour Liane, reste, avant tout, le pays natal de celle qui fut son plus grand péché : Natalie Clifford Barney.

---

1. Exactement depuis 1890...

37

LE DERNIER REGARD

(18 août 1934)

Le prince et la princesse Georges Ghika reviennent des Amériques le 27 novembre 1932. Le « couple errant » est enchanté de son périple et a retrouvé son entente dans les agréments de la vie à bord, le tumulte des escales... Pendant cette croisière, ils ont donné l'image d'un couple parfaitement uni. Ils ne tarissent pas d'éloges sur le commandant du *Wisconsin*, Antoine Greffier, avec qui ils se sont liés d'amitié.

Liane a été saluée partout comme une ambassadrice de l'élégance française. Jeanne Lanvin et Madeleine Vionnet, dont elle a porté les robes, peuvent être contentes.

Au journaliste Roger Féral qui recueille ses impressions dès son débarquement, la princesse confie :

« Nous avons été splendidement reçus partout. Les listes des passagers arrivaient avant nous et mon nom faisait sensation... mes robes parisiennes aussi ! Un gentleman sur le bateau voulait nous offrir sa maison à New Orleans pour que nous y restions. »

Liane a tout aimé en Amérique, sauf cette boisson qu'elle persiste à appeler le *coco-kola (sic)* : « C'est la boisson autorisée et ce n'est vraiment pas bon ! Eh bien, voyez comme ils sont gentils les Américains, on leur a dit : il faut boire du *coco-kola*. Ils se sont mis à l'aimer ! »

C'est à se demander si la princesse n'exagère pas son enthousiasme à seule fin d'agacer Natalie Barney qui n'aime guère son pays natal qu'elle juge trop puritain...

Le retour des Ghika en France s'accompagne d'une rafale de deuils. Salomon Reinach s'est éteint le 4 novembre. Liane se dit inconsolable de la perte de celui qui était son maître en philosophie, et surtout son admirateur inconditionnel.

Le 4 janvier 1933, en lisant *Le Figaro*, la princesse

apprend la mort de Manon Thiébaut : « J'ai découpé l'annonce de la mort de Manon Thiébaut, la femme qui m'avait enlevé mon mari en 1926 ! Elle nous a fait bien du mal, surtout à lui. Lorsque je crois à Dieu avec cette grâce au cœur qui est le plus beau don du Ciel, j'arrive à lui pardonner... Dans mes mauvaises heures, c'est autre chose ! Cette nuit j'ai même essayé de prier pour elle. »

On ignore la réaction de Georges à l'annonce de cette mort.

Le 19 janvier, c'est le tour de Mme Salomon Reinach, et le 14 mars, celui de la nièce préférée de Liane, Aimée Gougaud, qui a succombé, comme son père Pierre Chassaigne, à un cancer : « Je n'ai plus de petite fille, je n'ai plus de refuge. J'ai pu l'assister, la gâter, l'entourer de ma tendresse pendant plus de six semaines. (...) Mon mari m'a bien aidée, soutenue ; il a assisté Aimée avec dévouement, bonté, intelligence. »

Le 30 avril, encore une mort, celle d'Anna de Noailles qui avait ainsi dédicacé un exemplaire de son *Honneur de souffrir* : « A la princesse Georges Ghika, poésie vivante. » Liane ne se soucie plus d'être une poésie vivante et se demande si souffrir est vraiment un honneur.

Et puis l'été revient qui renvoie Georges en Roumanie et Liane sur la Côte d'Azur. Immuable routine des saisons, et des lettres de Georges qui écrit à sa femme :

« Mon chéri

C'est une douce et belle journée, — un peu mortelle, comme toute chose ici. Enfin, il n'y a pas d'orage, pas de tempête et il fait un peu chaud. Maman même semble apaisée, aujourd'hui je ne l'ai encore entendue pester contre rien, ni personne. Tante Jeanne, comme toujours, est douce et grave. Moi, ayant perdu mon centre de gravité entre gravité et bouffonnerie, je suis aussi comme toujours. Je pense à toi avec une immense tendresse ; quand ma frénésie intérieure se calme, c'est l'abattement avec l'affreux sentiment d'être sur place quelque part et de tourner en rond entre mes propres barreaux. »

Aux lettres de Georges s'ajoutent celles de Max Jacob

qui assure Liane qu'elle est sa « meilleure amie » et celle de Mère Marie-Xavier : « Mère Marie-Xavier m'encourage et me fait voir plus haut que la boue de cette terre. »

Quand elle redescend du ciel, la princesse se trouve bien seule, comme en ce 14 août, veille de sa fête : « Je suis seule, sans famille autour de moi, sans amis intimes, avec mes souvenirs. Celui des êtres disparus, celui des voix qui se sont tues. Mon mari m'a fait envoyer un télégramme, puis une lettre recommandée avec ses vœux. »

Autre cadeau pour sa fête, l'envoi par Reynaldo Hahn de son livre, *Notes, journal d'un musicien*, Liane y figure, à la page 136, dans le paragraphe suivant :

« Observations, réflexions diverses, hier, après deux heures passées chez Liane de Pougy pendant qu'elle posait pour La Gandara. Beauté surnaturelle de cette femme, poésie céleste qui dérange ma sceptique quiétude. »

Reynaldo n'a donc pas oublié sa Madame Une-Seule-Fois qui se livre alors à ses deux péchés mignons : le retour sur le passé et l'admiration envers sa propre beauté. Cet incorrigible Narcisse féminin de soixante-quatre ans n'en finit pas de parfaire son autoportrait :

« J'ai toujours attendu qu'on vienne à moi, qu'on m'aime, qu'on me le dise, qu'on me le prouve. Je me suis laissé gagner parfois. Souvent, très souvent aussi, je n'ai pu me décider ; je me suis beaucoup refusée. On m'a reproché ma froideur, on a dit que j'étais de glace. Ce sont ceux — ou celles oui ! — qui n'ont pu faire fondre cette glace et m'entamer. J'ai surtout aimé l'Amour pour l'Amour et, mon cerveau pris, mon corps avait de grandes joies à se donner. Souvent aussi j'étais un petit animal ivre aux appétits irrésistibles... Georges Ghika est passé par là, quel bienfaiteur ! Il m'a mise au point où je dois me placer à mon âge. »

On n'aura certainement pas manqué de noter, au passage, ce « je me suis beaucoup refusée » qui laisse rêveur...

Le 15 octobre 1933, l'Histoire qui ne constituc pourtant pas la préoccupation dominante de la princesse fait son entrée dans les *Cahiers bleus* : « On est très agité dans toute l'Europe depuis hier. L'Allemagne s'est retirée de la Société des nations et refuse le contrôle de ses armements. Pas de commentaires devant cette écrasante évidence. Grâce à Hitler la question est nettement tranchée. Nous n'avons plus qu'à attendre la guerre et nous préparer aussi. »

Ainsi, dès l'automne 1933, Liane de Pougy a pressenti le cataclysme qui allait ravager l'Europe sept ans plus tard. Georges qui revient de Roumanie est aussi très pessimiste. Avec Hitler qui est chancelier d'Allemagne et qui ne cache pas ses appétits de conquête, les Ghika s'attendent au pire et assistent, consternés, aux bouleversements, à l'affaire Stavisky et aux manifestations, qui commencent, à Paris, le 6 février 1934.

C'est le 7 février, au Ritz, où les Ghika prennent le thé qu'ils aperçoivent ce qu'ils prennent pour la Révolution en marche : une troupe d'hommes défilant le poing levé. « Comme ils sont beaux, comme je les aime », déclare, à Georges, Liane qui, n'y tenant plus, fait quelques pas avec la Révolution, et s'arrête devant une marchande de journaux qui ferme sa boutique en vitesse et qui déclare : « Hier, ils ont brûlé les kiosques. »

Cet élan envers la Révolution en marche est sans lendemain. La princesse convient qu'elle est plus à son aise au Ritz que dans ces défilés, où elle aurait pu rencontrer Élisabeth de Gramont, duchesse de Clermont-Tonnerre, le poing levé[1]. La conversion au communisme de la duchesse Allégresse ne résistera pas à un voyage en Russie dont elle reviendra, horrifiée, et elle déclarera : « Ma bonne foi a été surprise. »

Avec toutes ces émeutes, Paris est invivable, comme l'écrit Liane à Jenny Chollet : « *On est très triste à Paris, chacun compte ses blessures et essaie de parer les coups.* »

L'été venant, le couple Ghika reprend ses errances, Georges en Roumanie et Liane sur la Côte d'Azur. Mais l'été 1934 ne sera pas pour Liane celui des bouleverse-

1. Jean Chalon, *Chère Natalie Barney*, Flammarion, 1992, p. 200.

ments politiques qui agitent la France, ce sera l'été de sa dernière rencontre avec Natalie Clifford Barney. Le 18 août, elle note dans son cahier bleu :

« Aujourd'hui, il s'est passé une chose extraordinaire. Je suis allée à Toulon acheter des fils de soie. En sortant, je croise une silhouette de moi connue, j'aperçois un sourire mi-ironique, mi-amusé : Natalie ! Dès que nos regards se furent pénétrés, je me mis à faire de grandes enjambées, me dirigeant vers le Café de la Rade. Là, je me sentis en sûreté, perdue dans la foule, seule à ma table. J'étais belle : pyjama blanc, longue veste de crêpe de chine blanc avec ceinture marine. Depuis huit ans, je n'avais pas vu Natalie. Serait-ce vraiment cette fois-ci le dernier regard ? »

En effet, toutes deux ignorent qu'elles ont échangé, en ce jour, leur dernier regard. Les fantômes, les doux fantômes de 1899, une Liane de trente ans et une Natalie de vingt-trois ans, n'ont pu vaincre le présent. Comme c'est triste, cette séparation, à Toulon, sur un trottoir, de deux femmes qui se sont tant aimées et qui, en se fuyant, ne peuvent cependant oublier ce qui les a unies.

Peut-être que, entre Liane et Natalie, ce 18 août 1934, un autre fantôme, celui de Mimy Franchetti, a-t-il été le plus fort. Mimy que Liane consent à revoir le 9 septembre :

« *J'ai vu Mimy Franchetti, belle, solide, gaie et inquiète. Une amie italienne conduisait la petite Citroën. Aimable et généreuse comme toujours, Mimy m'a remis un paquet bien ficelé, un joli vase Napoléon III en opaline, la main de la Castiglione, dit-on, modèle souvent reproduit (...) Mon Dieu ! que ces femmes sont dangereuses ! On s'est raconté à peu près tout ce qui concerne notre existence, on s'est aussi souvenu, attendries, charmantes, affectueuses. Bref, ce fut tout à fait gentil mais je n'ai pas envie d'aller là-bas, à Saint-Tropez pour deux jours. Déjeuner, voir sa maison, — je ne l'ai connue que dans des meublés —, lui sourire, l'encourager, si tout cela lui fait plaisir, je veux bien, mais découcher serait une fatigue pour moi, un scandale pour le Prieuré (...) Je n'irai pas.* »

Liane n'ira plus dans l'île, avec Natalie ou avec Mimy. Les petits jeux de la tendresse sont bien terminés !

En ces années trente, Liane n'est plus que souvenirs. Souvenirs qu'elle recherche dans les cimetières, une fois par an, elle va se recueillir sur la tombe de Jean Lorrain, à Fécamp. Souvenir encore vivant comme Jeanne Thylda avec qui elle avait joué aux Folies Bergère, et qu'elle avait aimée, un peu malmenée, et qu'elle retrouve, en novembre 1934, princesse de Broglie-Revel. « Et nous étions là en face l'une de l'autre, anciennes gloires et vedettes du music-hall, princesses devenues ! » Pendant deux heures, sans arrêt, les princesses parlent en présence de leurs époux respectifs qui se taisent. Quand les déesses parlent, les dévots restent sans voix.

38

LE DÉSIR DE DIEU ET LE DÉSIR DES HOMMES

(1935-1936)

En 1935, Liane n'attend plus rien de la vie qu'une rencontre avec un Dieu, qui n'entend pas ses impératives prières et qui ne se dérange pas. La princesse apprend qu'il est plus difficile de rencontrer Dieu que l'un des puissants de ce monde, qu'elle menait au gré de ses caprices. Dieu n'est pas un pantin entre ses mains, ces mains qui feuillettent inlassablement l'*Imitation de Jésus-Christ*. Elle abandonne l'*Imitation* pour... *Le Figaro* ! « Mon *Figaro* », où elle se délecte des notices nécrologiques et des comptes rendus des ventes de Drouot. C'est ainsi qu'elle apprend que l'on a vendu, pour 60 francs, vingt-quatre de ses lettres à Valtesse de La Bigne. C'est la filleule de Liane, Margot de La Bigne, qui a mis ces lettres aux enchères. Ce que la princesse juge comme « une inconvenante perfidie ». Elle en tire la sombre satisfaction de pouvoir dire : « J'aurai tout vu sur la terre. » Margot rejoint la longue liste de ceux, et de celles, que sa marraine voue à une complète disgrâce.

Comme chaque été, Georges est parti gambader en Roumanie, sous l'habituel prétexte d'y soigner sa mère hémiplégique, puis en Italie, à Florence, tenir compagnie à sa tante Jeanne qui vit dans une magnifique villa, dans le souvenir de celle qui fut la compagne de sa vie, Miss Blood, une Anglaise. Tante Jeanne, elle aussi, est une familière de l'« île ». Ce qui explique son indulgence à l'égard de son neveu qui a eu l'audace d'épouser l'une des reines de Lesbos... Justement, le 8 juin 1935, Georges et Liane ont fêté leurs noces d'argent. Voilà vingt-cinq ans qu'ils sont unis pour le meilleur et pour le pire. « Folie que d'oublier le meilleur pour le pire », conseillait volontiers Louise de Vilmorin dont Liane a lu, dès sa parution en 1934, le premier roman, sur les avis de Max Jacob : « Je voudrais vous parler d'un livre étonnant dont on se réjouit autour de moi. Je vous l'enverrais si je l'avais ou si je pouvais l'acheter. Ça s'appelle *Sainte-Unefois* (NRF) et c'est du jus d'oranges pressées par des anges. (...) Il n'y a pas de sujets mais c'est plein de perles. »

Perles et jus d'oranges ont suffisamment plu à Liane pour qu'elle relise, pendant l'été 1935, *Sainte-Unefois*. Mais les romans, les journaux, les lettres, écrites ou reçues, n'empêchent pas Liane de ressentir cruellement sa solitude au Havre, au Grand Hôtel dont les directeurs sont « par chance, charmants », et où Georges la laisse du 8 juillet au 20 août, comme on dépose un objet d'art à la banque, dans un coffre. Ce n'est pas parce que Yulka considérait que Liane était un objet d'art qu'elle doit en subir le traitement... Plus Liane a le sentiment de vieillir, plus Georges se sent rajeunir, avec des humeurs, et des frasques, de jeune homme. Il se croit encore capable de faire le coup de poing pour défendre l'honneur de Mlle de Pougy. Il reste ce gamin que Liane intimide et pour qui il écrit des poèmes.

Dès qu'il est éloigné de la princesse, le prince oublie son ironie, sa froideur, sa mauvaise humeur. Il se fait empressé, chaleureux et envoie chaque jour à son épouse « une lettre délicieuse et tendre ». La solitude estivale de Liane est interrompue par deux visites : celle de Madeleine Vionnet qui laisse 1 000 francs pour l'asile Sainte-Agnès et celle d'Alfred Benjamin. Le cher Benjy, à quatre-vingts ans, est un éternel amoureux de sa Liane qui doit se débattre pour défendre un reste de vertu. Devant ces assauts répétés, la princesse ne peut dissimuler qu'elle est flattée. « C'est beau cet amour de jeunesse qui remonte à la surface. Bientôt, je n'aurai plus rien à envier à Ninon de Lenclos. Tout ceci me transfigurait un peu. Une femme a besoin de se sentir aimée. » Surtout une jeune femme de soixante-six ans ! Ah ! si Dieu voulait bien se montrer aussi empressé que Georges, aussi pressant que Benjy ! Le désir d'un homme suffirait-il à supprimer Dieu ? Liane ne sait plus à quel saint se vouer. Pas plus qu'elle ne sait à quel saint recommander l'âme de sa belle-mère, Mariette Ghika, qui meurt enfin à Bucarest le 19 décembre 1935.

La mort fait maintenant partie de son horizon, la mort qui s'apprête à régner sur l'Europe et frappe ses premiers coups, le 18 juillet 1936, quand débute la guerre civile en Espagne. Liane s'en émeut : « Les églises sont brûlées, les rues transformées en champ de carnage. On ne respecte plus rien, on s'égorge. Heureux ceux qui peuvent émigrer, se sauver du flot destructeur. Ils en envahissent le sud de notre France, si déchirée déjà. »

Devant ces atrocités qui déchirent l'Espagne, devant les Jeux Olympiques de Berlin dont les cris de victoire retentissent comme autant de menaces de guerre, Liane songe à fuir en Angleterre et à trouver refuge chez Benjy, qui ne demanderait certainement pas mieux que de l'accueillir. A défaut d'une fugue définitive, Liane accomplit une échappée de trois jours, fin août 1936, avec Georges. Celui-ci se montre un excellent compagnon de voyage.

A Londres, Alfred Benjamin, les bras chargés de cadeaux, attend Liane. Il invite les Ghika à un déjeuner au Savoy, puis à dîner au cabaret. Pour faire honneur à Benjy, et à Georges, la princesse revêt « un joli tailleur de minuit en satin noir, une grande fleur blanche à la boutonnière, et une écharpe en cachemire noir ». Liane se sent lasse à mourir, mais heureuse d'être gâtée, couvée des yeux toujours amoureux de Benjy, retrempée dans le climat de sa jeunesse, quand Londres la recevait « à draps ouverts ». Feignant d'ignorer le désir qu'elle continue à inspirer à Alfred Benjamin, Liane décrète que cette « solide affection » éclaire sa solitude.

A son retour à Paris, la princesse apprend une nouvelle qui confirme son impression de vivre la fin des temps, la fin d'un monde : le Ritz est en grève ! De mémoire d'habitués du Ritz, on n'avait jamais vu cela. Et on en voit bien d'autres : « *On n'entend parler que de ruines, de banques qui sautent, de catastrophes. S'il me fallait vendre mes titres, je perdrais plus de la moitié, et je n'ai que des valeurs sérieuses. Attendons. Le temps n'est sans doute pas loin où je n'aurais plus besoin d'argent* », écrit-elle à Jenny Chollet à qui elle répète : « *On n'entend parler que crimes, vols, les domestiques sont les maîtres. L'amour est un geste et plus un sentiment. L'argent a tout pourri. J'ai écrit deux ou trois lettres pour Sainte-Agnès, on ne me répond même pas. Je n'ai plus la force de convaincre.* » Elle n'en continue pas moins à s'occuper de l'asile, et à essayer de suppléer, avec ses propres deniers, au manque de générosité des autres.

Enfin, le 11 décembre 1936, une bonne nouvelle : Edouard VIII abdique. Il abandonne le trône d'Angleterre pour une Américaine, une divorcée, Mrs Wallis Simpson. Liane exulte. Elle voit dans cette abdication « l'apothéose de l'amour » qu'elle ne peut s'empêcher de rapprocher de la sienne : « Cette histoire, en grand, ressemble un peu à la mienne. » Georges Ghika, comme Edouard VIII, avait pratiquement tout abandonné pour la femme qu'il aimait...

Alfred Benjamin n'est pas d'accord et trouve que le roi a tort. Disgrâce immédiate de Benjy qui « a toujours fait passer son snobisme et son intérêt avant l'amour ; il n'a donc rien vécu des grands frémissements qui font que la vie vaut d'être vécue ». Et pour ce qui est des « grands frémissements », Liane a été particulièrement gâtée, quoi qu'elle en dise...

L'année se termine avec les vœux de Max Jacob pour 1937 : « Je vous souhaite ma paix. Je vous souhaite ce que vous désirez. Je vous souhaite de rester ce que vous êtes, de chers êtres sublimes. »

Passant avec aisance de l'abîme au sommet, la princesse se demande si cet « adorable » Max n'a pas raison, et si Georges et elle ne sont pas, d'une certaine façon, sublimes. Comme dirait Mère Marie-Xavier, Dieu reconnaîtra les siens.

39

LA FUITE EN SUISSE

(1937)

Les Ghika terminent 1936 et commencent 1937, au Havre, au Grand Hôtel. Ils aiment cette ville et se plaisent dans cet hôtel d'où ils voient le port, les bateaux, les départs vers d'autres cieux...

Le 3 janvier, Liane note : « La guerre en Espagne continue, ceci n'est plus la guerre civile ni la guérilla mais une guerre européenne, la guerre des partis. Les rouges de toutes les nationalités s'engagent et viennent à la rescousse. L'Europe est l'échiquier, les blancs contre les rouges. Hélas, tous sont frères... »

Liane est lucide comme on l'est peu en cette année 1937, pendant laquelle les États, et les particuliers, pratiquent la politique de l'autruche et refusent de voir, ce que constateront plus tard, avec le recul, les historiens : la guerre civile d'Espagne est le début d'une guerre qui gagnera le reste de l'Europe.

Georges qui parle couramment le français, l'italien, l'anglais et l'allemand est un grand dévoreur de journaux. Il lit entre les lignes de la presse internationale et se rend compte de la gravité de la situation. Il en discute avec Liane qui, fidèle à son *Figaro*, et à son *Times*, se tient aussi au courant. Les grèves qui éclatent en France en mars, la dévaluation du franc en juin, les discours d'Hitler, ceux de Mussolini, confirment le pessimisme des Ghika.

Liane dont l'enfance a été bercée par le récit des horreurs prussiennes pendant la guerre de 1870, Liane qui a perdu son fils, et tant d'amis, en 1914-1918, se refuse absolument à affronter une nouvelle guerre. Elle est formelle : « Je ne veux pas être prise dans une panique », répète-t-elle à Georges. Mais où fuir ? Où aller ? En Amérique du Sud ou en Suisse ? Les Ghika ne parviennent pas à prendre une décision. Ils optent, en février, pour l'Amérique du Sud, puis doivent y renoncer. Des grèves et des bagarres ont éclaté à bord du paquebot, sur lequel ils devaient embarquer. Liane y voit un signe du Ciel. C'est donc en Suisse, pays neutre, qu'ils se rendront pour éviter l'apocalypse qui se prépare. De Suisse, Georges peut se rendre plus facilement en Italie, auprès de tante Jeanne qui pensionne son neveu. L'héritage laissé par Mariette Ghika a été des plus maigres...

Avant de gagner la Suisse, Liane souhaite s'arrêter à Paris, puis à Grenoble. En fait, c'est à Grenoble, à Saint-Martin-de-Vinoux, qu'elle souhaiterait vivre, et même mourir : « C'est à Grenoble que je voudrais finir. Cela me sera-t-il donné ? Oh, me sera-t-il donné de laver un jour la vaisselle de mes infirmes et des saintes sœurs, (...) ? Obéir à la règle, au son de la cloche du couvent, faire partie de cet asile de douleurs, (...) en suis-je capable ? »

Ce désir de vie conventuelle tenaille Liane qui y voit ingénument un remède à tous ses maux. Mère Marie-Xavier qui entre dans sa soixante et onzième année[1] calme du mieux qu'elle peut ces impossibles aspirations.

En attendant d'échapper à son siècle, la princesse se laisse tenter par les distractions qu'il offre. Dans un cinéma du Havre, elle admire Greta Garbo dans le film *La Dame aux camélias*. Elle trouve que Garbo mérite le surnom de Divine qui était le sien en 1899. Chaque époque a sa Divine...

A la mi-mars, les Ghika quittent Le Havre pour Paris où ils descendent à l'hôtel Castille. Rouvrir l'appartement de la rue de Saussure causerait trop de tracas à Liane.

A Paris, dans ce Paris sur lequel elle a régné et qu'elle s'apprête à quitter pour toujours, la princesse veut jouer tranquillement les touristes. Avec Georges, elle va au théâtre voir la dernière pièce dont on parle et qui se trouve être *Le Voyage*, d'Henry Bernstein, « on peut dire ce qu'on voudra d'Henry, mais c'est un amant, un-amant ».

1. Elle mourra en 1956, à l'âge de quatre-vingt-dix ans.

Les Ghika déjeunent au Ritz avec une ancienne connaissance, un Espagnol, le comte Guaqui. Ils se promènent au bois de Boulogne, font le tour des lacs. Les autos ont envahi les allées où la belle Liane de Pougy, dans son coupé, croisait les cavaliers, les amazones, et particulièrement une Amazone... Comme le temps passe ! A Boulogne, Liane aperçoit « une plaque toute fraîche portant le nom de Salomon Reinach ». Elle ferme les yeux, revoit le visage de Salomon, et souhaite revoir sa maison devant laquelle elle passe lentement. Elle prend conscience d'avoir joué les Célimène avec ce pauvre Salomon, et de l'avoir taquiné, troublé, perturbé plus que de raison. Puis c'est l'adieu aux Batignolles et à la rue de Saussure : « Je suis allée hier rue de Saussure prendre les derniers objets dont nous avons besoin. J'ai tout fermé, dit adieu à mes chers portraits de famille, aux souvenirs des miens. Les reverrai-je, les retrouverai-je ? J'ai depuis un pincement au cœur, une âme d'émigrée douloureuse et tourmentée. Des rumeurs circulent, on croise des gens angoissés. »

On en croise aussi qui sont heureux, comme le musicien Henri Sauguet qui revient de Saint-Benoît-sur-Loire, avec de bonnes nouvelles de Max Jacob, ou comme Jean Cocteau que les Ghika ont pour voisin de chambre à l'hôtel Castille. Cocteau, « toujours bondissant, effervescent, éblouissant », se met en frais pour Liane qui est indissolublement liée à sa jeunesse, quand il fréquentait des demi-mondaines et parfois même s'en éprenait. La princesse se laisse prendre aux enchantements verbaux du poète, tout en se souvenant des paroles de Max Jacob, que rapporte Sauguet, à son propos : « Il lui arrive de déshabiller les gens qui viennent le voir, quelquefois, mais quand ils s'en vont, il les habille toujours. »

Qu'importe à Liane d'être « habillée » par Cocteau après son départ ! Elle jouit de sa présence, de ses inventions, de son affection... A Paris, les Ghika font figure de revenants. Ils ont à peu près rompu, à force de jouer au couple errant, avec tout ce qui formait leur société.

Ils ne pousseront plus le portail du 20, rue Jacob et ne hanteront plus son temple de l'amitié...

Le 11 avril 1937, Liane quitte ce Paris qu'elle a tant aimé et qui l'a idolâtrée, où elle se sent à présent étrangère : « Je quitte mon Paris, le cœur serré. »

Son cœur se serre davantage à Grenoble, à l'asile Sainte-Agnès. La princesse avait oublié combien « ses » filles pouvaient former une horde affreuse et puante. Le nez pincé, Liane veut s'enfuir à la vue de ces convulsions et de ces grimaces. Un regard de Mère Marie-Xavier la retient et lui rend son courage. Stoïque, la princesse accepte les mains tendues et les baisers souillés de bave. Pour la première fois depuis qu'elle vient à l'asile, elle pense qu'on devrait endormir ces malheureuses pour toujours. Elle avoue sa révolte à Mère Marie-Xavier qui lui explique : « Elles sont à l'abri, cela suffit, notre tâche n'est pas inutile. » La conviction de la Supérieure finit par gagner la princesse qui s'écrie : « C'est moi, moi, qui suis et me sens la plus pauvre de tous les êtres devant une telle sainteté. »

Après quoi, Liane se remet de ses émotions parisiennes et grenobloises en Suisse, à Vevey, dans un hôtel confortable et tranquille, situé au bord du lac. Tout est calme, net, propre, silencieux. Les hurlements d'Hitler, les vociférations des grévistes et les cris des aliénées de Sainte-Agnès ne parviennent pas jusqu'à la chambre immense et bleue où repose Liane et où elle n'a plus qu'une seule aspiration : « le désir de vivre en paix, doucement, dans la belle nature, à l'air épuré par les neiges ».

Après la fuite en Algérie, c'est la fuite en Suisse. C'est à se demander si la vie du couple Ghika n'a pas été qu'une longue fuite ?

40

LA MADONE DES HÔTELS

(Été 1937-automne 1939)

Liane s'est accoutumée à cette vie d'hôtel facile qui la délivre des tracas domestiques, et elle n'en veut plus d'autres. Quand elle arrive, elle a pour principe de donner un généreux pourboire qui l'assure de l'empressement du personnel que son titre de princesse impressionne toujours. A soixante-huit ans, elle exerce ses ultimes séductions sur les maîtres d'hôtel et les femmes de chambre qui chantent ses louanges. Plus distant, le prince n'attire guère la faveur des employés.

En Suisse, les Ghika sont aux premières loges pour contempler, comme au théâtre, les folies meurtrières qui s'emparent de l'Europe. Liane se plaît dans cette Suisse qu'elle qualifie de « belle, lourde, large, lente ». Elle occupe son temps comme elle en a maintenant l'habitude : elle prie, elle lit, elle tricote, et surtout elle écrit inlassablement aux amis qui ont su échapper à la disgrâce frappant ceux qui osent commettre un crime de lèse-Liane.

Sévigné de la Suisse, la princesse déverse des flots de missives sur Mère Marie-Xavier, Jenny Chollet, Gabrielle Chanel, Madeleine Vionnet, Jean Cocteau et Max Jacob. Ce dernier qui séjourne à Lorient, dès qu'il apprend que les Ghika sont en Suisse, leur adresse, le 24 juin, la lettre suivante :

« Chers amis, bonne belle Princesse,

(...) Que saint Jean dont c'est la fête aujourd'hui, saint Jean précurseur du Seigneur, (...) vous bénisse aussi puisqu'il est le neveu de sainte Anne votre patronne. Que le saint Jean des feux maintienne celui de la mystique spiritualité qui brille en vous pour ceux qui savent l'y voir et pour vous-même, heureuse comme la flamme sur un mont.

A ma table, devant la mer, je songe à Roscoff où j'avais des jours si doux. »

Max Jacob évoque un Roscoff que le malheur des temps n'épargne pas et qui est envahi par les réfugiés espagnols et les policiers français. Depuis l'été 1926 qui vit la fugue de Georges Ghika et les petits jeux de la tendresse avec Mimy Franchetti, les volets du Clos Marie n'ont plus été ouverts... A lire la lettre de Max, Liane se rend compte qu'elle n'est plus Notre Dame de Roscoff, mais la madone des hôtels suisses.

La quiétude de la Suisse semble avoir apaisé Liane, et aussi Georges qui, à l'exemple de son épouse, se livre à la correspondance, du reste exclusivement familiale, avec son frère Henri qui a choisi de rester en Roumanie, et avec sa tante Jeanne qui s'abandonne, en Italie, aux délices florentines.

De 1937 à 1942, plusieurs fois par semaine, tante Jeanne reçoit de volumineuses lettres de son neveu. Sur cinq, six, sept feuillets, écrits recto verso, y compris les marges, il n'est question que de politique et de poésie. En cinq ans de correspondance, Georges ne nomme Liane que trois fois. La première, c'est pour expliquer, et en reprenant les propres termes de son épouse, la raison de leur venue en Suisse : « Liane ne veut pas être prise dans une panique. » La deuxième pour signaler un rhume persistant, et la troisième pour transmettre des « souvenirs affectueux ». C'est peu, trois fois en cinq ans ! Et cela prouve que, pour tante Jeanne comme pour les autres Ghika, Liane n'existe pas. L'intrusion d'une courtisane dans cette famille, qui n'avait compté jusque-là que des princes régnants et d'efficaces ministres, n'est pas plus acceptée en 1937 qu'elle ne l'était en 1910...

Liane n'écrit plus dans ses cahiers bleus qu'elle ne reprendra que, brièvement, en 1940. La lassitude, la monotonie de sa vie n'inspirent guère la princesse qui s'efforce de mettre en pratique les paroles de saint Dominique : « Ne parle qu'avec Dieu ou que de Dieu. »

Georges ne suit pas en cela l'exemple de sa femme. Il ne laisse pas passer la journée sans composer un texte qu'il lit à Liane, qui admire ou critique, selon son humeur. Ces textes permettent de deviner les états d'âme du couple Ghika pendant ce séjour en Suisse, dans ce calme qui, dit-on, précède la tempête. Face au bel été suisse de 1937, Georges écrit :

« Le bel été ! On rentre les enfants et les malades à l'heure où il commence à faire bon dehors. Je suis heureux de penser qu'il y a des malades indépendants et des enfants vagabonds. C'est ma façon, ce soir, de trouver du plaisir à une pensée quelconque. »

En 1938, le franc est dévalué pour la troisième fois. Hitler envahit l'Autriche. Les accords de Munich, s'ils provoquent un soulagement général, ne font que renforcer les Ghika dans leur sentiment d'avoir fait le bon choix en s'installant dans cette Suisse, dont la neutralité semble intouchable. Et puis, à quoi sert de se plaindre ? L'Histoire est en marche, les démons de la guerre continuent à se déchaîner en Espagne. *« Les clameurs de Job m'ont toujours fait l'effet d'une représentation dramatique qu'on se donne à soi-même pour réveiller en soi le sentiment du malheur »*, écrit Georges.

Liane se laisse bercer par les aphorismes pessimistes de son mari, comme elle se laissait prendre autrefois à ses serments d'amour.

Le 4 juin 1938, du Carlton Hotel de Lausanne, Georges annonce à tante Jeanne : *« La Banque fédérale m'a envoyé ma pension et je viens vite te remercier. Nous voici tout à fait installés et déjà presque incrustés. »*

Les Ghika sont encore au Carlton Hotel de Lausanne quand éclate la Seconde Guerre mondiale, en septembre 1939. Liane et Georges sont les deux seules personnes qui ne soient pas complètement anéanties par cette nouvelle. Ils sont à l'abri, ne peuvent que s'en réjouir, et s'inquiéter, toutefois, pour les rares amis qu'ils ont conservés à Paris, à Londres ou à Saint-Benoît-sur-Loire.

41

LA MENDIANTE MAGNIFIQUE

(14 août 1943)

A la mi-octobre 1939, à la suite d'une intoxication alimentaire, les Ghika quittent le Carlton Hotel pour la clinique de Bois-Cerf qui, dans la banlieue de Lausanne, est tenue par des religieuses[1] et dirigée par sœur Marguerite en qui Liane reconnaît immédiatement un « don du Ciel » : « (...) ma chère sœur Marguerite (...), qui s'occupe de tous les soins corporels et aussi de ceux de l'âme ».

Guéris, les Ghika décident de rester à Bois-Cerf qui est, pour Liane, « un petit paradis » puisqu'elle a l'illusion de vivre dans un couvent, comme à Sainte-Anne-d'Auray — au temps des Fidèles Compagnes de Jésus — et comme elle en a envie, depuis qu'elle est entrée, le 15 août 1928, dans cet asile Sainte-Agnès sur lequel elle continue, malgré la guerre, à veiller.

Le 24 décembre, le prince et la princesse Ghika attendent sœur Marguerite dans le hall de Bois-Cerf. Passe un Père dominicain, superbe dans sa robe blanche, cape noire rejetée sur l'épaule. Il monte le grand escalier comme s'il montait au ciel.

« Ne trouves-tu pas qu'il ressemble au jeune artiste polonais que nous avions rencontré chez Mme MacCormick ? » demande Liane à Georges qui en doute. Quelques jours plus tard, le prince parle au Père. Il n'y a plus de doute possible : le Père et le comte Rzewuski qui exposait ses pointes sèches, en 1925, chez Charpentier ne sont qu'une seule et même personne.

Georges conduit le Père auprès de Liane, qui a l'impression de recevoir l'un de ses plus beaux cadeaux de Noël. Entre l'ancienne courtisane et l'ancien artiste c'est tout de suite l'union mystique et mondaine. Devenu familier avec les textes sacrés, le Père n'en reste pas

1. Les sœurs françaises des Trinitaires de Valence.

moins apparenté aux plus grandes familles polonaises. Il peut parler avec Liane aussi bien des Potocki ou des Radziwill que de saint Pierre ou de saint Paul.

C'est en 1926, l'année même où Georges abandonnait momentanément Liane pour suivre Manon, que Alex Ceslas Rzewuski a tout laissé pour se consacrer définitivement à Dieu. Cette conversion, en pleine jeunesse et en pleine possession de ses moyens, fait envie à Liane qui ne s'en cache pas :

« Mon Père, comme je vous envie de ne pas avoir été comme moi l'ouvrier de la dernière heure.

— Hélas, je n'ai pas été non plus celui de la première. Il y a douze ans seulement que je me suis enfui à Saint-Maximin [1], quittant tout pour trouver tout.

— Qui ou quoi vous a poussé vers Dieu ? Quel événement a décidé de votre vocation ? Un grand chagrin, un insurmontable dégoût ?

— Ni chagrin ni dégoût, mais un vide immense en moi que seul l'amour de Dieu et du prochain pouvait ainsi combler. »

Pour retracer ce dialogue, et ne pas en perdre un seul mot, Liane rouvre le cahier bleu qu'elle avait fermé en 1937. Elle y note l'importance que prend ce nouveau « don du Ciel » dans sa vie :

« Les visites du Père Rzewuski sont une de mes saintes joies. Je lui ai dit encore mes remords, mes repentirs parfois désespérés. Il a toujours remis mon cœur en place ; il a toujours trouvé les mots. (...) Il a tout déposé aux pieds de Dieu ; il est devenu, comme il dit, un mendiant. Mendiant magnifique qui donne toujours mille fois plus qu'il ne reçoit ! Moi, qu'ai-je apporté à mon Dieu ? Je n'ai plus de jeunesse, plus de beauté et plus de forces. »

Directeur spirituel du séminaire international des Dominicains à Fribourg, le Père Rzewuski accourt souvent à Bois-Cerf où s'est réfugiée l'une de ses vieilles cousines paralysée. Il devient le confesseur de la prin-

1. Cf. l'autobiographie du Père Rzewuski : *A travers l'invisible cristal*, Plon, 1976.

cesse et son guide sur les possibles chemins de la sainteté.

Liane, qui a tant joué la comédie aux hommes, vit dans la hantise de jouer la comédie à Dieu. « Prévenez-moi si je suis comédienne avec le Bon Dieu », répète-t-elle au Père Rzewuski, à Mère Marie-Xavier, à sœur Marguerite qui s'efforcent de la rassurer et à Max Jacob qui l'exhorte à être une lumière :

« Vous promenez votre lumière dans les catacombes de la clinique. Je vous y vois avec votre cortège des images qui flottent toujours autour de votre cher visage. (...) Je suis désolé que la censure retienne les lettres où il est question de politique. J'aurais aimé avoir les lumineux aperçus de notre Georges. (...) Votre souvenir à deux têtes est lié aux plus beaux jours de mon histoire. »

Le poète prêche auprès de la princesse le dépouillement et c'est vers ce dépouillement que tend Liane, quand, en janvier 1941, elle confie la totalité de ses cahiers bleus au Père Rzewuski. Elle tient à confirmer ce don en 1942 :

« Mon Révérend Père

Je viens, par cette lettre, vous confirmer le don absolu de la collection de mes cahiers bleus, les abandonnant à votre entière volonté dès l'heure de ma mort. Mais ceci est un don fait entre vivants. Mon mari tient à le ratifier et veut signer cette lettre. »

Liane approuve, par avance, la publication de ses cahiers si la publication « épurée ou laissée dans toute son horreur de ces pages peut faire du bien à quelque âme égarée ». Elle ajoute cet ultime souhait : « Que ceux qui liront ceci fassent une prière pour la dernière des dernières : Anne-Marie Ghika. »

Liane renonce à l'idéal qui a régi sa vie : être partout la première et la plus belle. Mais se proclamer « la dernière des dernières », n'est-ce pas vouloir dépasser tout le monde en humilité ? En fait, la princesse n'a plus qu'un désir : être tertiaire de saint Dominique[1]. Le Père

1. Le tiers ordre constitue une partie intégrante de l'ordre dominicain et a pour mission d'introduire « la vie religieuse jusqu'au sein du

Rzewuski acquiesce, de bon cœur, au souhait, de sa pénitente « d'être reçue sous le nom de sœur Anne-Marie dans notre ordre de saint Dominique en qualité de sœur tertiaire séculière ».

Le 14 août 1943, à Bois-Cerf, Liane de Pougy, princesse Georges Ghika, ne veut plus être que sœur Anne-Marie de la Pénitence. Plus ému qu'il ne le paraît, Georges dessine, sur un bout de papier, le visage de son épouse en train de prononcer son engagement. Elle fait cadeau de ce dessin à Madeleine Vionnet :

« *Ma Madeleine*

Voici un petit dessin de Georges, me représentant à peu près le jour où (...) j'ai été faire ma profession, me donnant jusqu'à la mort à Dieu, dans la règle du Tiers Ordre de saint Dominique. Ce jour-là, je défaillais. Jamais en répétant mon acte de profession, je n'étais arrivée à le réciter sans faire cinq ou six fautes. Eh bien là, devant l'autel, dans le chœur, seule, agenouillée au milieu, je l'ai dit superbement sans une faute, sans ânonner. Mes cinquante-six sœurs (...) étaient ravies, elles ont chanté derrière leurs grilles, comme d'une seule voix venant du ciel, le Te Deum *et le* Veni Creator. »

Le dessin de Georges montre une Liane amaigrie, aux yeux immenses, le visage cerné par une mantille noire. Et quoi qu'elle en dise, Liane semble toujours très belle...

La nouvelle tertiaire de saint Dominique s'acquitte scrupuleusement des exigences imposées par ses vœux. Elle récite quotidiennement le chapelet et le petit office de l'ordre, lit l'Évangile. Anne-Marie de la Pénitence est aimée et respectée par les sœurs de la congrégation des Trinitaires, leur supérieure, les ecclésiastiques qui passent par Bois-Cerf. Au fond, Liane retourne à la case

---

foyer domestique et au chevet du lit nuptial ». Comme le dit aussi Lacordaire : « On ne croyait plus qu'il fallait fuir du monde pour s'élever à l'imitation des saints : toute chambre pouvait devenir une cellule, et toute maison une thébaïde. » (Cf. Lacordaire, *Vie de saint Dominique*, Le Cerf, « Foi vivante », 1989, pp. 281-282.)

départ. Elle retrouve ce respect, cette considération, cette estime dont elle aurait joui si elle s'était contentée de vivre selon les préceptes enseignés à Sainte-Anne-d'Auray par les Fidèles Compagnes de Jésus, c'est-à-dire de rester la légitime épouse d'un officier de marine, M. Pourpe, et d'élever leur fils Marco.

A son sort tout tracé de petite bourgeoise, elle a préféré un destin de grande courtisane. Elle a appris à dispenser ce plaisir qui apporte, pour quelques instants, l'oubli de tout. Y compris de ce Dieu devant lequel elle se prosterne en ce 14 août 1943 et dont elle implore la pitié, comme une mendiante. A partir de ce jour, Liane est, à son tour, une mendiante magnifique.

42

UN AFFREUX CHAGRIN

(10 avril 1945)

Tertiaire de saint Dominique, Liane a-t-elle abandonné ses changements d'humeur, son extrême susceptibilité ? Le Père Rzewuski se le demande :

« Liane était-elle devenue parfaite ? Son mari ironisait parfois et se plaignait de ses petits défauts : Liane, disait-il, malgré sa piété, était restée capricieuse et versatile dans ses sentiments. Mais Dieu ne laisse-t-il pas, même à ses saints, certaines apparentes imperfections ? Qui aurait pu être surpris en constatant chez cette femme, qui fut probablement la plus adulée de son siècle, ces quelques retours de ce qui avait été si caractéristique de son tempérament ? »

Des rapports du couple Ghika pendant ces années quarante, on ne sait que ce qu'en rapporte le Père Rzewuski :

« Georges manifestait visiblement auprès de sa femme une ostentatoire assiduité à la servir, attitude qui révélait aisément une certaine culpabilité cachée. Quant à Liane, elle le traitait avec une amitié un peu maternelle, visiblement forcée, recevant son allégeance avec une grâce mêlée d'une discernable pitié et d'ennui. Il sautait aux yeux qu'une ombre enveloppait le ménage mal assorti. »

Cette ombre, le Père Rzewuski l'apprendra en lisant les cahiers bleus, c'est celle, persistante, de Manon Thiébaut et du drame qu'elle a provoqué. Drame que Liane changea en tragédie et dans laquelle elle s'attribua le beau rôle, en accordant à Georges un pardon que le Père commente ainsi :

« Il y eut ensuite le retour du fugitif repentant et le pardon que — j'aime à le croire — l'épouse lui accorda sincèrement. Pourtant la blessure apportée au cœur de Liane allait laisser dans leurs mutuelles relations une trace qui renversa leurs rôles. Ce n'était plus à elle d'éprouver face à son princier époux un complexe de culpabilité, mais à lui de se faire pardonner entièrement. J'avais parfois l'impression que ce changement n'était pas pour déplaire à la princesse. »

Ces observations sonnent juste. Et ce sont, je le répète, les seules que nous possédions sur le couple Ghika pendant les années quarante. Témoins et documents ont disparu, hélas. On sait néanmoins que le prince et la princesse suivent attentivement les événements de la Seconde Guerre mondiale. Le nazisme ravage l'Europe, comme autrefois la peste ou le choléra. S'ils échappent à cette nouvelle épidémie, Georges et Liane s'inquiètent des amis qui n'ont pas leur chance, comme Max Jacob qui meurt, en 1944, au camp de Drancy.

Liane est rassurée sur le sort de Natalie Barney. Par tante Jeanne qui est l'une des gazettes vivantes de Florence, elle sait que Natalie y a trouvé refuge auprès de Romaine Brooks qui possède la villa *Sant'Agnese*. Elles voisinent avec Bernard Berenson que l'Amazone avait connu en 1915 chez Salomon Reinach, et y mènent une vie des plus agréables. Liane s'en réjouit. Si elle ne veut plus revoir son « Rayon de lune », elle est contente d'apprendre que ce Rayon continue à briller malgré les ténèbres qui enveloppent l'Europe.

Les restrictions affectent tous les domaines. Les Ghika, infatigables épistoliers, doivent même limiter leur correspondance. Les lettres sont censurées, arrivent avec retard ou se perdent. A défaut de leur ration de lettres quotidiennes, ils se sont abonnés à un cabinet de lecture. Ils n'ont plus les moyens de s'offrir les nouveautés qui paraissent en librairie. Les fonds que Liane avait placés en France et en Angleterre rentrent difficilement. C'est tante Jeanne qui aide le couple à résoudre ses difficultés financières. Elle a quitté l'Italie pour la Suisse. En 1943, elle s'installe également à Lausanne, à l'hôtel Alexandra d'abord, puis à l'hôtel Mirabeau. Bientôt les Ghika doivent quitter Bois-Cerf que Liane considère comme un paradis, mais un paradis trop coûteux, ainsi qu'elle l'explique à Madeleine Vionnet :

« *Bois-Cerf est trop chic, trop coûteux, trop luxueux pour nous. Il nous faut le quitter. Ici, je fus vraiment comme Alice au pays des merveilles : deux belles chambres au midi, un grand cabinet de toilette, trois terrasses n'en formant qu'une (...). Nos fonds, tous bloqués, peu à peu et je pense que ceux de tante Jeanne commencent à l'être. Elle a pris une modeste chambre dans son vieil hôtel Alexandra. Et c'est elle qui paie pour nous aux trois quarts. Il est décent que nous suivions son exemple, surtout que Bois-Cerf augmente ses prix de temps en temps. (...) J'ai eu un terrible chagrin, les premiers jours, demandant à Dieu la grâce de mourir avant de quitter Bois-Cerf. On a pris son courage à deux mains, on a cherché, et Jésus nous a trouvé une maison de repos (...). J'ai vu la maison et je me suis soumise. En Roumanie, une de nos deux terres est un champ de bataille. L'autre qui est aux portes de Bucarest le sera aussi quand l'ennemi sera à Bucarest. Le frère de Georges y est, avec sa famille, et nous sommes sans nouvelles.*

Je te dis tout cela tout simplement, pour t'expliquer. Ne t'inquiète surtout pas pour nous. Il n'y a pas péril. Moins de luxe et économie, à l'exemple de notre tante. C'est à l'asile Sainte-Agnès que je voudrais finir mes jours. »

Liane pense toujours à l'asile Sainte-Agnès comme Abraham devait songer à la Terre promise. Elle aurait voulu vivre à l'ombre, ou au soleil, de Mère Marie-Xavier, « *ma sainte qui est de plus en plus merveilleuse* », affirme-t-elle à Madeleine Vionnet.

Après quelques vicissitudes et déconvenues dans cette maison de repos, les Ghika retournent s'installer à l'hôtel Carlton qui a changé de direction et où les hôtes ne sont plus menacés d'intoxication. Les nouveaux directeurs, Albin et Gabrielle Muller, veillent particulièrement sur le confort du prince et de la princesse Ghika.

Liane et Georges s'y recréent un cocon, comme à Saint-Germain-en-Laye ou aux Batignolles. Leur emploi du temps est immuable, et le voici tel que le présente Georges : « *On se repose, on fait sa toilette, on lit les journaux, hélas, on écrit et on parle. Et il ne reste guère de loisir, ni de force pour autre chose.* »

A Lausanne, les Ghika ne connaissent pratiquement personne et vivent dans un grand isolement. Si Liane est occupée par Dieu et par saint Dominique, Georges qui reste résolument incroyant n'a pour se distraire que le thé qu'il prend quotidiennement, en fin d'après-midi, avec sa tante Jeanne, à l'hôtel Mirabeau. Liane n'est pas admise, ou ne veut pas participer, à ce rituel familial. Georges rentre ensuite pour dîner en compagnie de son épouse. La journée est terminée. « Les oisifs sont toujours très occupés », avait dit Georges à Liane qui avait ri de ce qu'elle avait pris pour une boutade. Elle ne pouvait pas imaginer que, durant les années quarante à Lausanne, elle aurait à affronter cette oisiveté qu'elle combat par la prière, la lecture et le tricot. Elle n'utilise plus la laine rouge avec laquelle elle confectionnait des chaussettes et des écharpes pour Max Jacob, mais de la laine grise à l'image de ces jours gris qui passent lentement.

Rien ne semble plus devoir rompre leur monotonie ponctuée par les événements de l'Histoire comme la libération de Paris, en août 1944, suivie par la découverte des horreurs nazies. Quelques amis de Liane comme l'acteur Harry Baur ont été arrêtés par la Gestapo et sont morts sous la torture. Quand elle apprend certains détails, Liane est saisie de vomissements incoercibles qui durent toute une nuit : « *Je me suis vidée, c'est inouï comme un corps miné et si fragile comme le mien peut contenir.* » En 1944, la princesse a soixante-quinze ans, et le prince soixante.

Non, rien ne semble plus devoir rompre la monotonie de la vie que les Ghika mènent à l'hôtel Carlton de Lausanne quand, le 10 avril 1945, Georges meurt subitement d'une hémorragie cérébrale. Là encore, nous n'avons, concernant cet événement, que le seul témoignage du Père Rzewuski qui, ce 10 avril, dans l'après-midi, est allé rendre visite à Liane qu'il trouve bouleversée. Elle vient de recevoir un coup de téléphone de tante Jeanne chez qui Georges a eu un malaise. Un médecin a été appelé d'urgence. Liane prie le Père d'aller voir ce qui se passe. Ce qu'il fait sans tarder, se précipitant à l'hôtel Mirabeau :

« Arrivé là, je frappai aussitôt à la porte de la princesse Jeanne. Elle me fit entrer dans sa chambre où je trouvai Georges râlant, étendu sur le lit de sa tante. Je me rendis compte sur-le-champ de la gravité de la situation. Georges était dans le coma (...) Il n'avait plus sa conscience. La princesse Jeanne, comme son neveu, était de religion grecque-orthodoxe, mais contrairement à lui, elle était croyante. Je demandai si elle n'avait pas d'objection que je donne à Georges une absolution sacramentelle catholique. Elle y acquiesça volontiers et je la lui conférai aussitôt. Quelques instants après, tandis que je priais avec sa tante auprès de son lit, Georges rendit l'âme. »

Le Père Rzewuski revient aussitôt auprès de Liane. Comme pour la mort de son fils Marco, elle a pressenti ce qui est arrivé. Elle dit : « Il est mort », et écoute le récit de cette mort. Commentaire du Père :

« Je dois dire ici en faveur de Liane qu'en cette triste circonstance, je n'ai pu qu'admirer son attitude et sa conduite. Il n'y eut aucune fausse note, tout se passa sans emphase ni allure théâtrale. Son bon sens réaliste se manifesta là avec une incontestable dignité. (...) La femme pratique était cependant là et c'est avec gravité qu'elle se préoccupa tout de suite de l'aspect immédiat et matériel que cette mort allait entraîner : la sépulture, la question de l'office, etc. Elle téléphona aussitôt à la tante Jeanne afin de s'entendre avec elle sur tout ce qu'il y avait de pressant à décider. »

Ce que le Père Rzewuski ne dit pas, et que Liane confiera plus tard à Madeleine Vionnet, c'est que la princesse est immobilisée par une pneumonie, et n'a plus que le téléphone comme moyen de communication : « *Dès que Georges est mort, j'ai fait téléphoner à sœur Marguerite. Elle a tout de suite envoyé sœur Bridget et sœur Louise faire la veillée du soir près de lui, ce qui a rassuré tante Jeanne, effondrée et raidie à la fois. Moi, j'avais une pneumonie qui m'immobilisait... j'étais en pierre, sans une larme. Deux jours après une grosse jaunisse éclatait, et depuis, Jésus m'a prise, posée près de lui sur la Croix.* »

Dans son testament, le prince Ghika laisse tout à son épouse. Cette preuve d'amour ne fait qu'augmenter le chagrin de la princesse, « un affreux chagrin » comme elle le confie, à sœur Marguerite et à Mère Marie-Xavier.

Liane est maintenant seule au monde, seule avec Dieu.

43

SŒUR ANNE-MARIE DE LA PÉNITENCE

(Printemps 1945-automne 1949)

Ma dernière vision de la princesse Ghika — vision tragique et qui semble faire partie du *Temps retrouvé* — (...) C'était par l'une des après-midi les plus pluvieuses et les plus orageuses du triste mois de mai 1946. Cette après-midi dramatique et cette sorte de désastre de la Nature convenaient à la belle princesse en ruines que j'allais visiter. Et lui convenait aussi l'absurde décor d'un hôtel aux rideaux pompeux, aux poufs innombrables, aux hideuses colonnes de marbre jaune. C'est dans des hôtels de ce genre que devait séjourner, au temps de la jeunesse de Proust, Mme Verdurin. Quelle ne fut pas mon émotion de retrouver, abîmée de chagrin par la mort de son mari et pliée en deux, cassée par la maladie, celle que j'avais quittée naguère portant sur son visage si bien dessiné et sur son corps élégant les restes encore augustes de sa célèbre beauté. (...) Après avoir porté, Pougy et Ghika, des noms diversement glorieux, elle ne voulait plus être, faisant partie du tiers ordre de saint Dominique, que sœur Anne-Marie-Madeleine de la Pénitence.

André GERMAIN, *Les Clefs de Proust*.

A la mort de Georges, Liane incarne ce proverbe populaire : « Tous les chemins mènent à Rome. » Tous les chemins mènent à Dieu et à la prière :

« *(...) La prière vient de mon âme, un petit crucifix dans la main, peu de lumière, le silence. Je pleure et lorsque je pleure, je sens la divine présence. Je récapitule ma vie, ma vie dans laquelle Jésus a changé en bien tout ce qui était mal. Ma vie rachetée, pardonnée, ma vie qui me fait un mal déchirant. Et je suis heureuse d'avoir ce mal à offrir. Je serais si pauvre sans cette douleur-là. Car je n'ai rien quitté pour lui, c'est le péché qui s'est retiré de moi... si tard, si tard.* »

La prière n'empêche pas la souffrance. Après la mort de Georges, Liane souffre des mêmes maux qui l'avaient accablée à la mort de Marco : nausée, anorexie, insomnie, dépression.

Elle s'accusait alors de n'avoir pas assez aimé son fils. A la mort de Georges, elle s'accuse, elle, la pécheresse, d'avoir manqué d'indulgence envers son époux. Depuis la reprise de leur vie commune, en 1927, le prince a dû, quotidiennement, se faire pardonner son égarement. Par son intransigeance, Liane a rendu son fils et son époux également malheureux. Marco et Georges ont osé aimer d'autres femmes que Liane. Impardonnable ! Depuis qu'elle est sœur Anne-Marie de la Pénitence, elle a enfin compris le sens de cette phrase du *Notre Père* : « Pardonnez-nous nos offenses comme nous pardonnons à ceux qui nous ont offensés. »

A « l'affreux chagrin » de cette mort subite, s'ajoute l'insupportable remords de n'avoir pas su reconnaître l'amour de Georges qui, son testament le prouve, a tout donné à Liane. Qu'a-t-elle offert en échange ? La complaisance de ses caresses, le confort matériel, un pardon accordé du bout des lèvres. Georges l'a aimée jusqu'à son dernier soupir. Une photo le prouve qui montre le prince, sous un platane, envoyant à la princesse un dernier baiser. « *Cet arbre est en moi. Cruelle et douce dernière vision. (...) Je crains toujours le pire depuis le départ de Georges dans du soleil et sous un magnifique platane* », se plaint Liane.

La crainte du pire, le chagrin, les remords, les regrets, produisent chez la tertiaire de saint Dominique de tels malaises qu'elle doit quitter le Carlton pour être soignée dans une maison de santé. Là, peu à peu, elle guérit et connaît l'apaisement :

« *J'ai trouvé ces jours-ci une magnifique pensée de saint Bernard de Clairvaux, (...). Il dit que la mort n'est pas ce que l'on croit, qu'il n'y a pas de séparation, que nos chers morts sont invisibles, mais jamais absents. Ceci est doux à penser, à méditer.* »

L'apaisement ne dure guère. Dans la maison de santé, Liane a l'impression qu'on la vole, qu'on l'empoisonne. Elle réintègre à la hâte l'hôtel Carlton en décembre 1946. Dès lors, elle désigne cet établissement comme « Carlton béni » et ses directeurs, Albin et Gabrielle Muller, comme ses anges gardiens : « *Ici, je me sens à l'abri. Gabrielle me donne tout le nécessaire, (...) et des gâteries à m'en faire honte. Tout ce que je possède est à elle. (...) Jésus m'a fait rendre mes bijoux, je les ai tous offerts à Gabrielle qui a résisté et a fini par accepter en me donnant une très forte somme, me nourrissant comme une reine, me donnant la plus belle chambre à deux lits, et ce réconfort du cœur de tous les instants. Je bénis les Muller. Ils sont catholiques très fervents.* »

A Gabrielle Muller qui est sa légataire universelle, Liane donne donc ses bijoux pour une somme d'argent dont elle ne précise pas le montant, ses fabuleux bijoux, ses sept rangs de perles, ses diamants, ses émeraudes, toutes ces pierreries qui valaient des fortunes. Seule, Liane sait comment elle les a gagnés ! Elle s'en dépouille pour liquider, et à jamais, son passé de courtisane. A un ami ruiné, elle donne son appartement des Batignolles.

Saint Dominique prêchait la pauvreté, la chasteté et

l'obéissance. Sœur Anne-Marie de la Pénitence se veut pauvre, chaste et obéissante. Elle n'en reconnaît pas moins ses défauts. « *Je suis gourmande, rancunière, colère, vaniteuse (...) Connais-tu le* Stabat Mater *? (...) Je le lis, deux fois par jour, sans me lasser. Il me berce, me fait tout oublier, on dirait que chaque couplet a été composé pour moi. Je m'y retrouve et après l'avoir médité, je me sens meilleure. Et si quelqu'un entre, me parle du temps qu'il fait, de la mode, ou de la brutale sottise humaine, je n'y suis plus et je sens que je ne digère plus ce qui était ma joie d'autrefois et ma curiosité. (...) Je sens que bientôt je ne pourrai plus discuter qu'avec Jésus. Je manque peut-être d'humilité en disant cela, mais c'est la vérité* », écrit-elle à Madeleine Vionnet, le 31 mars 1947. Liane a soixante-dix-huit ans. Les mondes qu'elle a connus ont disparu, et son monde à elle se limite à une chambre d'hôtel. Les multiples amis qu'elle avait se réduisent maintenant à une demi-douzaine : le Père Rzewuski, les Muller, Mère Marie-Xavier, sœur Marguerite, et Madeleine Vionnet qui est l'une de ses dernières correspondantes.

La Sévigné de la Suisse a considérablement réduit le nombre de lettres qu'elle écrivait. Elle souffre d'arthrose, ses gestes sont lents, mais elle tient à faire sa toilette elle-même : « *J'ai dormi, changé tout mon linge, c'est fatigant pour moi. Je l'ai fait hier soir à 9 heures, seule, à mon aise. Le calo rendant son plein, je me suis mise toute nue, savonnée, rincée, frictionnée à mon eau de Cologne favorite, je préfère le faire le soir, j'ai toute la nuit pour me reposer, si je le fais le matin, ensuite, je suis une misérable loque. (...) Je suis allée sur mon balcon plein de soleil, j'étais ivre de joie. Hélas, en rentrant au bout de cinq minutes, ma tête tournait, je ne pouvais plus parler. Mais Gabrielle parle pour deux et même pour trois.* »

Liane ne considère pas moins la bavarde Gabrielle comme un authentique don du Ciel qu'elle serait pourtant prête à quitter pour ce don suprême qu'est Mère Marie-Xavier : « *Mère Marie-Xavier est à l'apogée de sa gloire terrestre. (...) Il n'y a pas de bontés, de marque de reconnaissance qu'elle ne me donne. Je partage mes viagers avec elle.* »

Liane n'a pas renoncé à finir ses jours à l'asile Sainte-Agnès et insiste encore pour y être admise. Mère Marie-Xavier fait sagement observer que les rigueurs de l'asile ne sauraient convenir à une presque octogénaire habituée au confort du Carlton et qui reçoit encore des hommages, sous forme de fruits, de son ancien galant, Maurice de Rothschild :

« *Le baron Maurice de Rothschild qui m'a aimée lorsqu'il avait dix-huit ans me fait envoyer chaque jour des fruits de ses serres du château de Prégny à Genève, en ce moment ce sont de grosses prunes et d'exquises petites pêches. Nous avons reçu de lui des caisses de fraises, et de cerises, des figues merveilleuses, on me fait des tartes avec tout ça, notre chef est renommé. Il travaille avec les Muller depuis vingt ans. Je l'appelle notre chef en or. (...) Maurice qui sait cela lui donne de temps à autre 50 francs suisses. Il est content et confus. Moi, je ne dois rien demander pour moi, c'est défendu par saint Dominique.* »

Obéissant à saint Dominique, Liane ne cache pas à la destinataire de ces lignes, Jenny Chollet, qu'elle n'a pas réussi à se défaire de l'un de ses derniers défauts, la gourmandise. Elle ne cache pas non plus sa satisfaction devant la fidélité, dans le souvenir, de son amoureux qui avait dix-huit ans en 1899. Presqu'un demi-siècle a passé, Maurice de Rothschild, Don Juan s'il en fut, ne compte plus les conquêtes féminines. Mais il n'a pas oublié sa première passion, Liane de Pougy dont sœur Anne-Marie de la Pénitence veut détruire les dernières habitudes de coquetterie :

« *Je ne mets plus jamais du rouge à mes lèvres depuis dix ans, dès mon séjour à Bois-Cerf chez les Trinitaires. Je ne mets jamais de poudre de riz, mais je passe du talc blanc sur mon visage pour l'unifier. Je mets un petit rond rouge, poudre Houbigant, sur chaque joue car je suis terriblement pâle. J'ombre un peu chaque coin de mes yeux, c'est tout. Lorsque j'attends une visite comme la duchesse de Clermont-Tonnerre, je corse un peu tout ça. J'use tout ce que j'avais de blanc, de bleu, dans ma garde-robe. J'ai un pied très enflé...* »

L'arthrose, les rhumatismes ont fini par déformer ce corps dont Salomon Reinach n'est jamais parvenu à savoir s'il avait la perfection d'une déesse grecque ou de Diane de Poitiers.

Prétextant qu'elle est devenue sœur Anne-Marie de la Pénitence, Liane de Pougy ne veut plus être vue par ses anciens admirateurs, comme Maurice de Rothschild, ni même par ses plus anciennes amies, comme Madeleine Vionnet dont elle élude sans cesse les demandes de visite : « *Je ne suis pas montrable, je ne veux pas que tu me voies toute courbée.* »

Quelques rares élues sont admises à son chevet, parmi elles Marie-Thérèse d'Anthume, une jeune femme qui travaille au consulat de France, et qui apporte son aide à la princesse dans ses démarches administratives, ou dans ses envois de chocolats à Madeleine Vionnet et à Jenny Chollet.

A la mi-août 1949, Élisabeth de Gramont, duchesse de Clermont-Tonnerre, est de passage à Lausanne. Natalie Barney, qui s'est enfin arrachée aux plaisirs de la vie florentine, vient de réintégrer son 20, rue Jacob, et veut revoir sa Liane. Leur brouille a assez duré ! L'Amazone se dit prête à faire le premier pas, et tous les autres pas qu'il faudra, pour revoir sa princesse lointaine. Natalie a pensé qu'elle ne pouvait avoir de meilleure ambassadrice que cette duchesse Allégresse qui écrivait à Liane, pendant le bel été de Roscoff : « *Tout se range autour de vous, la déesse au beau visage dont la présence rend heureux.* »

L'Amazone n'admet aucun conformisme, et surtout pas celui de l'âge. « Qu'est-ce que l'âge ? Une histoire d'état civil », me répétait-elle dans l'ardeur de ses quatre-vingt-sept printemps. Pour Natalie, Liane a toujours trente ans alors qu'elle en a quatre-vingts, et qu'elle, l'Amazone, est entrée, dans sa soixante-treizième année. La duchesse Allégresse n'a pas non plus échappé aux outrages du temps, comme le constate Liane :

« *Mme de Clermont-Tonnerre est venue à Lausanne*

et a demandé à me voir. Je n'ai pas répondu. Elle a insisté (...) Elle est venue, très changée physiquement, elle était très forte autrefois, maintenant c'est un fil. Elle a sa bouche qui va de travers comme si elle avait eu une attaque, je n'ai pas osé lui demander. En tout cas, elle n'a ni rhumatismes, ni sciatique, ni mal aux jambes. Elle portait un joli tailleur en laine soyeuse, bleu de ciel. Elle a beaucoup insisté pour que je reçoive Miss Barney. J'ai absolument refusé ; elle m'a dit : elle aura de la peine... j'ai tenu bon. Nous ne sommes pas de la même race et je ne puis espérer atteindre ses fibres et lui faire du bien. C'est de la simple curiosité. Assez parlé de moi. »

Ainsi se termine la relation que Liane fait à Jenny Chollet de la visite de celle qui fut son « Allégresse » et qui n'est plus que « Mme de Clermont-Tonnerre ». Liane réserve son traitement le plus dur à celle qui fut sa « Douceur blonde », son « Rayon de lune », sa Flossie qu'elle ne désigne plus que par son nom, « Miss Barney », même pas par son prénom, Natalie...

Comme l'a prévu « Mme de Clermont-Tonnerre », « Miss Barney » aura de la peine, car ce n'était pas la « simple curiosité » qui l'avait poussée à souhaiter revoir Liane, mais un sentiment qui, lui, ignorait les outrages du temps. Sœur Anne-Marie de la Pénitence a estimé qu'elle n'avait plus rien à voir avec celle qui fut son plus grand péché, cette Amazone qui ne croit ni en Dieu, ni au Diable, cette irréductible païenne qui continue à vénérer seulement les nymphes de l'« île ».

Lors de cette même visite, la duchesse de Clermont-Tonnerre voulant montrer qu'elle est toujours la duchesse Allégresse a multiplié les traits d'esprit sans éveiller chez Liane le moindre sourire. « *Je ne ris plus jamais, je pleure toujours* », a-t-elle confié à son ancienne amie à qui elle n'a pas caché le deuil qui l'avait accablée, le 11 juin dernier :

« *Le Carlton béni est en deuil. Mon grand bienfaiteur, Albin Muller, propriétaire de l'hôtel, qui m'a offert sa maison, sa famille et tout son généreux dévouement est mort d'une embolie le 11 juin, (...). Il est mort comme mon petit Georges. Georges avait soixante et un ans, Albin en avait soixante-sept. Nous sommes, Gabrielle et moi, dans le plus grand chagrin.* »

Il ne reste plus à la duchesse Allégresse qu'à prononcer quelques paroles de condoléances, à s'éclipser sur la pointe des pieds et à annoncer à Natalie la mauvaise nouvelle : Liane ne veut plus rien avoir à faire avec les vivants. Liane vit avec les morts. Celle qui fut une reine d'amour règne maintenant sur des ombres et ne pense plus qu'à sa propre mort dont elle règle les moindres détails. Comme elle n'a pas réussi à vivre à Sainte-Agnès, elle veut être enterrée dans le cimetière qui jouxte l'asile. Quand elle apprend que Mère Marie-Xavier accède à sa demande, sœur Anne-Marie de la Pénitence ne cache pas son émotion :

« *J'ai pleuré d'émotion en disant : Mère chérie, je demande à être enterrée à vos pieds. Elle m'a répondu : "Non, vous serez à côté de moi, nous serons unies dans la mort comme dans la vie nous l'avons été. Il y aura toujours des fleurs sur votre tombe et je ne vous demande rien. Dieu est bon et je le remercie." Moi aussi.* »

Ayant réglé tous les détails de ses affaires terrestres, y compris ceux de son inhumation, Liane peut enfin se consacrer entièrement à ses affaires célestes.

44

SAINTE LIANE DE POUGY

(26 décembre 1950)

Liane ne considère plus la mort comme une calamité, mais comme une bienfaitrice, la seule capable de mettre un terme à ses souffrances physiques et morales. Cette tertiaire de saint Dominique éprouve une fraternité franciscaine pour la mort, pour le soleil, la lune, la pluie qu'elle aperçoit du fond de sont lit où elle gît, grabataire. Pour qui sait regarder avec les yeux de la foi, tout est don du Ciel et il faut remercier le Ciel pour chacun de ses dons :

« *Remercions Dieu de tout, son travail est admirable. Il sait mieux que nous ce qu'il nous faut. Soyons sans rancune et sans indignation. Considérons ceux qui nous font du mal comme nos bienfaiteurs puisqu'ils nous donnent des mérites, prions pour que Dieu les comble de bénédictions, aimons-les selon le cœur du Doux Agneau qui a pardonné à ses bourreaux lorsqu'Il était cloué à la Croix et qu'il a dit : "Mon Père, pardonnez-leur car ils ne savent pas ce qu'ils font." Nulle parole ne saurait être plus généreuse, parole d'amour et de pardon. Je me sens enveloppée dans cette parole-là* », écrit sœur Anne-Marie de la Pénitence à Jenny Chollet, le 21 août 1949, peu après la visite de la duchesse Allégresse de qui elle aura certainement appris que leur amie commune, Colette, est elle aussi grabataire, à Paris, en son appartement du Palais-Royal. Réaction immédiate de Liane : « *Pauvre Colette : elle a exactement ce dont je souffre : sciatique compliquée de névrite et cela nous retire du monde des vivants. Colette en souffre et moi j'en suis heureuse. Car Jésus est en moi. Colette n'a peut-être pas Jésus. Il faudrait Le lui donner. Colette a un cerveau si merveilleux... apte à comprendre le Tout-Puissant, l'Immense, l'Infini. (...) Je voudrais lui donner Jésus, et mourir tout de suite après, en holocauste. L'âme de Colette vaut bien cela.* »

Sœur Anne-Marie de la Pénitence s'offre, en holocauste, pour celle qu'elle exécutait ainsi en février 1920 : « Nous avons aussi la même opinion sur Colette Willy, son insincérité, ses simagrées, son talent cependant, et son infernale méchanceté. » Depuis, Liane a appris le pardon de toutes les injures.

Le projet de conversion de Colette avec, pour intermédiaires, Madeleine Vionnet et le Père Sanson, n'aura pas de suite.

Liane est obsédée par la conversion d'Ève Lavallière dont elle lit, et relit, l'autobiographie :

« *Eve cite sainte Thérèse d'Avila qui est ma grande protectrice et je sais par cœur tout ce qu'elle cite d'elle.*

Quand je pense que j'étais glorieuse d'avoir mon nom, Liane de Pougy, en lettres de feu au-dessus d'une vespasienne de la rue Drouot, je suis secouée de frissons et je dis : "Qu'êtes-vous venu sauver là, mon Jésus ?" Eve dit exactement la même chose... elle parle de ses mains qui ont tant péché, elle dit : "Qu'êtes-vous venu sauver là ?" Eve avait trois ans de plus que moi. (...) c'était mon actrice de dilection et j'allais toujours avec fierté la féliciter dans sa loge. Elle me faisait mille grâces, me disait des compliments. Un jour elle m'a dit : "Oh, que vous êtes belle, vous êtes transparente." Nous étions charmantes et nous appartenions au diable l'une et l'autre. Et voici les épreuves, le regard de Dieu sur nous. Il a eu pitié de ses petites créatures, Il a changé nos cœurs, nos pensées, notre âme s'est dilatée, affermie, c'est elle qui maintenant commande et dirige, ayant senti avec ivresse l'éternité de l'amour de Jésus pour nous. (...) Que dire du travail de Jésus en moi, frivole, et pire, vicieuse, pourrie, avide de sensations, inconstante, etc. passons. Il a regardé ma bassesse. Il m'a aimée, consolée, comblée de biens. Il m'a passée au crible, et après au creuset. Il m'a torturée physiquement, moralement, j'ai été la proie du purificateur... et je ne me suis pas plainte. J'ai admis, aimé ces souffrances bénies, elles sont devenues mes joies, mes seules joies. Je parle à Jésus. Il me répond. Il dirige mes actes. Je l'entends. Je le sens toujours là, le plus tendre, le plus fidèle des amis. »

S'étant donnée entièrement à Dieu, sainte Liane de Pougy souhaiterait en obtenir une ultime faveur. Elle voudrait mourir un jour de fête, un jour de Pâques, de Toussaint, ou de Noël. Ce serait le signe qu'elle attend, la preuve que Dieu a pardonné à la pécheresse.

Dans sa chambre du Carlton Hotel qu'elle a fait dépouiller de tout ornement superflu, sœur Anne-Marie de la Pénitence s'adonne à la méditation et à la prière. La machine à plaire s'est changée en machine à prière. Elle ne veut plus voir personne et plus rien ne doit interrompre son tête-à-tête avec Dieu. En décembre 1950, sœur Anne-Marie de la Pénitence pressent que sa fin est proche. Elle espère mourir pour la Nativité. Elle entre en agonie le jour de Noël et meurt peu après minuit, le 26 décembre.

Les journaux qui réservaient des colonnes entières aux exploits galants de Liane de Pougy ne consacrent que quelques lignes à cette courtisane devenue princesse puis tertiaire de saint Dominique.

Seul Jean Cocteau se souvient qu'elle a été une Reine d'amour et laisse parler son cœur :

« Ne réveillez pas ce fantôme d'une Liane qui entre ; c'est celui de la jeunesse d'une reine de la mode : Liane de Pougy. Liane vient de quitter sa loge, c'est-à-dire son cabinet de toilette. Elle a traversé les coulisses, c'est-à-dire la place de la Concorde. Elle est bonne. Elle est simple. Elle est douce. Seulement elle joue un rôle qui ne l'autorise à être ni simple, ni douce, ni bonne. Toute son attitude hautaine déclare : "N'approchez pas. Danger de mort." »

L'enterrement à Saint-Martin-de-Vinoux passe complètement inaperçu. L'assistance est des plus réduites : une demi-douzaine de religieuses conduites par Mère Marie-Xavier et deux représentants de la famille Chassaigne : une nièce de Liane et un petit-neveu.

Il fait très froid, très sombre. Quelques flocons de neige voltigent dans les airs comme autant de petites âmes errantes venues accueillir celle dont les errances se terminent enfin. Pour éclairer ces ténébreux moments, on se répète les deux dernières phrases que Liane a prononcées avant de mourir : « Quel monde ! Quel monde ! » et : « La miséricorde de Dieu est infinie. »

Paris, le vendredi 27 août 1993.

BRÈVE BIBLIOGRAPHIE

Pendant que je rédigeais cette biographie, deux ouvrages n'ont pas quitté ma table de travail : *Mes cahiers bleus* de Liane de Pougy (Plon) et *Lettres à Liane de Pougy*, de Max Jacob et Salomon Reinach (Plon).

Restaient également à portée de la main : *Souvenirs indiscrets* de Natalie Clifford Barney (Flammarion), *Les Fous de 1900* d'André Germain (La Palatine), *Trente ans de dîners en ville* de Gabriel-Louis Pringué (Revue *Adam)*, et *Piel de ángel* de Lola Gavarron (Tusquets). Impossible d'énumérer ici les journaux, les correspondances que j'ai consultés, sans oublier les revues comme *Le Fureteur médical* qui, en août 1957, offrait à ses lecteurs un excellent article de Louis Arnaud, « La princesse Ghika (Liane de Pougy) ».

REMERCIEMENTS

Mes premiers remerciements vont au Père Alex Ceslas Rzewuski O.P. qui nous a quittés en 1983, en sa quatre-vingt-onzième année. Dès le printemps 1978, le Père Rzewuski encourageait mon projet de biographie de Liane de Pougy en me donnant accès à l'intégralité des *Cahiers bleus* qu'il détenait au vicariat de Prouilhe.

Le Père Bernard, François Chapon, Alexandre Ghika, Michelle Maurois, Sybille de Miribel ont généreusement mis leurs inestimables archives à ma disposition. Qu'ils en soient vivement remerciés comme le sont, pour d'autres motifs et par ordre alphabétique, Carlos de Angulo, Thibaut d'Anthonay, Thierry Bodin, Yaguel Didier, Dicta Dimitriadis, Madeleine Falque-Cornuault, Julien Green, Pierre Kyria, Karl Lagerfeld, Philippe de Magenta, Danielle Mazingarbe, Anne Muratori-Philip, François Nourissier, Isabelle d'Ornano, Marie-Claire Pauwels, Monique Pivot, Daniel Potron, Maurice Rheims, Joël Richard, Marcelle Richard, Liliane de Rothschild, Nadine de Rothschild, Silvio Saragossi, Olenka de Veer et Françoise Verny.

INDEX DES NOMS CITÉS

TABLE DES MATIÈRES

Les femmes
au Livre de Poche

(*Extrait du catalogue*)

Autobiographies, biographies, études...

Arnothy Christine
J'ai 15 ans et je ne veux pas mourir.

Badinter Elisabeth
L'Amour en plus
Emilie, Emilie. L'ambition féminine au XVIIIe siècle (*vies de Mme du Châtelet, compagne de Voltaire, et de Mme d'Epinay, amie de Grimm*).
L'un est l'autre.

Berteaut Simone
Piaf.

Bertin Celia
La Femme à Vienne au temps de Freud.

Boissard Janine
Vous verrez... vous m'aimerez.

Bothorel Pierre
Louise ou la vie de Louise de Vilmorin.

Boudard Alphonse
La Fermeture – 13 avril 1946 : La fin des maisons closes.

Bourin Jeanne
La Dame de Beauté (*vie d'Agnès Sorel*).
Très sage Héloïse.

Buffet Annabel
D'amour et d'eau fraîche.

Carles Emilie
Une soupe aux herbes sauvages.

Chalon Jean
Chère George Sand.

Champion Jeanne
Suzanne Valadon ou la recherche de la vérité.
La Hurlevent (*vie d'Emily Brontë*).

Charles-Roux Edmonde
L'Irrégulière (*vie de Coco Chanel*).
Un désir d'Orient (*jeunesse d'Isabelle Eberhardt, 1877-1899*).
Chase-Riboud Barbara
La Virginienne (*vie de la maîtresse de Jefferson*).
Contrucci Jean
Emma Calvé, la diva du siècle.
Darmon Pierre
Gabrielle Perreau, femme adultère (*la plus célèbre affaire d'adultère du siècle de Louis XIV*).
David Catherine
Simone Signoret.
Delbée Anne
Une femme (*vie de Camille Claudel*).
Desanti Dominique
La Femme au temps des années folles.
Desroches Noblecourt Christiane
La Femme au temps des pharaons.
Dolto Françoise
Sexualité féminine. Libido, érotisme, frigidité.
Dormann Geneviève
Amoureuse Colette.
Elisseeff Danielle
La Femme au temps des empereurs de Chine.
Frank Anne
Journal.
Contes.
Girardot Annie
Vivre d'aimer.
Giroud Françoise
Une femme honorable (*vie de Marie Curie*).
Leçons particulières.
Gronowicz Antoni
Garbo, son histoire.
Groult Benoîte
Pauline Roland (*militante féministe, 1805-1852*).
Hans Marie-Françoise
Les Femmes et l'argent.
Hanska Evane
La Romance de la Goulue.

Higham Charles
La scandaleuse duchesse de Windsor.
Kofman Sarah
L'Enigme de la femme *(la femme dans les textes de Freud).*
Loriot Nicole
Irène Joliot-Curie.
Maillet Antonine
La Gribouille.
Mallet Francine
George Sand.
Mehta Gita
La Maharani (*vie de la princesse indienne Djaya*).
Martin-Fugier Anne
La Place des bonnes (*la domesticité féminine en 1900*).
La Bourgeoise.
Nègre Mireille
Une vie entre ciel et terre.
Nin Anaïs
Journal, t. 1 *(1931-1934)*, t. 2 *(1934-1939)*, t. 3 *(1939-1944)*, t. 4 *(1944-1947)*.
Pernoud Régine
La Femme au temps des cathédrales.
La Femme au temps des Croisades.
Aliénor d'Aquitaine.
Vie et mort de Jeanne d'Arc.
Sabouret Anne
Une femme éperdue *(Mémoires apocryphes de Mme Caillaux).*
Sadate Jehane
Une femme d'Egypte *(vie de l'épouse du président Anouar El-Sadate).*
Sibony Daniel
Le Féminin et la séduction.
Spada James
Grace. Les vies secrètes d'une princesse *(vie de Grace Kelly).*
Stéphanie
Des cornichons au chocolat.
Thurman Judith
Karen Blixen.

Verneuil Henri

Mayrig (*vie de la mère de l'auteur*).

Vlady Marina

Vladimir ou le vol arrêté.

Récits pour Militza.

Yourcenar Marguerite

Les Yeux ouverts (*entretiens avec Matthieu Galey*).

Et des œuvres de :

Isabel Allende, Nicole Avril, Béatrix Beck, Karen Blixen, Charlotte Brontë, Pearl Buck, Marie Cardinal, Hélène Carrère d'Encausse, Françoise Chandernagor, Madeleine Chapsal, Agatha Christie, Michelle Clément-Mainard, Colette, Christiane Collange, Jeanne Cordelier, Régine Deforges, Sylvie Dervin, Christiane Desroches-Noblecourt, Françoise Dolto, Daphné Du Maurier, Françoise Giroud, Viviane Forrester, Benoîte Groult, Mary Higgins Clark, Patricia Highsmith, Xaviera Hollander, P.D. James, Mme de La Fayette, Doris Lessing, Carson McCullers, Antonine Maillet, Françoise Mallet-Joris, Silvia Monfort, Janine Montupet, Anaïs Nin, Joyce Carol Oates, Catherine Paysan, Anne Philipe, Marie-France Pisier, Suzanne Prou, Ruth Rendell, Christine de Rivoyre, Marthe Robert, Christiane Rochefort, Jacqueline de Romilly, Françoise Sagan, George Sand, Albertine Sarrazin, Mme de Sévigné, Simone Signoret, Christiane Singer, Danielle Steel, Han Suyin, Valérie Valère, Virginia Woolf...

Composition réalisée par Nord Compo

IMPRIMÉ EN FRANCE
par la Société Nouvelle Firmin-Didot
LIBRAIRIE GÉNÉRALE FRANÇAISE - 6, rue Pierre-Sarrazin - 75006 Paris.
ISBN : 2-253-13772-3

H 31/3772/6